CONTEMPORARY READINGS
OF
MEDIEVAL LITERATURE

Edited by
GUY MERMIER

Michigan
Romance
Studies

MICHIGAN ROMANCE STUDIES

Vol. VIII, 1989. $9.00

Managing Editor: Floyd Gray
Assistant: Jeanne Snitgen
Typesetters: Katherine Johnson, Barbara Wexall

Michigan Romance Studies is a serial publication of the Department of Romance Languages of the The University of Michigan. Each volume is presented by a guest editor and focuses on critical and literary subjects of current interest in the various Romance Languages. Publication in the series is by invitation only.

All correspondence should be directed to *Michigan Romance Studies*, Department of Romance Languages, The University of Michigan, Ann Arbor, Michigan, USA 48109-1275. European Distributor: Librairie Nizet, 3 bis, Place de la Sorbonne, 75005 Paris, France.

ISSN: 0270-3629
ISBN: 0-939730-07-3
Library of Congress: 81-50963
Copyright 1989 Michigan Romance Studies

In Memoriam: John L. Grigsby

Jack's sudden death has profoundly saddened the entire world of medieval scholars. We all remember his devotion to Arthurian studies in particular and his special warmth as a person.

A volume honoring Jack's achievements and paying homage to his memory is being prepared by some of his friends, but in the name of the special friendship which I shared with Jack—I was his "best man" at his wedding and I shared with him countless hours as a graduate student in the classes of Professor Roach at the University of Pennsylvania, where we both earned our Ph.D. degrees—I would like this volume to go forth as a testimony to our devotion to medieval studies and to life.

For this reason, while most of the papers in this volume are in chronological order according to subject, we honor John L. Grigsby's memory by placing his paper first.

Guy Mermier

PREFACE

Guy Mermier
University of Michigan

On October 28, 1986, responding to the gracious request of my colleague Floyd Gray, editor-in-chief of the *Michigan Romance Studies*, I sent a letter to a number of eminent medieval scholars in the USA, Canada and Europe, inviting them to contribute a paper to a volume dedicated to Medieval Literature. The invitation contained no other specific guideline than to present "an aspect of medieval literature which interests you most at this time or which you find most important." No particular topic was chosen for the collection, except that I suggested as a tentative title: "Contemporary Readings of Medieval Literature." My hope in doing so was to let all the invited scholars express themselves with as much freedom as possible.

As we go to press today, I can say that my original wish has been totally fulfilled, so much so that I could do nothing less than choose as a permanent title for this collection of essays the title I first suggested: *Contemporary Readings of Medieval Literature.*

Readers will find here eleven totally original studies, new investigations and approaches touching a great variety of authors, genres, themes and works dating from the early 12th century through the late 15th century.

The first essay of this distinguished collection is titled "Les Diables d'aventures dans Manessier et *La Queste del Saint Graal*" by John Grigsby. As its title suggests, the study examines the presence-absence of the devil in works of the second half of the 12th century. Grigsby in fact discovers less the Devil himself than his various manifestations; unfettered Providence becomes Fortune who becomes after all *l'aventure*. "L'aventure guide le monde," concludes Grigsby. Everyone will recognize in this *pirouette finale* the extraordinary sense of humor which always accompanied Jack's serious scholarship.

Guy Mermier in translating into modern English the Old Provençal *BOECI* fragment not only wants "to provide students and the general reader with an accurate version" of the text, but he wants to distinguish it radically from the *De Consolatione*, pointing out that the *BOECI* could not be a mere paraphrase of the *De Consolatione* as generally argued by critics. But beyond the translation and the argument, Mermier seeks to reemphasize in this volume the importance of translating medieval texts, arguing that through the demanding technique of close translation, one is forced to rethink the work along with the original author and that this new dialogue often leads to the discovery of new meanings and interpretations.

Emmanuèle Baumgartner, meanwhile, is fascinated—and fascinates us—with the production techniques underlying one of the major motifs of the *Eneas* and the *Roman de Troie*, the description of the tombs of warriors and Amazones. Professor Baumgartner's perceptive essay in fact presents the tomb-motif as one example of the importance of the *Romans Antiques* in the genesis and development of a new mode of writing between 1150 and 1165.

For Karl D. Uitti, "much of what we think we know about *The Romance of the Rose* is but a matter of more or less well-informed conventional opinion and/or personal conjecture." Uitti therefore asks us to look at "The Truth of the Couple in Guillaume's *Romance of the Rose*" as one of the mirrors "held up to the romance tradition from which it derives."

Next Glyn S. Burgess investigates the meaning and function

of *sens* and *courtoisie* in the *Lai de l'Ombre*, stressing that "the two concepts are central to the way Jehan Renart has structured his text."

With Pierre Dembowski, we turn to a chapter of literary history with the examination of an author, Philippe Mousket and his "unusual" *Chronique rimée*. Dembowski not only tackles the difficult task of reappraising both the history and reception of the *Chronique*, but he also raises the most important question of its edition, asking, "What is happening now to this edition promised over ten years ago?" An interesting question indeed!

Then, under the tantalizing title of "La Vie n'est pas un songe. Théorie et pratique chez Guillaume de Lorris," Maurice Accarie studies the fundamental problem of the "unfinished" works of the Middle Ages: "En fait tout le problème est de savoir si ces romans sont bien inachevés". In addition Maurice Accarie would like to know *why* these works are "inachevés"! But even if this brilliant study does not offer an immediate answer, Accarie sees in the rebirth and rehabilitation of the "subjectivité littéraire" (after Structuralism) a new hope in the quest.

In "*La Porquiera*: simple parodie ou leçon de morale" Cécile Adam and Jean Marie D'Heur reexamine the nature of the *Porquiera* which was judged to be obscene by William Paden and many others. The authors ask us to think: could a pornographic text be accepted by theologians at the time and even by the Inquisition? Adam and D'Heur's penetrating analysis succeed in throwing a significant veil of doubt on the general interpretation of *La Porquiera*.

Then Norris Lacy discusses the technique of *linking* in the *Perlesvaus*, inviting his readers to think of the technique as a critical method of reading specific texts, forcing the reader "to refer back reflexively to a previous episode and thus establish a unifying link between discrete original segments."

The volume ends with two essays, one on medieval drama and the other on a general questioning of the distinction of genres in medieval literature.

First Jean Dufournet examines in detail the power and functions of money in the *Farce de Maître Pathelin*, showing that money is the reflection of one of the major preoccupations of the beginning 15th century: "C'est une arme d'une efficacité exceptionnelle, à laquelle rien ni personne ne résistent dans la guerre comme dans la paix, avec les ennemis comme avec les amis, avec les maîtres comme avec les serviteurs les plus écoutés". And, yes, Dufournet is only speaking here of the time of Louis XI, of Villon, and of *Pathelin* ! Plus ça change...

In our last paper, "Jeu narratif et jeu dramatique dans la littérature française du moyen âge", Roger Dubuis invites us to reopen our eyes and minds to "la spécificité de la littérature médiévale", to its "unité d'inspiration". Carefully confronting narrative and dramatic texts, Dubuis makes us see that, after all, there is in medieval literature "d'un genre à l'autre, une similitude d'inspiration à peu près totale". In the prudent conclusion of this essay rich in suggestions, Dubuis accepts that his view may not be true for all the Middle Ages, but he sees, however, that one thing remains true for the whole period, the notion of *jeu* within the context of evolution: "Celà permet de mettre en évidence ce que tout médiéviste sait fort bien, qu'il n'y a pas plusieurs Moyen Age, distincts sinon antagonistes, mais que l'unité du Moyen Age, sa spécificité aussi, se définissent précisément par ce concept d'évolution. Il en va des œuvres littéraires comme des mœurs, des mentalités et de la langue; elles se forment en se transformant".

TABLE DES MATIERES

DEDICATION

PREFACE

John L. Grigsby   1
    LES DIABLES D'AVENTURES DANS MANESSIER
    ET *LA QUESTE DEL SAINT GRAAL*

Guy Mermier   21
    THE OLD PROVENÇAL "BOECI" FRAGMENT.
    Preface and translation.

Emmanuèle Baumgartner   37
    TOMBEAUX POUR GUERRIERS ET AMAZONES:
    SUR UN MOTIF DESCRIPTIF DE L'*ENEAS* ET DU
    ROMAN DE TROIE

Karl D. Uitti   51
    UNDERSTANDING GUILLAUME DE LORRIS:
    THE TRUTH OF THE COUPLE IN GUILLAUME'S
    ROMANCE OF THE ROSE

Glyn S. Burgess   71
    SENS AND *COURTOISIE*
    IN THE *LAI DE L'OMBRE*

Peter F. Dembowski   94
    PHILIPPE MOUSKET AND HIS *CHRONIQUE*
    RIMEE SEVEN AND A HALF CENTURIES AGO:
    A CHAPTER IN THE LITERARY HISTORY

CONTENTS

Maurice Accarie   115
    LA VIE N'EST PAS UN SONGE. THEORIE ET PRATIQUE CHEZ GUILLAUME DE LORRIS

Cécile Adam et Jean Marie d'Heur   145
    LA *PORQUIERA*: SIMPLE PARODIE OU LEÇON DE MORALE?

Norris J. Lacy   169
    LINKING IN THE *PERLESVAUS*

Jean Dufournet   179
    L'ARGENT DANS LA FARCE DE *MAITRE PIERRE PATHELIN*

Roger Dubuis   203
    JEU NARRATIF ET JEU DRAMATIQUE DANS LA LITTERATURE FRANÇAISE DU MOYEN AGE

LES DIABLES D'AVENTURES DANS MANESSIER
ET *LA QUESTE DEL SAINT GRAAL*

John L. Grigsby
Washington University

Dans un essai subtil, et sûrement digne de notre attention, Walter Haug maintient que les représentations du Diable ont traversé trois phases dans la littérature médiévale vernaculaire.[1] De prime abord, le bien et le mal sont absorbés dans l'esthétique si bien que l'individu se voit obligé de choisir entre le Paradis et l'Enfer. Bref, la littérature est tributaire et dépendante. Dans la seconde moitié du douzième siècle, la littérature est conçue comme un véhicule indépendant où le bien et le mal sont dynamiquement opposés. Dieu et le Diable sont mis de côté en tant que protagonistes et absolus. Bref, la littérature est libérée du parti pris et la nette silhouette du Diable s'obscurcit dans la relativité. Troisièmement les anciens critères sont abandonnés. Le diabolique se concrétise d'une façon apparemment objective en un monde d'aventures déformé par l'horreur bizarre, mais "cette réalité fictive" ("diese fiktive Wirklichkeit" 188) s'approche d'une subjectivité chaotique. La fantaisie inaugure son autonomie, c'est-à-dire commence à se comporter diaboliquement. Bref, la littérature s'offre comme un terrain de jeu où se déroule librement la fantaisie.

La critique s'accorde sur le rôle pivotal que joue la période de la deuxième moitié du douzième siècle, et surtout celui du roman courtois créé pendant cette période. C'est pourquoi il peut sembler bizarre que les érudits signalent la rareté,[2] ou même l'absence du Diable,[3] pendant cette ère, ce qui ne veut pas dire que la pensée du Diable manquait aux esprits. Pourtant, les allusions stylistiques foisonnent[4] et on peut citer aussi la célèbre apparition dans *le Jeu d'Adam*, mais celle-ci dérive de la Genèse de Moïse et ne ressemble en rien à la figure fantastique créée dans les romans du siècle suivant. L'absence de nettes configurations du Diable pendant cette époque souligne l'opposition dynamique dégagée par Haug. Elle exige que le public, médiéval ou moderne, fasse sa propre interprétation du texte. On n'hésite pas à citer, parmi les premières présences du Diable, les créatures fabriquées par Chrétien dans son *Yvain* (vv. 5267, 5507),[5] qui selon Brucker exemplifie la "réelle originalité de Chrétien" (49). Payen, en notant que ces *netuns* "ne participent du Diable qu'à demi" parce que leur mère était mortelle et leur père un incube, fait preuve encore une fois, par cette remarque, du dynamisme du thème, de son "élusivité," pour ainsi dire.

Dés le début du *Conte du Graal* la vigueur de ce dynamisme se fait voir dans les réactions du jeune *vaslet* devant les chevaliers. Il croit entendre des diables (v. 115),[6] puis voir des anges (138). D'un coup le mal devient le bien. La Demoiselle hideuse, qui semble sortir de l'Enfer (4619), montre par ses paroles la réversibilité du monde: "Ha! Perchevax, Fortune est cauve Detriers devant chavelue" (4646s.). La Male Pucelle arrive sur la scène, elle, montée sur une palefroi noir, signe par excellence de la présence du Diable. En effet, elle semble être possédée du Diable pendant la longue série de harrassements qu'elle prodige dans la partie Gauvain du roman.[7] Mais, puisqu'à la fin elle est présentée très humainement, victime d'une paranoïa du chagrin, elle ne fait que réitérer cette atmosphère fuyante qui entoure le Diable pendant cette période de créativité. Chrétien insinue que le Diable la possède sans jamais le dire. Enfin le Diable se concrétise comme véritable personnage dans les continuations de Manessier et de Gerbert.[8] Les deux autres continuateurs restent dans la foulée de Chrétien.

LES DIABLES D'AVENTURES

Dans *la Continuation-Gauvain* (ca. 1200) l'épisode de la Chapelle de la Main noire présente une série de suggestions de l'apparition du Diable. Gauvain s'approche de cette chapelle lors d'une tempête féroce dans la nuit laide et obscure (II, vv. 17119ss.).[9] Pour se protéger il se cache à l'intérieur où il voit un peu de clarté. La seule lumière vient d'un chandelier qui soutient un grand cierge (17136). Gauvain s'aperçoit soudain d'une main hideuse qui sort d'un pertuis à gauche.[10] Elle prend le cierge, puis l'éteint. Une voix tonitruante se plaint alors avec une telle force que la chapelle tremble comme dans un séisme. Le cheval de Gauvain accablé de peur fait un bond et sort de la chapelle. Gauvain passe la nuit troublé de pensées terrifiantes. On se doute bien qu'il s'agit du Diable, mais l'auteur n'en fait aucune mention. Dans *la Continuation-Perceval* (ca. 1200),[11] les mêmes caractéristiques réapparaissent dans la version de l'épisode (32116ss.). Mais "uns escroiz" (32123 = un vacarme) est à la source du bruit, plutôt qu'une voix. L'auteur ajoute aussi l'important motif du chevalier mort. Il désigne sans ambages la couleur de la main, détail qui manquait dans *la Première Continuation*. Finalement Perceval avait placé toute sa pensée en Dieu, autrement il eût été pris, nous assure le narrateur (32130–36). Mais celui-ci rend plus spécifique cette condition: "il eust esté pris, S'an mal eust s'antencion" (32136s.), suggérant que Perceval aurait pu vouloir quelque mal envers le chevalier mort. En tout cas, l'auteur implique une épreuve par laquelle doit passer le héros, quelque piège tendu par le Diable. Néanmoins, comme dans *la Continuation-Gauvain* le nom du Diable n'apparaît nulle part.

Dans Manessier (ca. 1230) le doute disparaît.[12] Il s'agit de démons ("un grant deable" 37302) ou du Diable lui-même ("li deables" 37323). Derrière "l'escroiz de tonoirre" (37326) on entend une voix qui parle clairement. C'est celle du Diable qui exhorte Perceval à ne pas croire au Roi Pêcheur (37348). Forcé à combattre avec l'Ennemi (37372) le héros évite la catastrophe en faisant le signe de la croix (37330, 37383, 37404), le moyen qu'il préfère, sur lequel il s'en remet presque inconsciemment dans la continuation de Manessier, pour se sauver du mal. Non seulement le Diable y est clairement identifié, un petit portrait est esquissé dans cet épisode: Le Diable est grand et son corps est entouré de flammes (37302). Son bras est plus noir que charbon (37304). Perceval s'aperçoit de sa tête, mais l'auteur ne nous en fournit plus de détails descriptifs (37299). Manessier garde le motif du chevalier mort, expliquant même sa genèse et son dénouement: La reine Branguemore avait établi à sa mort "l'aventure" (que Roach traduit par "spell"). C'était elle-même la première à être dans son cimetière. Chaque jour un chevalier passait dans les parages et fut tué par la Main noire. Trois mille chevaliers innocents ont subi ce sort, ce qui veut dire que l'aventure existait depuis presque cent ans. Perceval, en conquérant la Main, achève une aventure (37545). Que Manessier ait utilisé le mot "aventure" pour désigner cet espèce de sortilège indique que ce sens est à retenir pour le mot. Perceval termine donc cette "aventure" où le Diable avait été appelé pour jouer un rôle essentiel. Manessier a puisé sa matière dans les *Continuations* précédentes où le possesseur de la Main noire n'était que suggéré. Bien qu'il identifie le Diable assez tôt dans l'épisode, les circonstances ne demandaient pas qu'il cache son identité pour rendre l'événement esthétiquement mystérieux. A chaque mouvement de l'Ennemi le public devait s'étonner d'horreur. Manessier a profité d'un motif tronqué chez ses prédécesseurs. Ce qui frapppe dans l'évolution de ce motif à travers les *Continuations*, c'est la technique de simple addition qui semblait guider les auteurs, chacun ajoutant sa petite part. Manessier n'a pas de peine à élaborer la figure du Diable, parce qu'à ce moment le concept avait passé dans la troisième phase de Haug, paraît-il, et la matière brute restait à sa disposition.

Ainsi le Diable fait sa grande entrée dans la tradition de Perceval. Il n'est plus le personnage furtif dans *le Conte du Graal* de Chrétien de Troyes, ou la figure suggérée dans les deux premières *Continuations*. Sa manifestation se fait sentir vers la même époque dans d'autres textes, le *Merlin* en prose, par exemple. (Voir Brucker.) Les historiens ont essayé de déterminer la cause de ce brusque changement de conception. Brucker (57) était convaincu que Joachim de Flore, à côté peut-être de l'iconographie et de la littérature allégorique, avait contribué à lancer une thématique du Diable. Payen a offert des objections valables contre l'influence du joachimisme, et préférait voir comme source un texte tel que *la Queste del Saint Graal* (Brucker 69) sinon les drames comme *Théophile* ou, surtour *le Jeu d'Adam* (Payen 412). A mon sens aucune de ces suggestions n'explique l'essor du Diable pendant le premier quart du 13e siècle dans le roman. Bien plus pertinente, me semble-t-il, est la proposition de Haug, qui fait valoir l'importance du Quatrième Concile du Latran en 1215, dont les ramifications pour l'enseignement, la théologie et, en l'occurrence, l'individu sont infinies. Dès qu'on doit se rendre compte de sa propre situation en pratiquant la Confession annuelle, en cherchant le mal dans son comportement pour le déraciner, l'expression de ce mal sous la forme du Diable, ou autre, doit forcément jouer un rôle agrandi dans la vie. Haug, en citant le travail de Le Goff,[13] rappelle que depuis un siècle l'homme devait contempler l'existence d'un troisième lieu, entre le Paradis et l'Enfer, soit le Purgatoire, lieu où le mal côtoie le bien. La "Zwischenmöglichkeit" exige aussi que l'individu tienne compte des forces qui l'entourent et qui le poussent vers son destin. Les décisions du Quatrième Concile du Latran sont une sorte de comble achevant un siècle de méditation sur l'existence d'un Purgatoire (Haug 188n25).

Ainsi la concrétisation du Diable dans *le Roman de Perceval* et dans les textes parallèles demande une esthétique. On a depuis longtemps discuté les rapports entre *la Continuation* de Manessier et *la Queste del Saint Graal*, surtout en vue de déterminer lequel des textes a précédé l'autre.[14] La chronologie relative ne nous intéresse guère ici; c'est plutôt la belle occasion de comparer deux versions d'une même manifestation qui attire notre regard. Bien qu'on ne sache pas l'ordre de composition, on peut s'assurer que les deux auteurs avaient devant les yeux une même matière.[15] Dans Manessier les aventures du Diable se concentrent dans trois épisodes qui se placent vers le milieu du texte survivant. Dans *la Queste* la concentration est moins évidente parce que les apparitions sont farcies d'élaborations tout à fait inconnues de Manessier. Après la visite de la Chapelle de la Main noire, Manessier suit son protagoniste chez un vieil ermite, lequel condamne la chevalerie pour son code de violence, la notion que l'honneur est accompli en tuant d'autres chevaliers. Triste et mélancolique Perceval reprend son chemin lorsqu'il lui arrive de perdre son cheval, ce qui le rend encore plus sombre. Abandonné dans une forêt sauvage le héros qui venait de se débarrasser de ses péchés ne sait où tourner la tête quand soudain apparaît un beau destrier noir tout équipé de selle, d'étriers et de lorain. Perceval arrive sans trop de peine à se mettre sur ce beau cheval et s'en va d'abord tout tranquillement à travers la forêt, puis de plus en plus rapidement, si bien qu'à leur passage ils détruisent branches et arbres. Ce destrier bizarre se dirige alors vers une rivière profonde et a évidemment l'intention de noyer son cavalier. Perceval, ne sachant guère qu'il s'agissait du Diable ("Ne se prist de l'anemi garde" 37960), fait par habitude inconsciente le signe de la croix. Alors il put sauter du cheval juste avant de se précipiter dans le rapide. Perceval se rend compte après coup que le Diable avait pris la forme de ce cheval et commence à faire le signe de la croix, tant il est surpris et nous avec lui. La manière dont Manessier présente l'épisode ne laisse pas d'indices précis que c'est le Diable déguisé, au moins pour les lecteurs habitués du roman de Perceval. Nous nous attendrions plutôt à voir quelque piège de jeune demoiselle. Nous eussions pensé au Diable ici puisque l'épisode précédent l'avait mis en scène, mais l'esthétique reste celle de la surprise, un vestige de la technique de Chrétien de Troyes.[16]

Dans *la Queste del Saint Graal* où la même aventure est traitée, l'esthétique subit un net changement. La présence du Diable est annoncée dès le départ. Nous y retrouvons un même Perceval, mélancolique et seul: "nus ne vint sor lui por lui reconforter".[17] C'est la nuit. Il s'endort. Vers minuit une femme le réveille, lui promet un cheval, pourvu qu'il fasse sa volonté. "Et il cuide bien que ce soit fame a qui il parole, mes non est, ainz est li anemis qui le bee a decevoir et a metre en tel point que s'ame soit perdue a toz jorz mes" (91.28–31). Si Perceval admirait, dans Manessier, le beau destrier noir qui apparaissait en plein jour, il est dans *la Queste* répugné par la laideur du cheval (92). Les autres détails de l'épisode sont cependant presque identiques, mais l'auteur de *la Queste* substitue le feu au vacarme du cheval qui tombe dans l'eau d'en haut d'une falaise et la prière à la grand-peur que manifeste la victime. Ainsi l'optique vise un signe familier du Diable: les flammes, qui miraculeusement embrasent l'eau; et la prière de Perceval souligne l'atmosphère religieuse de *la Queste*. Ce héros-ci pense tout de suite à la situation précaire de son âme. Manessier montre le sien accablé de peur, non pas pour diminuer son statut de héros sans doute, mais pour exécuter ses devoirs de conteur: caractériser la peur, ce qu'il fait en montrant Perceval, assez enfantin, faire plus de cent fois le signe de la croix (37977).

Voici l'essentiel de l'épisode suivant: Une belle dame arrive dans une nef et séduit Perceval. Lorsqu'ils sont sur le point d'accomplir l'acte sexuel, Perceval s'aperçoit de son épée qui par sa forme, ou par la croix rouge dans le pommeau (*Queste*), lui suggère de faire le signe de la croix. Il le fait par habitude et du coup la séductrice révèle sa vraie identité: c'est le Diable. Dans les deux versions le déguisement n'est pas clairement annoncé, ce qui pourrait d'abord nous faire penser à autre chose que la tentation du Diable. Mais chaque auteur laisse des indices plus ou moins subtils. Manessier décrit un tourbillon à trois têtes horribles, crachant du feu à travers une gueule avec une langue "d'anemi" (38008) et dents et visage de léopard. De ce tourbillon descend un navire décoré de soie noire. Une fois cette description terminée, le mal semble disparaître, car à un hublot de cette nef est appuyée une belle demoiselle très ennuyée d'avoir passé des journées sur l'eau. Que Perceval soit maintenant à côté de la mer n'est pas expliqué par Manessier, à moins que nous devions considérer la rivière où avait plongé le cheval noir la même eau. Après quelques hésitations Perceval reconnaît Blanchefleur. Il semble un peu bizarre qu'il n'ait pu la reconnaître tout de suite: Est-ce parce que l'auteur voulait faire deviner à son public la vraie identité de cette voyageuse? En tout cas Manessier semble nous avertir que Perceval s'approche de sa mort en se mettant à table avec Blanchefleur, si nous pouvons nous fier à la leçon des MSS *EQ*:

> Si alerent la table metre
> Cil qui s'an durent antremetre
> De Perceval a sa mort trere.
> (38069-71)

Néanmoins le pluriel est ambigu: seraient-ce des démons qui entreprenaient de faire approcher la mort? Les autres leçons sont peut-être plus acceptables: *PU* donnent pour 38071: "P. a s'amour trere." MS *T* l'omet. Les deux autres MSS, *M* et *S*, offrent:

> Et Percevals s'en esjoï,
> Qui n'avoit mengié encore hui.
>
> (38071-72)[18]

Ainsi il n'est pas du tout sûr que Manessier ait voulu suggérer ici qu'il s'agissait du Diable, ce qui conviendrait bien à son art du suspense.

Dans *la Queste* Perceval se trouve dans une île sauvage et désert si bien que l'arrivée d'une nef est tout à fait vraisemblable. Absentes sont les trois têtes affreuses. Cette nef-ci garde les voiles noires, mais le vague domine la description. Le narrateur ne sait pas si elles sont de soie ou de toile de lin (105.2). Le tourbillon enlève de vue le bateau et Perceval court à la rive espérant y retrouver le vieil ermite qui était arrivé dans un bateau précédent et qui lui avait enseigné tant de choses. Il lui faut monter dans la nef pour savoir l'identité des passagers: C'est une belle demoiselle richement vêtue assise à l'intérieur, non à une fenêtre comme chez Manessier. Puisqu'il ne s'agit plus de Blanchefleur, la demoiselle commence un interrogatoire sur l'activité de Perceval: elle veut savoir pourquoi il s'est laissé mener dans cette île déserte où il risque de mourir.[19] A la simple mention de l'Ecriture la demoiselle change rapidement de sujet: "Et quant cele ot qu'il li fet mencion de l'Evangile, si ne respont pas a cele parole, ainz le met en autre matiere" (105.23-25). Ainsi l'auteur suggère bien prudemment la présence quelque part du Diable. Son esthétique demande que le public reconnaisse ce qui se passe. Que la demoiselle possède des pouvoirs particuliers n'est jamais laissé dans le doute: elle sait bien le nom de Perceval et ajoute: "et [je] vos conois mielz que vos ne quidiez" (ibid.). L'hostilité envers le bien est de nouveau manifeste lorsqu'elle condamne les paroles du saint homme qui avait réconforté Perceval dans l'île. Elle l'appelle un enchanteur, "uns mouteploierres de paroles," qui fait toujours d'un mot cent autres et ne dira jamais la vérité si possible (107). Or il se trouve que ce saint homme est sans doute une apparition de Jésus-Christ lui-même (99-104; Matarasso 104s.), ce qui explique la véhémence hostile dans l'attitude de cette "demoiselle."

LES DIABLES D'AVENTURES 9

Le Perceval familier que nous connaissons depuis Chrétien revient quand il s'apprête facilement à recevoir l'abri de la tente contre le soleil chaud, le bon vin fort accompagné d'une belle fille qui n'est point ici sa bien aimée Blanchefleur. Il est sur le point de commettre l'adultère lorsqu'il fait le signe de la croix, ce qui le sauve. A travers le brouillard de l'alcool, enfin, Perceval se rend compte de cette croix vermeille incrustée dans le pommeau de son épée. En répétant la forme de la croix sur son front il fait disparaître dans une fumée de puanteur la tente et son contenu. D'un coup il regarde vers la rive et voit le bateau emportant la demoiselle qui lui crie: "Perceval, traïe m'avez!" (110.18). Si le Perceval de Manessier pense simplement au salut de son âme (38211), celui de *la Queste* particularise son souci concernant le sort de sa "virginité," sujet qui préoccupe notre auteur.[20] Celui-ci préférait composer une leçon qu'une aventure. Dans *la Queste* l'épisode constitue une vraie tentation; chez Manessier c'est un piège pour attraper les âmes d'où son héros a échappé belle.

Le troisième épisode diabolique en commun est le plus complexe: Boort rencontre à un carrefour dans une forêt des chevaliers qui malmènent son frère Lionel. Au moment même où il allait à son secours, il entend les cris d'une demoiselle victime de chevaliers qui ont évidemment l'intention de la déshonorer. Face au dilemme il choisit d'aider la demoiselle. Plus tard, quand il retrouve son frère, celui-ci est enragé d'avoir été rejeté en faveur de la fille. Lionel attaque son frère, le tient à sa merci lorsque Calogrenant arrive dans les parages et essaie d'empêcher le meurtre. Lionel, furieux, tue le brave Calogrenant. Enfin Dieu reconcilie les deux frères, qui avaient été tentés par le Diable.

La version de Manessier trahit un souci de conteur, car le poète a construit logiquement une série d'événements très unis et bien calculés pour retenir l'attention du public. Marx avait déjà signalé la vérisimilitude sensuelle dans la scène où le héros est sur le point de violer la jeune personne. Lorsqu'il entend les cris Boort voit:

Une pucelle, et la tenoit
Desoz lui, cuisses descovertes,
Et li ot les jambes overtes

> Un chevalier grant, merveilleux.
> (40218-21)

Lorsque Boort en a fini des ravisseurs il dirige ses pas vers la recherche immédiate de son frère. Il trouve une demoiselle qui pleure son ami mort, chevalier décapité par les mêmes capteurs de Lionel, ce qui augmente les soucis de Boort et notre suspense. Dans l'intervalle, pourtant, Gauvain a pu sauver Lionel et l'a soigné pendant quinze jours (40468), ce qui est très précisément le temps que Boort avait passé à la recherche de son frère (40516, 40399). Mais lorsque Gauvain se sépare de Lionel, celui-ci prend sinistrement le chemin à gauche tout en se disant qu'il n'oublierait jamais que Boort n'était pas venu à son secours. Et alors il fait le vœu de le tuer. On doit de ce fait soupçonner la présence du Diable, présence indiqué aussi par une terrible chaleur qui descend du ciel (40491-512). Grande est notre surprise tout de même quand un vieil ermite sous un arbre montre à Boort le cadavre de son frère mort depuis quatre jours (40543), enflé comme un tonneau (40545). L'angoisse de Boort est sévère. Enfin il fait le signe de la croix et le cadavre disparaît dans la fumée et le vacarme (40600-12). Encore après coup, le personnage reconnaît qu'il a été trompé par le Diable. Fidèle à sa méthode, Manessier retient cette information pour maintenir le suspense.

Un brin de ce type de suspense réapparaît dans *la Queste* mais le récit prend un tour nettement religieux. D'abord la demoiselle n'est pas présentée en train d'être violée. La sensualité a été remplacée par un appel au devoir de chevalier de la Quête (175.21). Boort n'a maintenant qu'un seul adversaire (chez Manessier il en avait onze), ce qui aboutit à un combat adouci et rapide où le ravisseur est simplement navré. Le dépucelage de la jeune fille eût causé la mort de cinq cents chevaliers, dit-elle à son sauveur, et d'un coup douze chevaliers joyeux arrivent pour fêter la victoire de notre héros. Ce sont des événements qui semblent pleins de symbolisme religieux.[21]

La plus étonnante modification dans l'épisode se voit dans la découverte de Lionel mort. Au lieu d'un cadavre "enflé comme un tonneau," celui-ci est "novelement ocis" (178.5) et sanglant qu'un homme en robe de religion monté sur un cheval noir indique à Boort (177.23). L'auteur prend soin de noter que la maison où cet "homme en robe de religion" amène Boort pour l'enterrement de son frère est vieille et décrépite; malgré sa "semblance de chapele" (178.27) il y manque de l'eau bénite, de croix quelconque ni même de nul vrai signe de Jésus-Christ. Le public est donc averti qu'il s'agit encore une fois du Diable, mais Boort reste dans l'ignorance. Notre Diable ment comme un arracheur de dents en se présentant comme un prêtre (179.2) tout à fait habile à interpréter les visions et le comportement du pieux chevalier. Car quand il condamne la décision que Boort avait prise en faveur de la demoiselle, nous sommes étonnés d'entendre que Boort a eu grant tort, et qu'il est entièrement responsable de la mort de son frère. En fait il eût mieux valu, dit le Diable, que "toutes les puceles dou monde fussent despucelees que il fust ocis" (179.27-.28). Boort reste ébahi devant ce renversement du code chevaleresque, mais sa tentation n'est pas terminée. Une belle demoiselle exige qu'il passe la nuit avec elle, ce qui le met en grand souci quant à l'état de sa "chasteé" (180.29).[22] A son refus d'obtempérer, le drame se produit: La belle demoiselle menace de monter avec douze autres filles aux créneaux de la tour et de se précipiter dans le vide. Dès qu'elle exécute son projet, Boort fait enfin le signe de la croix avec les résultats habituels: vacarme, cris, prolifération de démons, disparition de la dame et de la tour, de tout déguisement diabolique (182). C'est alors que l'esthétique des deux récits se rapproche. Pourtant si Manessier garde son public dans l'ignorance, l'auteur de *la Queste* ne laisse aucun doute sur la présence du Diable. Les dénouements des deux récits, néanmoins, montrent que Manessier s'applique bien à ses devoirs de conteur.

D'abord il insère la scène où Gauvain vient en aide au pauvre Lionel; il arrange que la rencontre des deux frères tombe précisément au bout de quinze jours dans un rythme logique d'événements. L'auteur de *la Queste* se soucie peu du passage du temps: Lorsque les deux frères se retrouvent, Lionel rappelle simplement que Boort avait aidé la demoiselle "avant ier" (188.23). Le récit du sauvetage de Lionel par Gauvain est remplacé par un rapport banal de l'abbé: Ce n'est plus Gauvain qui vient au secours, mais le Ciel qui pour le service que Boort a rendu fit tomber morts les deux assaillants qui emmenaient

Lionel. Malgré ses blessures, la victime sans l'aide de personne se délia, prit les armes d'un des ses adversaires, monta à cheval et se remit à la Quête (187). Le prosateur néanmoins prête beaucoup d'attention à la violence. Boort, aux genoux, est attaqué par son frère, qui le blesse gravement et va pour lui enlever le heaume quand un ermite intervient (190). Le bon sens de l'ermite n'apaise en rien la rage folle de Lionel. Quand l'ermite sans défense aucune offre de remplacer Boort, Lionel le tue. Lionel délace le casque de son frère évanoui quand Calogenant arrive et le retire de sa victime. Lorsque Boort revient à lui il s'étonne de voir l'ermite mort "por si pou de chose" (192.14). Les plaidoyers de Calogrenant ne valent rien. Lionel le tue aussi. Boort tire son épée tout en priant Dieu d'empêcher ce combat, mais une voix s'entend et des brandons de feu en semblance de foudre descendent du Ciel. Les flammes brûlent leurs boucliers et ils se pâment de peur. Lorsque Boort voit enfin que son frère n'est pas mort il en remercie Dieu. La voix leur donne des ordres. Boort doit quitter Lionel et retrouver Perceval, ce qu'il fit.

Si l'auteur de *la Queste* réussit bien à dramatiser la furie de Lionel possédé par le Diable et le brusque passage au calme après l'intervention de Dieu, il a négligé curieusement de traiter un personnage qui n'est pas sans importance dans la tradition française arthurienne: Calogrenant. Il s'empresse de joindre les bouts de son récit dans lequel il a dû, paraît-il, insérer un troisième chevalier du Graal pour accompagner les plus connus Perceval et Galaad, pour arrondir le chiffre trois.[23] Là où les deux frères se regardent autour et trouvent la terre brûlée, encore un signe de la terrible présence du Diable, Manessier fait venir un prêtre qui explique que Lionel avait bien été possédé par l'Ennemi (40908ss.). Au lieu du silence, les deux frères expriment clairement leur réconciliation et leurs regrets, puis pensent en pleurant à Calogrenant, tout à fait oublié dans *la Queste*. La dernière scène de cet épisode est une vraie tragédie. Les deux chevaliers assistent au beau service chanté par l'ermite dans sa petite chapelle. Ils enterrent Calogrenant devant l'autel où l'ermite cisèle sur une pierre tombale ces mots lourds de ramifications:

> Ci desoz git
> Calogrenanz, et si l'ocist
> Leonel par sa cruauté;
> Ce fu trop grant desloiauté.
> (40947–50)

A qui donc la responsabilité? Le ciseleur de la pierre tombale l'attribue à Lionel, cruel et déloyal. Cependant il avait tout à l'heure signalé que le Diable était bel et bien entré dans le corps de Lionel malheureux. N'était cette possession du corps physique, il n'eût jamais voulu tuer son frère (40908–13). Le public doit alors tirer la conclusion que le doute règne dans la pensée de ce vieil ermite, personnage qui représente la source traditionnelle de la sagesse dans le roman de l'époque, porte-parole de la mentalité du premier quart du 13e siècle. Si Manessier laisse planer le doute, l'auteur de *la Queste* est plus résolu. Devant les plaidoyers raisonnables de son frère, Lionel réagit "comme cil que li anemis avoit eschaufé jusqu'à volonté d'occire son frere" 189.29–.30). Le prosateur dramatise la furie de cette âme échauffée en la faisant attaquer cruellement Boort, en la faisant tuer le prêtre et Calogrenant. Il souligne la responsabilité du Diable en omettant toute explication sur les changements que subit Lionel après que Dieu vient en aide. Il n'a pas besoin de commentaires parce qu'évidemment Lionel retourne à son état naturel de quêteur du Graal dès que le Diable abandonne son âme. Cependant le prosateur n'est pas constant dans son argumentation. Lorsque Boort discutait avec un "prudhomme" dans un épisode précédant sur les causes de la bonté, le vieux souscrit à l'importance de la bonne naissance: "Et puis que vos en estes fruit vos devriez estre bons quant li arbre furent bon" (165.4–.6). Boort réplique que la réception du saint Chrême change le cœur de l'homme quelle que soit sa naissance. Ainsi il attribue la force qui guide l'homme au libre arbitre, à la décision individuelle, à l'environnement, et non au hasard des gènes de ses parents.

Les commentateurs modernes restent indécis devant le problème. Payen fait état d'une "éthique de l'intériorité insistant sur la responsabilité de l'individu qui advint au début du 12e siècle (403) et signale que pour Saint Anselme le Diable était un instrument "dont on pourrait à la rigueur se passer" (406). Payen continue (410): "Le message de *la Queste* est que Satan n'est pas si redoutable, pourvu que l'on ne désespère point. Le Diable pèse sur la balance, mais celle-ci n'a préalablement basculé qu'à cause de notre propre faiblesse. L'*anemi* ne fait qu'enfoncer le clou." Payen considérait, apparemment, la question du point de vue de Boort en esquivant celui de Lionel et le sacrifice de Calogrenant. Il prétend que "les chevaliers périssent parce qu'ils ont failli à leur vocation spirituelle" (ibid.). Ceci n'explique guère la perdition de Calogrenant, victime innocente. Payen implique que le vrai danger vient de la Quête. Quand elle sera terminée, ce sera aussi la fin des aventures "et donc des maléfices" (ibid.). Gouttebrouze, lui, après avoir examiné les commentaires d'Abélard et de Hugues de Saint-Victor, conclut que "la responsabilité d'un individu est d'autant plus engagée qu'il a fait servir sa volonté à l'accomplissement d'une action mauvaise" (226). Ainsi un équilibre s'établit sur une base quantitative; la simple intention ne suffit pas. Walter Haug semble se pencher vers l'instinct, la bonne réaction habituelle, ou bien aussi la chance quand il analyse le conflit entre Boort et son frère. "Les héros oublient leur direction. Seul le doué agit de la bonne manière, mais inconsciemment, c'est-à-dire que dans l'opacité des apparences, il sait faire ce qu'il faut faire. C'est le signe de l'élu. Dieu et le Diable œuvrent dans l'arrière-plan d'une scène menacée de trahisons" (185). Pour bien agir donc, il faudrait être Galaad, Perceval ou Boort dans *la Queste*. Lionel serait donc damné ou sans défense contre le mal.

Malgré les subversions de l'art du conteur dans *la Queste*, elle trahit une esthétique tout à fait digne d'admiration. Dans son style prosaïque un peu lourd, l'auteur éparpille son récit de l'inattendu, de l'action rapide et même du suspense. A-t-il eu devant les yeux l'épisode de Blanchefleur reproduit par Manessier quand il composait la tentation de chasteté pour Boort? S'il tend à vendre la mèche, il ne révèle pas à chaque tournant tous les détails de la présence du Diable, tandis que Manessier pratique la vénérable technique de la suppression de l'identité pour informer son conte. Marx est donc un peu sévère en condamnant le didactisme de *la Queste del Saint Graal*, que l'auteur raconte "pour éclairer et pour édifier" (457). De même, Gilson se plaint de la peine que l'on a à "y découvrir dix lignes de suite écrites pour le simple plaisir de conter."[24] Matarasso (91-95), elle, retombe sur le vieil argument sans valeur qui prétend que l'allégorie est agréable parce qu'on trouve du plaisir à relire ce qu'on sait déjà. Cependant, la Queste n'égale jamais la sensualité ni l'intérêt en soi que Manessier est capable de maintenir dans la plus grande partie de sa Continuation. Il est un digne successeur de Chrétien.

Plus précisément, Manessier a adopté un schéma où la surprise et le danger insoupçonné précèdent la révélation de la présence du Diable. L'auteur de la Queste s'intéresse au progrès des âmes. Ainsi il annonce le plus souvent l'arrivée du Diable avant que le danger soit véritablement senti (91.30). Il est plus subtil lors de l'épisode de la femme séductrice de Perceval quand il trahit son identité dans un simple refus d'écouter les paroles de l'Evangile (105). Cette discussion intègre le désir du Diable de capturer des âmes aussi que bien de montrer au niveau allégorique la chute de Satan. Cette personne fait état d'un seigneur qui l'avait déshéritée parce qu'elle avait dit un seul mot qui ne lui plut pas (107), après quoi elle guerroie contre lui nuit et jour avec bon nombre de ses hommes qu'elle a convertis à sa position (108). Il s'agit évidemment des maugréments de Lucifer, ange déchu, mais le prosateur exige que son lecteur fasse quand même un effort d'interprétation. Chez Manessier le "seigneur" en question est banal: Un chevalier nommé Caridés (ou Aridés) d'Escavallon harassait Blanchefleur lequel Perceval conquerra et enverra chez le roi Arthur avec les autres sur lesquels il triomphera. Ainsi Manessier prend soin, même dans ce déguisement du Diable, d'enchaîner l'événement au reste de son histoire, tandis que l'auteur de la Queste en profite pour relier le déguisement à l'histoire sacrée.

Le monde est habité par le Mal, qui vit sous la forme du Diable. L'individu doit lutter à chaque instant contre lui, car il tend des pièges imperceptibles partout. Il peut se transformer en instrument de la mort, en belle femme séductrice, en émotion même (si on pense au cas de Lionel). Le Diable est spirituel tout comme Dieu. Ainsi quand l'Ennemi entre dans une âme il devient partie intégrante de cette âme. Si elle commet un péché, elle en est responsable, non excusable. Les âmes deviennent donc des lieux de combat, mais non des fantoches. Les hommes doivent se défendre de leur mieux, mais restent victimes ou élus selon une puissance mal définie. La pensée médiévale est sur le point d'accepter la notion de la fortune, la Providence déchaînée, qui était connue comme la déesse Fortune aux temps antiques. Mais "fortune" n'était pas, au 13e siècle, adopté comme nom de cette force. A ce moment, le mot qui convient c'est celui de *l'aventure*. L'aventure guide le monde.[25]

Excursus

Peu de textes exemplifient si bien la conscience de l'aventure que *la Queste del Saint Graal*. Le mot sert de guide pour l'auteur: l'intérêt principal, la structure et le contenu convergent en ce seul mot. Si un chevalier ne fait rien qui vaille, c'est parce que l'aventure lui manque: "Or dit li contes que, quant mesires Gauvains se fu partiz de ses conpaignons, il chevaucha a mainte jornee *sans aventure trovee qui a conter face*" (51). Lorsque Perceval vainc le serpent et gagne l'amitié du lion, "si le tient a mout bele aventure" (95). L'accomplissement de la Quête révélera la source de tant d'aventures dans ce pays: "Et le jor meismes fu emprise la Queste dou Saint Graal, qui ja mes ne sera lessie devant que len en sache la verité, et de la lance, et por quoi tantes aventures en sont avenues en cest païs" (78). 'Aventure' est un mot qui désigne le passé aussi bien que le futur et le contingent: Lorsque l'Ennemi précipite Perceval de son roncin, puis s'en va, le chevalier est chagriné de "ceste aventure" (91). Si le fleuve s'enflamme quand le Diable sous forme de cheval saute dedans, "Perceval voit ceste *aventure*, si s'aperçoit bien tantost que ce est li anemis" (92). Encore une fois le mot substantivise "ce qui est arrivé"; c'est un synonyme de ' événement, merveille, chose étrange.' Le mot désigne aussi ce que doivent achever les chevaliers élus. Galaad et Lancelot, dans les îles étranges et lointaines "troverent aventures merveilleuses qu'il menerent a chief" (251). Galaad, dans la cave de Syméon (264), confronte une aventure qui ne peut être menée à bien que par le meilleur chevalier de la Table Ronde (cf. aussi 266ss. 267). Enfin *la Queste* elle-même qui a failli être intitulée "Aventure," l'est dans certains manuscrits (Pauphilet, p. iii). Bref, et le Diable et la notion d'aventure dominent *la Queste del Saint Graal.* L'aventure est un but dans la vie, la destinée des héros, qui se plaignent (avec le narrateur) s'ils n'en trouvent pas. Bien sûr le concept est bien enraciné dans le roman courtois. En se constituant sa forme dans les années 1133-1166, écrit Zumthor (*Essai* 361), le genre trouva ce mot pour caractériser son action. Au début, dans les romans d'antiquité, 'aventure' signifiait simplement "coup de destin," dans le *Tristan*, "destinée malheureuse." A partir de Chrétien un sens spécifique apparaît: une structure ou une règle narrative, "une épreuve située dans une série d'épreuves" (jamais isolée) par laquelle passe un héros pour arriver à son destin, qui sera de rétablir l'ordre commun. Dans *la Queste* le mot atteint une sorte de sommet.

Notes

[1] Walter Haug, "Der Teufel und das Böse im mittelalterlichen Roman," *Seminar: A Journal of Germanic Studies* 21 (1985): 165-91.

[2] Charles Brucker, "Mentions et Représentations du Diable dans la littérature française épique et romanesque du XIIe et du début du XIIIe siècle: Quelques jalons pour une étude évolutive," dans *Le Diable au moyen âge (Doctrine, problèmes moraux, représentations)*, numéro spécial de *Senefiance* 6 (1979): 39; Jean-Guy Gouttebroze, "Le Diable dans *le Roman de Rou*," ibid.: 231.

³Jean-Charles Payen, "Pour en finir avec le Diable médiéval ou Pourquoi poètes et théologiens du moyen âge ont-ils scrupule à croire au démon?" *Senefiance*: 405.

⁴Ginette Ashby, "Le Diable et ses représentations dans quelques chansons de geste," *Senefiance*: 9-21.

⁵Chrétien de Troyes, *Le Chevalier au lion (Yvain)*, éd. Mario Roques, CFMA (Paris: Champion, 1960).

⁶Chrétien de Troyes, *Le roman de Perceval*, éd. William Roach, (Genève: Droz, 1959). Toutes les citations sont tirées de cette édition.

⁷Voici les passages où Chrétien implique la présence du Diable:

> Que pucele n'est ele pas,
> Ainz est pire que Sathanas,
> Que a cest port a fait trenchier
> Maintes testes de chevalier.
> (7455-58)

> Que molt est plaine de deable,
> Quant el te dist si faite fable.
> Ele te het, nel puis noier,
> Si te voloit faire noier
> En l'eve bruiant et parfonde
> Li deables cui Diex confonde.
> (8599-604)

Y a-t-il un lien entre le désir de la Male Pucelle de noyer Gauvain et le piège du Diable dans Manessier?

⁸Pour une idée du traitement du Diable dans cette dernière on peut consulter l'article de Jean Larmat, "Perceval et le chevalier au dragon: la Croix et le Diable," *Senefiance*: 295-305.

⁹*The Continuations of the Old French* Perceval *of Chrétien de Troyes*, vols. 1-3, *The First Continuation* (vol. 2 avec Robert H. Ivy, Jr.) (Philadelphia: American Philosophical Society, 1949-1952). Sauf indication contraire, les citations sont tirées de la rédaction longue (vol. 2) à cause de son amplitude.

¹⁰Dans la rédaction mixte la main sort d'une fenêtre derrière l'autel (13042-43). Dans la courte (version du MS *L*) il s'agit d'un trou de gauche (7069), mais les autres copistes (des MSS *ASP*) situent Gauvain si bien que la main sorte de sa droite (7035).

¹¹*The Continuations...*, vol. 4, *The Second Continuation*, éd. William Roach (Philadelphia: American Philosophical Society, 1971).

¹²*The Continuations...*, vol. 5, éd. William Roach, (Philadelphia: American Philosophical Society, 1983).

¹³Jacques Le Goff, *La naissance du Purgatoire* (Paris, 1981).

[14] A part l'article essentiel de Jean Marx, on doit consulter Robert Deschaux, "Le diable dans la Queste del Saint Graal, masques et méfaits," Perspectives médiévales 2 (1976): 54ss. (cité par Payen 417.)

[15] Mes observations confirment donc les conclusions de Jean Marx dans son "Etude sur les rapports de la 3e continuation du Conte du Graal de Chrétien de Troyes avec le cycle du Lancelot en prose en général et la Queste del Saint Graal en particulier," Romania 84 (1963): 470, 477.

[16] John L. Grigsby, "Remnants of Chrétien's Aesthetics in the Early Perceval Continuations and the Incipient Triumph of Writing," RPh. Sous presse.

[17] La Queste del Saint Graal, éd. Albert Pauphilet, CFMA, (Paris: Champion, 1923), p. 91, 1. 17.

[18] EQ donnent pour le v. 38072 un banal remplissage: "Si vos puis bien por voir retrere."

[19] Pauline Matarasso a signalé les sources de ce passage: Matt. 21:22; Matt. 7:7; Luc 11:9 dans The Redemption of Chivalry (Genève: Droz, 1979), p. 107. Le passage semble plein d'ironie, car c'est le Diable lui-même sous forme de cheval noir qui a emporté Perceval de l'intérieur de la forêt "et esloignié plus de trois jornees loign" (92.15). Mais quand on l'interroge Perceval sur la raison pour laquelle il se trouve sur cette île, notre héros avoue ne savoir ni pourquoi ne comment il y est arrivé (99.22). Le saint homme à qui il parle l'informe alors que Dieu l'y a mis pour l'éprouver afin de déterminer s'il méritait ce haut degré où il était monté (99-100). En fin de compte Dieu dirige non seulement les pas de son héros mais aussi ceux du Diable lui-même, bien que celui-ci soit en train de tenter sa victime.

[20] Cf. la discussion sur le péché de Lancelot (61-71) et surtout sur la distinction entre virginité et pucelage (213-14).

[21] Je n'ai pas pu identifier ce symbolisme. Matarasso n'en parle pas.

[22] Sur l'importance de la "virginité" du héros et de son sens restreint de pureté absolue, voir Matarasso, 144.

[23] William W. Ryding observe que Boort semble avoir été ajouté après coup pour respecter le chiffre folklorique et chrétien trois dans son Structure in Medieval Narrative (The Hague: Mouton, 1971), p. 150. D'une façon plus générale Paul Zumthor offre une explication de l'incongruité de l'épisode des frères dans la Queste. Deux plans existaient dans le roman, constate-t-il dans son Essai de poétique médiévale (Paris: Seuil, 1971), p. 361: "la syntaxe du roman français" et "quelque idéologie" que les auteurs intégraient mal. Une suggestion dans le modèle est amplifiée puis abandonnée. Ainsi notre prosateur est pressé de reprendre le fil de son histoire qu'il avait abandonné, sa "syntaxe." Derrière, se trouvait sa source, genre Balin et Balan, Abel et Caïn, ou autre version des frères ennemis.

[24] Etienne Gilson, Les Idées et les lettres (Paris: 1932), p. 11.

[25] Payen avance un peu l'avènement de Fortune en prétendant que "le 13e siècle oublie un peu de croire au Démon. Le Prince de ce monde s'efface devant Fortune, qui régit l'instabilité d'ici-bas. L'espace sublunaire est le lieu de la *mutabilitas* et donc de la fragilité" (411). En effet Fortune ne régnera sur sa dominion médiévale qu'aux 14e et 15e siècles. Voir des textes comme le *Liber Fortunae* (éd. John L. Grigsby, U. Cal. Publ. in Mod. Phil. 81 [Berkeley: University of California Press, 1967]), *El Laberinto de Fortuna* de Juan de Mena et Howard R. Patch, *The Goddess Fortuna in Mediaeval Literature* (Cambridge, Mass.: Harvard UP, 1927).

BOECI
*An English translation of the Old Provencal Fragment
with a Preface and Notes*

THE OLD PROVENÇAL "BOECI" FRAGMENT:
PREFACE

Guy Mermier

> Le Boèce provençal, du début du XIe siècle,
> 258 décasyllabes en laisses rimées—qui est la
> paraphrase du *De Consolatione* que le philosophe
> Boèce écrivit en prison au Ve siècle.
>
> Jean Dufournet, *Cours sur la Chanson de Roland.*
> Paris: C.D.U., 1972, p. 18, #5.

This translation of the Old Provencal *BOECI* fragment[1] is based on the critical edition by Christoph Schwarze ("Der Altprovenzälische 'BOECI'. Lesetext." in *Forschungen zur Romanischen Philologie.* Herausgegeben von Heinrich Lausberg. Beilage zu Heft 12. Munster, Westfalen: Aschendorffsche Verlagsbuchhandlung, 1963, pp. 1–6). My purpose in this translation is to provide students and the general reader with an accurate version of this important, though fairly unknown, Old Provençal fragment, 258 lines long.[2] For many years now, scholars have recognized its interest and compared it to Boethius' masterpiece,

The Consolation of Philosophy, written in 524 and one of the most widely read books throughout the Western Middle Ages.

This *BOECI* fragment was discovered in 1727 in a codex (No. 444) of the Municipal Library of Orléans. Lost again, it was rediscovered by Raynouard in 1813. The first 268 and a half pages of the codex are occupied by sermons and fragments of the Bible. *BOECI* begins on page 269 and runs through page 275, but it is truncated (the rest of the manuscript is missing). Contrary to Schwarze's edition, the lines in the manuscript are written without interruption, like prose.

Scholars have speculated many times about the date of this fragment written in Limousin or northern Perigord dialect. Some dated it back to the IXth century, many others proposed the first half or the end of the Xth century as its probable date (Raynouard among them), while some others saw its composition around the year 1000 (Jeanroy, Bourciez, Lavaud-Machicot[3]). Paul Meyer, Anglade, and Rabotine,[4] meanwhile, thought that the fragment dated from the XIth century. According to Schwarze, however, the *BOECI* must have been composed at the beginning of the XIIth century, thus agreeing with Zingarelli who concluded that the text was certainly posterior to the *Song of Roland* and perhaps contemporary to the count and duke troubadour Guilhelm the IX.[5]

Zingarelli (in 1920) and then Lavaud-Machicot (1950) compared in great detail the Old Provençal and the Latin texts and have noted numerous analogies between the *BOECI* fragment and the *Consolation of Philosophy*. Although both scholars and Zingarelli in particular tried to link the *BOECI* fragment to the text of the *Consolation*, the *BOECI* is neither a translation nor a paraphrase or rewording of the *Consolation*. On the one hand there is no doubt that the two texts are different, but on the other hand scholars were not wrong to read the BOECI "in the light of" the *Consolation*. Rather than trying to seek its source in the *Consolation*, it is better, we think, to look at the *BOECI* as a sort of "ensenhamen", a warning to young people about the folly of youth and the vanity of temporal things. So, in spite of some common elements between the *BOECI* and the *Consolation*, such as details of the apparition of Lady Philosophy with her torn dress, her size, her adornments, etc., the *BOECI* fragment seems more an independent sermon, though probably inspired by the numerous commentaries and general tradition of Boethius' *Consolation*. According to Schwarze (pp. 161-3) the *BOECI* is neither an historical treatise, a vernacular version of Boethius' life, a didactic treatise (i.e., a hagiographic treatise), but a simple sermon written with the purpose of urging listeners to repent. If this opinion appears reasonable, we have more difficulty in accepting Schwarze's interpretation of the Lady as Christ. Can this Lady holding a book of fire be Christ? We do not think so. In any case—if she is not a vision of the Apolcalypse—she could well be, with her stern harshness, a character of the Old Testament, unless she is...Lady Fortune doing "quoras que-s vol...", wise of the lessons of Boethius' Philosophy! In conclusion we must stress again that the *BOECI* is most proably not a paraphrase of Boethius' *De Consolatione Philosophiae*, but a sermon inspired by the images of Boethius' masterpiece.[6]

Notes to the Preface

[1]This edition and study by Christoph Schwarze is quoted "Schwarze" henceforth throughout this study. The Old Provençal text is quoted as *BOECI* throughout this study. It is unlikely that the original author—the present text being anonymous—has chosen the title of *BOECI*, but we accept it to distinguish it from other texts and to follow the tradition set by the editors.

[2]The text is rhymed throughout, but in some (rare) cases the rhyme is replaced by a mere *assonance*.

[3]Lavaud, R. and G. Machicot. *Boecis, poème sur Boèce*. Toulouse: Institut d'Etudes Occitanes, 1950.

[4]Rabotine, V. *Le "Boèce" provençal. Etude linguistique*. Strasbourg, 1930.

⁵Zingarelli, N. "Il Boezio provenzale e la leggenda di Boezio," *Rendiconti del Real Istituto lombardo di scienze e lettere*, LII, 1920. (For other bibliographical notices, see the selected bibliography following the translation notes.)

⁶See René Nelli and René Lavaud. *Les Troubadours. II*. Desclée de Brouwer, 1966, pp. 851–52: "L'apparition de la Sagesse dans la sombre prison de Boèce met un peu de poésie dans le texte gauche et sec (surtout dans la première partie: vers 1 à 157), où l'on ne trouve guère que des lieux communs moraux, dont le plus important se réduit à une opposition entre la folie des jeunes gens et la sagesse que l'on n'acquiert que par les épreuves, c'est-à-dire en vieillissant." See also our note 1, Notes to the Translation.

TRANSLATION OF THE BOECI FRAGMENT

I. We, the young, as long as we are young,
We talk a lot of nonsense without thinking;
Because we do not seem to remember to whom we owe our life,
He who takes care of us as long as we live on earth,
Who feeds us so that we do not die of hunger,
And who is the warrant of our salvation as long as we implore Him.

II. We, the young, we spend our youth so badly,
for no one admires someone who betrays a member of his family,
Older or equal, and mistreats him or her,
or when they exchange false promises, one to the other,
and when that has been done, no one repents
or makes amend to God.
There is no virtue without repentance:
One can say that he has repented, however if he does not keep repenting,
he'll commit the very same offense over and over,
thus forsaking God, the all-powerful One,
who holds in His power both the dead and the living;
Satan's devils themselves are under His power:
They can't do any harm without God's consent.

III. A long time ago men were evil;
they were bad, but now they are worse.
Boethius decided to reprimand them;
So that people would listen to him, he said in his sermon
that they should believe in God who suffered the Passion:
Thanks to Him they would all be saved.

But he was to regret greatly his efforts for they met with little success;
Worse, they hated him so that they put him in prison.

IV. Boethius was a noble man, his body was fair and strong,
loved so much by Manlius Torquator.
In wisdom he was not lacking;
In fact he had so much wisdom that he never was short of it.
He left such a good example among us
that I don't think that there was in Rome a man
of similar knowledge.

V. He was a count of Rome
and was held in the greatest esteem
by Manlius, the king and emperor:
he was the very best of the country,
and the empire as a whole regarded him as lord.
But for a certain reason he had a nobler name:
he was called doctor of wisdom.

VI. When Manlius Torquator died,
a great sadness overcame Boethius's heart:
I don't think that, next to this pain, there remained
another one in his heart.

VII. Dead was Manlius Torquator whom I mentioned.
Now Emperor Theodoric came to Rome;
he refused to take as his friend the man of God.

VIII. He did not believe in God, our creator;
for this reason Boethius did not want to take him
as his lord suzerain,
nor did he want in any way to hold his title from him.

IX. Boethius chastised him sternly in his speech,
so that Theodoric was greatly angered by his words;
Theodoric hated Boethius so much that he decided to play him a dirty trick.
So he had a letter written, it was a vile ruse,

he had it signed in the name of Boethius,
and he sent it throughout the country of Greece.
Under the name of Boethius, to the Greek, he sent this message:
They should cross the sea, get ready to fight,
he would return Rome to them by treachery.
Theodoric's intentions were evil:
He had his messengers followed and then he had them thrown in jail.

IX. At the capitol, the next day, after dawn,
where judicial cases are usually heard,
the king came to carry out his felonious crime;
Boethius stood there along with his peers.
The king began accusing Boethius of treason,
stating that he had sent letters beyond the sea
offering to the Greeks to return Rome to them.
But this thought never crossed Boethius' mind.
Boethius stood up, he wanted to clear himself;
but they did not let him.
Even those he had helped let him down;
the king had Boethius thrown in his dungeon.

XI. And so here was Boethius in great distress,
weighed down by heavy chains;
he turned to God, King of Heaven, the magnificent:
Pater Domine, in you I had total faith,
you are merciful to all sinners!
My muses have stopped singing!
I used to speak words of wisdom;
now I cry all day long like a child,
I have no other desire but to cry.

XII. Pater Domine, you have been my guide
and I always trusted you;
You brought me and kept me in great wealth:
I ruled the whole empire of Rome; I rewarded the wise.
As for justice, where I had many responsibilities,

I did not serve you well, and you decided to take it
away from me;
that is why you keep me imprisoned.
I have nothing to take and nothing to give;
day and night I do nothing but brood over my misfortune,
I have no other desire but to cry.

XIII. Never was there a man of such virtue,
who could encompass the totality of wisdom,
however, Boethius did not lose all of it;
I never knew anyone who retained so much.
In his cell, where he remained captive,
therein, he reflected about the nature of worldly things:
of the sun, the moon, the sky, the earth and the sea.

XIV. "We, in the many books that we read,
here is what we found":
this said Boethius in his great affliction,
when in his cell his heart ached with pain,
"there is great value in all the good man does
when he is young,
it sustains him when he is old:
when it comes that his body becomes frail.
for all the good he has done, God holds him at his side.

XV. Among many men, we have experienced this:
it is not because of old age that he has white hair,
infirmities or torments.

XVI. He feels well the man who has suffered in his youth,
when he is old, then he feels good:
God has taught him a lesson.

XVII. But when he is young and enjoys all sorts of honors,
if he does not turn to God,
when he is old, all his honors fade away;
when he looks at himself, he is not left with much;
his skin becomes all wrinkled, and his head begins to
shake;

he would like to die and he is in great misery,
all day long he asks death to come,
but she does not come to him nor even pretend.

XVIII. It is right and just that man puts his faith in God;
but it is wrong to put one's faith in one's wealth.
Such bad faith is no good to man:
one man has money in the morning,
but loses it in the evening,
one loses it and another gets it.

XIX. And death, just the same, cannot be trusted:
you can see a man lame and suffering,
or sick, or plagued by some other illness,
he has no money, no friend nor family;
so, he calls death as gently as he can,
he shouts and yells: "Death,
why don't you come to me?"
She pretends to be dead, and does not pay any attention to him:
he'll never know when she will come and take him,
probably when he is not watching.

XX. Just like the fog enshrouds the day early in the morning,
worldly goods shroud the heart of the Christian,
so much involved with his wealth that he won't do anything else;
he does not have faith in God and so God does not pay attention to him;
when he considers his lot nothing is left to him."

XXI. Boethius vehemently blamed his friends,
who in the past used to praise him,
because he was a count then and rich,
and totally dedicated to God.

XXII. His friends and relatives were full of praise for him,
because he was so faithful to God.

Nevertheless Boethius rejected all praise:
It is not the way they were saying:
"He is not good, he who stands on a weak ladder,[1]
he who keeps falling hour after hour,
he who does not stand firm.
And where is the man who stands firm on his ladder?
The good Christian who is totally faithful to
God the Father, the most powerful King,
and to Jesus, He who had such good will
and saved us in His mercy with His blood,
and with the Holy Spirit which comes down to good men;
No matter what happens to man's body, the Spirit keeps
teaching his soul.
Any good Christian who stands on this ladder
will never fall in any misfortune."

XXIII. While Boethius laid in pain in his cell,
lamenting his misfortune and his petty sins,
he had the visit of a young lady.[2]
She was the daughter of the king, the all-powerful king,
she was so beautiful that the palace shone from her presence;
any house in which she enters is filled with the brightest light,
there where she is, there is no need to light a fire;
and one can see as far as forty cities.
Whenever she wishes, she can make herself very small,
but when she gets up, her head touches the sky;
when she stands, her head goes through the sky
and from there, she sees all of its majesty.

XXIV. The lady is beautiful and her eyes are so bright
that no man can hide when she looks at him,
not even the men who are far beyond the sea
cannot hide from her the desires they have in their hearts,
For she sees all of their thoughts.
Whoever has faith in her does not have to fear death.

XXV. The lady is beautiful, in spite of her advanced age.
　　　No man can hide from her eyes.
　　　You never saw a man, no matter how high his position,
　　　whom she resented for having wronged her,
　　　whose body or soul would in any way be cured;
　　　whenever she wants, she can kill his body,
　　　and then plunge his soul into hell;
　　　she hands the soul over to someone who tortures it forever.
　　　She, herself, however, holds the key to paradise,
　　　and when she wants to, she greets there her friends.

XXVI. Beautiful are her clothes, I can't tell you what they are made of,
　　　but surely of the best and finest material.
　　　She made them for herself over a thousand years ago;
　　　but in spite of their old age, their value never diminished.

XXVII. She weaved herself her clothing,
　　　no one can unravel it in any way.
　　　For one single fringe which hangs down,
　　　you could not buy it with one thousand silver pounds.
　　　She converses gently with Boethius:
　　　"Many young beaux tear at me
　　　in their hope that I'll give in to their desires.
　　　First they love me, then they hate me;
　　　they destroy my love in such a bad way."

XVIII. Beautiful are the clothes which the lady wears;
　　　they are woven of charity and faith.
　　　They are so beautiful, so white, so shiny white,
　　　that Boethius' eyes are dazzled
　　　to the point that he thinks that his own eyes have weakened.

XXIX. On her clothing, on the border which has been mended,
　　　under was written a Greek pi - π;

       that symbolizes life on earth.
       On the shoulder she had a Greek theta - θ;
       that symbolizes the just faith from heaven.

XXX.   Between the two, the ladder's rungs are painted;[3]
       They are not made of gold, but they are no less
       valuable for that.
       One thousand birds are climbing them up,
       while some climb down in reverse.

XXXI. But those who can reach the θ up high
       immediately change color.
       Then they fall greatly in love with the young girl.

XXXII. What is this ladder? What is it made of?
       It is made of alms, faith and charity.
       It is made of great kindness against felony,
       It is made of trust against perjury,
       It is made of generosity against avarice,
       It is made of happiness against sadness,
       It is made of truth against lies,
       It is made of chastity against sensuality,
       It is made of humility against pride.
       Each man chooses his own ladder.
       Who are the birds who have climbed up to the θ,
       and who hold themselves so firmly on their step?
       They are the good men who have freed themselves from
       their sins,
       who have total faith in the Holy Trinity,
       and who are little tempted by worldly goods.

XXXIII. What do the birds symbolize,
       who go back down the ladder?
       Those are all the men who are good in their youth,
       who begin to think wisely,
       but who, when they get old, become evil,
       false and traitors.
       Then when one wishes to go up the ladder,

he looks and looks, but cannot find his rung;
the devil comes, he who watches over the infernal pit,
he runs to the man, catches him by the heel,
and, like a snake, he makes the man fall,
then makes him stand in judgement and finds nothing
good in him.

XXXIV. The lady is beautiful and fittingly tall;
you never saw young lady of such mettle;
she is bold and so were her parents.
In her right hand the lady holds a book.
and this whole book is made of burning fire;[4]
that is the justice of the mighty king.
If man sins and does not repent,
if he is not repentant unto God,
when she wants, the lady sets him afire with this fire,
with this fire she takes her revenge.
He is lucky the man who falls in love with her,
who loves her and treats her kindly:
When she turns to him, she rewards him well.

XXXV. In her left hand she holds a royal sceptre;
it symbolizes corporal justice
for sin...(?)[5]

END OF THE TRANSLATION

Notes to the Translation

[1]Boethius' *Consolation* does not speak of this particular ladder and the author of *BOECI* may be alluding here to the Judaeo-Christian symbol of the ascension of the soul. This is another good argument against any thesis stating that the *BOECI* fragment is a paraphrase of the *De Consolatione*.

²The Lady of the *BOECI* fragment seems to be inspired (but only "inspired") by Lady Philosophy of Boethius' *Consolation*: she has her luminous look, her size, her worn-out dress with the seven steps from π to θ. However she is not named in the Provençal fragment. According to Schwarze (p. 109) she has much in common with the character of Wisdom in the Book of Proverbs (VIII). The fragment's Lady wears a dress which has been torn at the hands of young beaux. In Boethius' *Consolation*, the robe had been torn at the hands of violent men. See René Nelli and René Lavaud, *Les Troubadours. II.* p. 851.

³The ladder on the Lady's dress in the BOECI is also found in Boethius *Consolation*, poem 1: "At the lower edge of her robe was woven a Greek π, at the top the letter θ, and between them were seen clearly marked stages, like stairs, ascending from the lowest level to the highest" (Richard Green, translator, *The Consolation of Philosophy*. The Library of Liberal Arts. Indianapolis-New York: The Bobbs-Merrill Company, Inc., 1962, p. 4). The two Greek letters are the first letters of the Greek words distinguishing the two divisions of philosophy, one being theoretical, that is speculative, the other practical or active. (The reference is to Boethius, *In Porph.*, Dial. I, 3: "est enmi philosophia genus, species uero eius duae, una quae $\theta\epsilon\omega\rho\eta\tau\iota\kappa\dot{\eta}$ dicitur, altera quae $\tau\iota\rho\alpha\kappa\tau\iota\kappa\dot{\eta}$, id est speculativa et activa".) The great Priest of the Cathars, Déodat Roché, saw in this ladder, or degrees, a reason to defend *BOECI* as a Cathar text written by a Cathar, basing most of his (thin) argument on the expression "bon omne" (line 228). According to Déodat Roché the Spirit descending on good men refers to the *Consolamentum* of the Cathars. Each Cathar or Good Man travels up the seven degrees, Truth, Chastity and Humility being the specific degrees of the initiated Cathar Good Men. These rungs, however, can just as well be the seven Liberal Arts, the seven gifts of the Holy Spirit. The author of *BOECI* may simply have been influenced second hand by Plato's ladder, transposing it into a Christian ladder, each rung of the ladder representing Christian virtues confronting their opposite. Again, see René Nelli and René Lavaud, p. 851.

⁴In Boethius' *Consolation*, Lady Philosophy was holding a book in her right hand, but nothing was said about being made of fire. According to Zingarelli, the book of fire in the *BOECI* is the book of the Last Judgement. The author of our text may have thought also of the "law of fire" ("in dextera eius ignea lex," Deuteronomy 33:2).

⁵The end of the manuscript is missing. The poem ends on a partial line 258: "de pec...". See Jeanroy, *Hist. sommaire de la poésie occitane*, p. 8; Lavaud and Machicot, p. 30, note.

Selected Bibliography

Bark, William. "The Legend of Boethius' Martyrdom," *Speculum*, XXI (1946), 312-17.

Barrett, H.M. *Boethius: Some Aspects of His Time and Work.* Cambridge, 1940.
Buchanan, James J. *Boethius: The Consolation of Philosophy.* New York: Frederic Ungar, 1954.
Courcelle, Pierre. *La Consolation de Philosophie dans la tradition littéraire.* Paris: Etudes Augustiniennes, 1967.
Nelli, René and René Lavaud. *Les Troubadours. II.* Desclée De Brouwer, 1966, pp. 850–59.
Patch, H.R. *The Tradition of Boethius: A Study of His Importance in Mediaeval Culture.* New York, 1935.

(See also the notes to our Preface.)

TOMBEAUX POUR GUERRIERS ET AMAZONES:
SUR UN MOTIF DESCRIPTIF DE L'*ENEAS*
ET DU *ROMAN DE TROIE*

Emmanuèle Baumgartner
Université de la Sorbonne Nouvelle

Succèdant à quelques articles et travaux pionniers, des études d'ensemble ont récemment rappelé et démontré le rôle décisif des romans antiques, et tout particulièrement de la triade *Thèbes, Enéas, Troie*, dans la genèse et le développement, entre 1150 et 1165 environ, d'un nouveau mode d'écriture[1]. La *translatio*, l'adaptation qu'ont faite ces récits de sources dont la valeur modélisante et l'ampleur sont au reste fort disparates, a en effet requis la mise en œuvre de "techniques" nouvelles, du moins en langue vernaculaire, qui ont fondé l'écriture romanesque.

Parmi ces techniques, la description se taille, comme on le sait, une place particulièrement importante[2]. Décrire est déjà, pour le clerc écrivain, le procédé le plus immédiat pour suspendre à son bon plaisir le fil de la narration et créer une durée propre du récit. Mais la pause descriptive est aussi le lieu par excellence d'une inventive *amplificatio*, tissant d'un texte à l'autre un réseau concerté de reprises, d'échos, de contrastes, de luttes langagières et de prouesses d'écriture. Ainsi par exemple, dans l'*Enéas*, du portrait de Camille (et de son palefroi) qui vient interrompre la longue théorie des princes et des barons convergeant sur Laurente à l'appel de Turnus, dans lequel l'écrivain travaille jusqu'à leur point de rupture les motifs canoniques tout en rivalisant, par le choix et le traitement du "sujet" et la place même où s'insère la description, avec le portrait d'Antigone (et de son cheval) que compose l'auteur de *Thèbes*[3]. Descriptions sur lesquelles Benoît de Sainte-Maure renchérit en déroulant sur près de cinq cents vers[4] la galerie des portraits des héros et héroïnes grecs et troyens...

On pourrait multiplier à loisir les exemples de cette pratique qui est à bien des égards constitutive du mode d'écriture du roman antique[5], plus généralement encore de la production littéraire médiévale, et qui ne se limite pas aux seuls motifs descriptifs. Il serait sans doute très intéressant et très instructif d'en étudier d'ensemble, dans le *Roman de Troie*, les procédures et les enjeux mais, dans le cadre forcément limité de cet article, je ne prendrai en compte qu'un seul de ces motifs, la description des tombeaux et de l'espace funéraire. Il me semble en effet, telle est l'hypothèse que je voudrais développer, que cet espace monumental, qui se met en place dans l'*Enéas*, est assez profondément remodelé dans le *Roman de Troie* et y acquiert, de par la nature même du sujet traité, une tout autre dimension symbolique.

L'auteur de Thèbes conte assez longuement les funérailles d'Athon, évoque à la fin du récit la lutte horrible des cadavres d'Etéocle et Polynice jusque sur le bûcher où ils se consument[6], mais il ne décrit à proprement parler ni l'espace funéraire ni les tombeaux eux-mêmes. En revanche, et comme il est aussi souvent de règle dans le roman antique, c'est dans le blanc laissé par son prédécesseur que l'auteur de l'*Enéas* vient en quelque sorte se couler en décrivant très longuement les tombeaux de Pallas puis de Camille tandis que Benoît érige, à son tour, les tombeaux de Patrocle, d'Hector, d'Achille, de Pâris, signale de manière systématique les funérailles et les mises au tombeau des personnages secondaires et multiplie, lors des trêves, les scènes d'incinération et d'ensevelissement collectifs[7]. Plus encore que l'*Enéas*, récit de la fondation d'un lignage qui s'ouvre en son finale sur la fondation de Rome, la ville éternelle, le *Roman de Troie*, forteresse de mots élevée à la mémoire d'une citè détruite, appelle en effet, voire impose le motif des tombeaux.

Il est sans doute inutile de s'attarder sur ces traits récurrents que sont dans l'*Enéas* puis dans *Troie*, la beauté, la richesse et plus encore la rareté des matériaux utilisés. En réunissant toutes les descriptions, on pourrait ainsi dresser une liste quasi exhaustive des pierres précieuses connues (ou inconnues) et dont les dimensions atteignent parfois celles de la pierre tombale, qui ornent sarcophages et chambres funéraires et des matériaux tout aussi précieux dans lesquels sont façonnés les tombeaux: or, argent, marbre, vert comme l'espérance, ou multicolore, *vert e blé, inde, vermeil, menu goté* comme celui du monument d'Achille (v. 22407-8), etc. On notera plus particulièrement la description que donne Benoît, à propos du cercueil d'Hector, d'une technique qui renvoie sans doute à la fabrication de la mosaïque et en évoque l'effet produit:

> Quant la voute ele fu tote aprestee,
> s'ont un sarcueil dedenz asis,
> e si n'est hom ne nez ne vis
> qui de si riche oïst parler.
> Quar pierres orent fait tribler,
> esmeraudes, alemandines,
> saphirs, topaces et sardines:
> en or d'Araibe sont fondues
> e trestotes a un venues[8].

Beauté, richesse et rareté des matériaux ne sont pas cependant des éléments spécifiques des lieux funéraires et se retrouvent dans la description d'autres objets d'art ou d'autres espaces comme l'espace urbain, le palais, et surtout la Chambre de Beautés, chambre nuptiale de Pâris et d'Hélène.

La fonction spécifique du sarcophage et du monument funéraire est de protéger le cadavre, autant que faire se peut, de la corruption et d'éventuelles profanations. L'auteur de l'*Enéas* insiste ainsi sur les méthodes et l'art de l'embaumement qui permettront de conserver le corps de Pallas puis de Camille. Il décrit par exemple le mécanisme par lequel peuvent indéfiniment circuler dans le corps de Pallas le *basme* et le *torbentine*, ces *especiaus licors* qui *toz tens lo garront de porrir/et de malmetre et de puïr*[9]. Un autre trait récurrent des descriptions est l'exacte cloture du cercueil, obtenue par des moyens et des matières plus ou moins magiques, et l'effacement de toutes traces permettant de retrouver l'accès de la chambre funéraire:

> Quant Camile fu antonbee,
> l'uisserie fu estoupee,
> toz les aleors en desfont
> qui estoient laissus amont,
> par ou Camile i fu portee[10].

Le motif de la tombe soigneusement scellée, du tombeau inviolable est repris par Benoît aussi bien pour Patrocle que pour Achille que pour Pâris pour la tombe duquel

> Ciment fait o sanc de dragons
> ont pris li sage e destempré,
> sin ont le sarcueil seelé
> o une mout riche plataine
> de pierre qu'om claime Egetaine,
> plus preciose e mout plus riche
> que calcedoine ne qu'oniche[11].

Mais par rapport à l'*Enéas*, Benoît développe une série de variations sur le motif du corps dépecé, mutilé, qui ne retrouve que dans la tombe et dans la mort son unité perdue. Ainsi du roi Mennon, mis en pièces par Achille et que reconstituent les Troyens:

> Le cors Mennon ont ajosté,
> qu'Achillés aveit decoupé:
> n'en fu a dire piez ne braz (21809-11).

Ainsi du corps splendide de Penthésilée. Pyrrhus, sur le champ de bataille, en a tranché *toz les membres*; il a été jeté dans le Scamandre, les Grecs voulant priver de sépulture celle qui a failli les vaincre. Mais enfin rendu aux Troyens (retrouvé par quel miracle?), le cadavre est soigneusement embaumé et dignement emporté —*En un bel curre emperïal/d'or e de pierres e esmal,/qui plus valeit de dous citez,/fu li cors mis bien embasmez*[12]— par les soins du roi Philemenis dont la terre est proche du royaume de Féménie et où il sera enseveli dans un somptueux tombeau.

En revanche, le corps d'Achille, atrocement tailladé par Pâris et ses hommes, ne peut être ni embaumé ni enseveli. Les Grecs doivent donc se résigner à le brûler. Cette pratique de l'incinération est bien attestée ailleurs dans le *Roman de Troie* mais elle semble réservée aux guerriers anonymes, aux héros secondaires. Est ainsi ménagé un intéressant contraste entre le sort ou, si l'on peut dire, le devenir du cadavre du héros grec et celui de son principal rival, Hector.

Reprenant en la développant la description de l'embaumement de Pallas, Benoît dispose en effet dans et autour du corps d'Hector une tuyauterie aussi complexe que merveilleuse qui permet non seulement de conserver le cadavre à l'intérieur de la tombe mais de l'exposer pour l'éternité[13]. Le somptueux sarcophage édifié pour Hector reste ainsi vide. Pour quelle attente? A côté, ou du moins sous la même voûte qui abrite le cercueil, trône, sur une *chaeire* elle aussi somptueuse, le corps embaumé du héros, figé dans une attitude vivante, presque "naturelle" et que Troyens (et Grecs) peuvent ainsi revoir, admirer, vénérer.

La présence du corps est enfin dédoublée/redoublée par la présence d'une statue d'or fin *e a Hector si resemblant/que nule chose n'i failleit*. L'image, érigée au sommet du tombeau, brandit dans sa main une épée dont elle menace les Grecs. Elle fixe ainsi, et elle aussi pour l'éternité, la figure et l'élan vengeur du seigneur de la guerre, du maître des batailles qu'est Hector dans le *Roman du Troie*. Devant le corps comme devant la statue brûlent également des lampes d'or qui jamais ne s'éteindront car leur flamme *d'une pierre est de tel nature/que toz jorz art e toz jorz dure*[14].

Faits pour défier les atteintes du temps—Benoît signale souvent que telle ou telle merveille aurait duré jusqu'au jour du *juïse* (du Jugement dernier) si la ville n'avait été *prise*—les

tombeaux dans l'*Enéas* et dans *Troie* jettent aussi un défi à
l'espace et aux lois naturelles de la pesanteur. Certes, la plupart
des tombes qu'évoque sommairement Benoît sont disposées
horizontalement. La tombe de Pâris par exemple repose sur
quatre lions d'un grant,/ d'or esmerez tresgiteïz[15]. En revanche,
pour les tombes rivales d'Hector et d'Achille, l'écrivain imagine et
dispose des structures verticales. Le modèle est là encore l'*Enéas*.
Dans ce récit, le monument élevé à la mémoire de Camille est
constitué, en son dernier "étage", de trois pyramides renversées/
posées sur leur pointe et dont la taille va en augmentant[16]. Mais à
cette tombe qui offre au ciel le miroir de sa plus vaste surface ou à
la *volte tote reonde* (v. 6419) qui couronne celle de Pallas, Benoît
préfère manifestement la ligne plus agressive de la colonne
monumentale, dressée à l'assaut du ciel.

Le monument funéraire d'Hector—dans la mesure où la
description fragmentée et embrouillée que fait l'écrivain autorise
une représentation cohérente—est un étagement complexe de
statues en forme d'hommes, de colonnes, d'arcs voûtés, à leur tour
surmontés par une *maisière* puis par une voûte et qui supporte
projette vers le ciel le tombeau vide, le corps merveilleusement
préservé, la statue triomphale. Plus simple, le monument d'Achille
est encore plus représentatif de cette structure en "obélisque"[17]
vers laquelle tend le tombeau d'Hector. *L'uevre*, ornée à profusion
de sculptures et de peintures inaltérables, monte d'un seul jet à
une vertigineuse hauteur:

> De fort betun e de ciment,
> que ja desci qu'al finement
> n'en charra tant com monte un peis,
> mout plus en haut qu'uns ars Turqueis
> ne traireit, fu l'uevre levee,
> que merveilles fu esgardee.
> De la hautor fu fiere chose,
> ne hom ne rien ester n'i ose (22421–28).

Fermée sur elle-même—la *vis faite a eschale/par ont li maistre
s'en avale* (22431–2) a été soigneusement scellée—elle n'a d'autre
issue, d'autre "portée" que la statue de Polyxène, faite à l'exacte

taille et à l'exacte semblance de la jeune fille et tenant dans ses mains, là où *l'uevre achieve e faut* (22476), l'urne où reposent les cendres du héros.

La présence insistante de l'espace funéraire dans le *Roman de Troie* s'explique de manière évidente, comme je l'ai dit plus haut, et par la nature même du sujet traité et par le désir de Benoît de rivaliser avec son modèle. Une rivalité qui évite, cependant, l'affrontement direct. C'est ainsi que Benoît renonce (ironiquement?) à décrire l'impossible, le tombeau de Penthésilée l'amazone:

>   Sepouture ot e monument
>   tel que, se Plines esteit vis
>   ne cil qui fist Apocalis,
>   nel vos porreient il retraire;
>   por ço si m'en covient a taire.
>   N'en dirai plus, quar n'osereie:
>   trop haute chose envaïreie (25794–800).

Un autre glissement s'opère, par rapport à l'*Enéas*, de la description de l'objet à sa fabrication et à son auteur. Benoît multiplie en effet, à propos des tombeaux mais aussi des autres constructions et objets extraordinaires qui jalonnent son récit, ce que l'on pourrait appeler des figures de l'artiste. L'accent est mis non seulement sur la beauté et la richesse des matériaux utilisés pour les tombeaux mais sur le savoir et le savoir-faire aux frontières indécises de la sagesse, des connaissances techniques et de la *nigromance*, des pratiques magiques, dont ils sont les "produits". Les tombeaux d'Hector, d'Achille, de Pâris sont d'abord l'œuvre de *maistre*, de *sage dotor*, de *poëte* (terme ici employé dans son sens étymologique), d'habiles *engeigneor* qui témoignent avec éclat de la maîtrise souveraine à laquelle peut prétendre et atteindre l'homme lorsqu'il exerce sa sagesse et son *engenz*[18].

L'artiste donnant forme à la matière et le clerc travaillant le langage[19] ne sauraient sans doute se confondre absolument. Mais l'image de la forteresse de mots à laquelle Benoît recourt dans le prologue pour désigner son récit, l'emploi de termes comme *uevre, engenz, envaïr*, etc., pour qualifier aussi bien l'entreprise de l'écriture et le livre achevé, la construction de la nef Argo, du cheval de Troie, et les prouesses techniques de leurs inventeurs, l'édification des tombeaux et l'invention créatrice de leurs maîtres d'œuvre, soulignent à l'évidence l'unité de la démarche. Ils dessinent le lien solide qui unit ici les lettres et les arts et qui magnifie à l'égal de la prouesse guerrière, des *uevres* de Troie, *l'uevre*[20] du clerc et celle de l'artiste, leur recherche conjointe pour perpétuer dans sa forme définitive et inaltérable la mémoire de Troie.

La diversité des tombeaux inventés par Benoît traduit bien évidemment des préoccupations d'ordre esthétique. Il est clair d'autre part que la plus ou moins grande complexité de la description, son ampleur, sa puissance inventive, l'impression d'ensemble qu'elle veut susciter varient aussi en fonction du héros considéré et de son importance dans la narration. Il semble cependant que le rôle symbolique dévolu au motif des tombeaux dans le *Roman de Troie* ne recoupe pas absolument la hiérarchie qui s'impose à première vue—Hector, Achille, Pâris etc.—mais renvoie en revanche à l'ambiguïté même sur laquelle se fonde le texte: l'histoire de la mise à mort d'une cité, d'une civilisation, qui est aussi, dans l'imaginaire médiéval, l'espace originel et fondateur des principaux peuples de l'Occident.

La statue dressée au sommet du tombeau d'Hector signifie, par son geste de menace, que le héros sera vengé:

> Un brant d'acier tot nu teneit,
> Grezeis par signe manaçot:
> ço voleit dire e ço mostrot
> qu'ancor sereit vengiez un jor,
> e si fu il al chief del tor
> si faitement com vos dirons
> anceis qu'a la fin parveignons (16792-98).

L'annonce concerne sans doute directement l'épisode sanglant de la mort d'Achille, assassiné par Pâris dans le temple d'Apollon, à l'endroit même où s'élève le tombeau d'Hector. Mais on pourrait tout aussi bien supposer que la statue prédit une plus ample revanche, les "retours" désastreux des chefs grecs dans leurs pays et, plus loin encore, la féconde diaspora troyenne... Si l'on veut bien admettre d'autre part que l'imaginaire de Benoît semble (indirectement ou non) nourri des merveilles et des trésors de l'art byzantin, on peut se demander si les "modèles" de la statue d'Hector ne sont pas ces *images* et ces colonnes que décrira quelques décennies plus tard Robert de Clari et qui annoncent elles aussi une revanche: celle des peuples de l'Occident, lointains descendants de la cité troyenne, reprenant possession, avec Constantinople, de l'héritage ancestral. L'inscription que porte l'une des statues—une statue de femme, il est vrai—prédit en effet que *de vers Occident venront chil qui Constantinople conquerront*, tandis que les *letres* sur la colonne rappelent à leur tour que *de vers Occident venroient une gent haut tondue a costeles de fer qui Constantinople conquerroient...*

En contrepoint à la statue menaçante d'Hector, la statue de Polyxène, isolée/ dressée dans le camp grec mais bien visible des Troyens[22], pleure, au sommet du tombeau d'Achille, sur le héros mort:

> Une image d'or tresgeterent,
> e sacheiz bien mout s'en penerent
> qu'a Polixenain fust semblant:
> ne fu ne mendre ne plus grant.
> Triste la firent e plorose
> e par semblant mout angoissose,
> por Achillés qui morz esteit,
> qui a femme la requereit:
> formée l'ont en tel maniere
> que mout en fait dolente chiere,
> E si fist el: ço sacheiz bien
> qu'il l'en pesa sor tote rien (22435-46).

Benoît n'a pas inventé le personnage de Polyxène ni l'amour fou d'Achille pour la jeune fille. Amour qui, dans le récit de Darès comme dans le sien, est la cause directe de la mort du héros. Mais la trouvaille du clerc médiéval est sans doute[23] d'avoir imaginé un amour réciproque. Jamais, certes, Polyxène n'avoue ses sentiments pour Achille. Elle se garde bien (à la différence de Lavinia?) d'en parler à sa mère. Mais le commentaire parfaitement explicite du narrateur[24] montre combien la douleur que manifeste la statue répond aux sentiments réels de la jeune fille. D'autre part, en condamnant secrètement le guet-apens qu'Hécube et Pâris ont tendu à Achille, en proclamant ouvertement[25], au moment de son supplice, que nul désormais ne saurait être digne de lui ravir sa virginité et de perpétuer, à travers elle, la race des Dardanides, Polyxène, la plus belle des filles de Priam, la rivale même d'Hélène, donne corps un bref moment au rêve fou d'Achille: unir la Grèce et Troie par les liens légitimes d'un mariage consenti, fondre en un couple nouveau, en un impossible alliage, la suprématie guerrière et la toute-puissance de la beauté.

Ce n'est pas par goût du paradoxe que cette rapide étude s'achèvera sur la tombe de Pâris mais en raison du rôle important que la mise au tombeau du dernier des fils de Priam me semble jouer dans la stratégie symbolique de Benoît. Avant que la tombe ne soit scellée, Priam se dépouille de ses insignes royaux et en revêt le corps de son fils, de peur, précise le texte, qu'ils ne tombent aux mains des Grecs.

> Li reis Prianz prist son anel,
> el dei li mist de la main destre,
> e en l'autre li mist le ceptre;
> el chief li asiet la corone,
> beneïçon a s'ame done (23056-60).

Avec Pâris meurt en effet le dernier successeur possible de Priam, Hélénus le devin, l'homme de paix, étant incapable d'assurer, semble-t-il, la continuité du pouvoir politique et de la lutte contre les Grecs.

Le rituel ici évoqué rappelle sans doute l'ensevelissement de Pallas dans l'*Enéas*[26]. On pourrait également le rapprocher de la réalité historique, du rituel qui se met progressivement en place dans la seconde moitié du XIIe siècle pour les funérailles royales[27]. Mais ici, il ne s'agit pas de la mort du roi. L'attitude de Priam qui, dans la suite du récit, ne renonce ni à l'exercice du pouvoir souverain ni à la poursuite de la guerre, ne ressemble pas à une quelconque démission. Elle évoque bien davantage un rite d'investiture, une sorte de sacre qui reconnaitrait en Pâris, même mort, l'héritier légitime de Troie et du royaume.

Il est en effet très remarquable que Pâris ne fait l'objet, dans le *Roman de Troie*, d'aucune condamnation[28]. Bien au contraire. Au lendemain de son expédition triomphale en Grèce, Priam l'unit à Hélène, renonçant donc à sa première intention: échanger la jeune femme contre sa sœur Hésione, enlevée par les Grecs. Comme cadeau nuptial, le roi offre au couple la Chambre de Beautés, le sanctuaire paradisiaque où sont exposées/ encloses pour le plaisir de quelques élus les merveilles produites par le génie troyen. Ce don exceptionnel fait ainsi de Pâris et d'Hélène l'incarnation exemplaire de cette cité, de cette civilisation qui ont su inventer tout ce qui peut procurer à l'homme *delit ne joie...e mainte autre uevre deportable,/ riche e vaillant e delitable*[29]. Sur le champ de bataille, Pâris se révèle d'autre part un habile meneur d'hommes et un redoutable guerrier qui excelle dans le tir à l'arc. Benoît souligne surtout à plusieurs reprises la plénitude et la beauté de l'amour réciproque qui lie Pâris et Hélène. Amour qui contraste curieusement avec la violence brutale d'Hector à l'égard d'Andromaque. Après la mort de Pâris enfin, l'attitude de Priam et de sa famille, le souci que prend le roi du sort d'Hélène lors des pourparlers de paix, démontrent amplement que jamais le roi n'a condamné ni même regretté cette union, quelles qu'en soient les conséquences.

Enfermer les insignes royaux dans la tombe de Pâris, faire du prince bien aimé, de celui qui a eu l'audace de choisir Vénus contre Pallas et Junon, son successeur et son héritier, ce serait ainsi, pour Priam, pour Benoît, affirmer la spécificité de Troie, justifier le choix qu'elle a fait de la beauté, de l'amour, de la richesse inventive et féconde, jouer jusqu'au défi les chances de survie et de renaissance de la civilisation qu'elle a construite. Fière de sa puissance guerrière, confiante en ses hautes murailles, Troie l'opulente doit finalement se reconnaître mortelle. Mais c'est peut-être en suivant le choix de Pâris, en tentant d'unir la prouesse au désir et à l'amour de la beauté, alliage rare que dédaigne Hector, que recherche jusqu'à en mourir le triste Achille, qu'elle saura renaître en d'autres lieux, en d'autres temps.

Stèles élevées à la mémoire du passé, au souvenir des héros morts, les tombeaux du *Roman de Troie* annonceraient ainsi—mais il s'agit d'une autre histoire—les tombeaux arthuriens où les héros, arrivés au terme du parcours, tentent de remonter le temps et de déchiffrer le mystérieux secret de leurs origines.

Notes

[1] Voir J.-Ch. Huchet, *Le Roman médiéval*, Paris, *PUF*, 1984 (sur l'*Enéas*) et surtout A. Petit, *Naissances du roman. Les techniques littéraires dans les romans antiques du XIIe siècle*, Paris, Champion, 1985, 2 vol (où l'on trouvera également une bibliographie détaillée).

[2] Voir la mise au point récente de D. Kelly, "The Art of Description" dans *The Legacy of Chrétien du Troyes*, ed. by N. Lacy, D. Kelly, et K. Busby, Vol. I, Rodopi, Amsterdam, 1987, 191-221.

[3] Dans *Thèbes* (éd. G. Raynaud de Lage, *CFMA*, Paris, 2 vol., 1967) le portrait se lit aux vv. 4045-4084, dans l'*Enéas* (éd. Salverda de Grave, *CFMA*, Paris 2 vol., 1929) aux vv. 4008-4084.

[4] Ed. L. Constans, *SATF*, Paris, 6 vol., 1904-1912, vv. 5107-5582.

[5] Voir sur ce point l'étude de G. Angeli, *L'Enéas e i primi romanzi volgari*, Milan, 1971.

[6] Voir pour Athon les vv. 6051 et ss. et pour les funérailles d'Etéocle et de Polynice les vv. 10497 et ss.

[7] Afin de ne pas multiplier les citations, je donne ici la liste des principales descriptions de funérailles et de tombeaux. *Roman d'Enéas*: tombeaux et funérailles de Pallas, vv. 6375-6528; de Camille, vv. 7433-7724. *Roman de Troie*: tombeau de Patrocle: vv. 10371-10398; embaumement, exposition et funérailles d'Hector: vv. 16503-16574, description du tombeau: vv. 16631-16858; funérailles et tombeau d'Achille: vv. 22399-22491; funérailles et tombeau de Pâris: vv. 23037-23070; funérailles de Penthésilée: vv. 25771-25800. La tombe d'Hector a fait l'objet d'une étude de R. Buchtal, "Hector's Tomb" dans *Essays in Honor of E. Panofsky*, ed. by M. Meiss, New York University Press, 1961, pp. 29-36. Je n'ai pu utiliser pour cette étude l'article de M.-R. Jung, *Hector assis* dans *Romania ingeniosa, Mélanges G. Hilty*, Peter

Lang, 1987, pp. 153-69. Voir également pour une étude d'ensemble des objets d'art dans les récits médiévaux l'étude de O. Söhring, *Werke bildender Kunst in altfranz. Epen* dans *Romanische Forschungen*, 12, pp. 493-640 et plus spécialement, sur les tombeaux, pp. 522 et ss.

[8] Vv. 16720-28.

[9] Vv. 6467-84 et, *ibid.*, pour Camille vv. 7648-50.

[10] Vv. 7719-24 et aussi pour Pallas, vv. 6525-28.

[11] Vv. 23064-70 et, pour Patrocle, vv. 10387-89, pour Achille, vv. 22485-490.

[12] Vv. 25777-780.

[13] Il y a en fait deux expositions, l'une avant la "mise au tombeau", sur une sorte de lit de parade: vv. 16503 et ss, puis dans le monument funéraire lui-même, sur la *chaeire*, vv. 16764 et ss.

[14] Une pierre semblable, l'*abesto*, se trouve dans la tombe de Pallas vv. 6509-520 et dans la tombe de Camille, brûle pour l'éternité une lampe dont la flamme est maintenue par un mécanisme trés complexe (vv. 7669-7718) qui préfigure les automates de la Chambre de Beautés. Voir E. Baumgartner, *Le Temps des automates* dans *Le Nombre du Temps*, Mélanges P. Zumthor, Paris, Champion Slatkine, 1988, pp. 15-21.

[15] Vv. 23048-9 et tombe de Pallas, vv. 6455-59.

[16] Vv. 7555-92.

[17] Le passage de l'*Histoire ancienne jusqu'à César* cité ci-après emploie le terme d'*aguille*.

[18] Pour une étude plus détaillée de ces termes voir E. Baumgartner, *Sur quelques termes de technique littéraire dans le Roman de Troie de Benoît de Sainte Maure*, dans *Cahiers de lexicologie* 51, 1987-2, pp. 39-48.

[19] Langage qui seul, ici, donne corps et forme aux merveilleux objets qui peuplent le récit....

[20] Sur les emplois de ce terme dans *Troie* voir également l'article cité n. 18.

[21] Robert de Clari, *La Conquête de Constantinople*, éd. Ph. Lauer, *CFMA*, Paris, 1956, pp. 88-89.

[22] *De Troie fu tot cler veüe*, v. 22479.

[23] Il n'y a, semble-t-il, aucune mention des amours d'Achille et de Polyxène dans les *Héroïdes* d'Ovide, une des "sources" de Benoît.

[24] Voir également les vv. 22447-460.

[25] Voir le discours de Polyxène aux Grecs avant son supplice et tout particulièrement les vv. 26507-526.

[26] Vv. 6399-6406 et 6460-63.

[27] Sur les funérailles royales voir A. Erlande-Brandebourg, *Le Roi est mort. Etude sur les funérailles, les sépultures et les tombeaux des rois de France jusqu'à la fin du XIIIe siècle*, Paris, 1975, et, plus récemment, *Les lieux de mémoire* (sous la direction de P. Nora), Gallimard, 1986, *II*

La Nation; voir surtout, C. Beaune, *Les sanctuaires royaux*, pp. 57-87.

[28] Il lui est juste reproché de ne guère tenir ses serments lorsqu'il cède à la demande très insistante d'Hécube d'attirer Achille dans un guet-apens (vv. 21855-56).

[29] Voir les vv. 3177-86.

Appendice

Commentaire de l'auteur de l'*Histoire ancienne jusqu'à César* sur les tombeaux construits par les Troyens et les Grecs en l'honneur de leurs héros. Le passage est extrait du ms. B.N. fr. 20125 (section: Histoire de Troie), f° 137 v. Transcription faite par Florence Delpeuch à qui j'exprime ici mes remerciements.

A ce faire (*les tombeaux des guerriers durant une période de trêve*) mistrent assés lonc termine quar, contre ce qu'il haut home estoient, lor faisoient il hautes piramides, c'estoient sepoutures. E tot ou somet, el pomel, metoient il la cendre dou cors qui ars estoit; et c'estoit ramenbrance de sa proece et de sa hautece. La piramide estoit ausi faite a quatre costés, o reonde com uns clochers, et au faire metoient grant entente.

A Rome en a encore une mout anciene c'om claime l'aguille de Rome. Cele fu faite par grant diligence. La sunt encore, tot en som ou pomel, les cendres dou roi Jule Cesar, ce dient li pluisor et content.

Segnor, por ce le vos ai dit et devisé qu'ensi en celui tans, et puis ausi aprés ce grant tans, enterroient lor haus homes et, quant il avoient (*les Grecs et les Troyens*) les longes trives, a ce faire mout se travailloient.

UNDERSTANDING GUILLAUME DE LORRIS:
THE TRUTH OF THE COUPLE IN GUILLAUME'S
ROMANCE OF THE ROSE

Karl D. Uitti
Princeton University

Kenneth Mealy
In Memoriam

No old French (= OF) poetic text has come close to enjoying the kind of on-going, and controversial, success one associates with the *Romance of the Rose*. This *summa*-like poem, begun, as Jean de Meung informs us, by a certain Guillaume de Lorris (around the year 1230), and both "continued" and "brought to conclusion" by Jean himself approximately a half-century later,[1] was read, copied, translated, amplified, imitated, decried, studied, counterfeited, edited, and explicated for almost half a millennium. Following upon their poet and critic predecessors, scores of 19th- and 20th-century scholars representing varying disciplinary interests have sought to articulate its meanings, to pin it down. Indeed, the truths ascribed to it by medieval and modern commentarists alike appear to illustrate the aptness of Ernest Renan's somewhat disabused *boutade*: "Le malheur quand on cherche la vérité, c'est qu'on finit par la trouver."

Much of what we think we know about *The Romance of the Rose* is but a matter of more or less well-informed conventional opinion and/or personal conjecture, however. That the poem continues to attract the attention of learned readers even today is evidenced in a continuing flow of publications dealing with it and in the holding of scholarly conferences, like that recently hosted in Chicago by the Newberry Library (October 1987). The artifact is certainly something that we can be scholarly about, as are its many ramifications. Unlike numerous other poems, the *Rose*, along with the critical commentary generated by it, seems to invite attack and defense, and, of course, to favor the construction of arguments designed to strengthen one's plans of assault and of resistance. All of us choose to ignore what we might otherwise learn because, perhaps, to know what we choose to ignore could well turn out to be embarrassingly inconvenient to our general schemes and plans. From the times of Dante, of Machaut, and of Christine de Pizan down to our own day, the *Rose* has consistently functioned as a marvelously rich pretext.

Surely, then, we can all agree that the *Rose* is at once an intriguing and a demanding poem, that it virtually dares us to attempt to "understand" it. Other not insignificant areas of agreement suggest themselves. For example, the work was undertaken at a time when French narrative in octosyllabic rhyming couplets had been subjected to severe criticism of the type "Rhymed discourse is inherently mendacious because the choice of words depends more on rhyme than on sense," or, "Romances cannot be serious—at best they can aspire merely to entertain, at their worst they serve up noxious tales of adultery and other immoralities." Truly serious, and seriously true, French narrative is necessarily historical, and in prose. Indeed, much early 13th-century verse romance—e.g., the epigonal and formally playful *Bel Inconnu, Aucassin et Nicolette*, or *Fergus*[2]—appears to reject historical seriousness, while such prose recastings of older stories couched in verse as the *Prose Tristan* and the *Prose Lancelot* seem, precisely, to have been devised in order to "historicize" earlier verse romance *matières*. The central issue is truth.

This issue is directly addressed, of course, in the opening lines of *The Romance of the Rose*; we remember the *songe:*

mençonge rhyme of vv. 1-2, here reversed with respect to its common usage in OF romance: dreams are *not* invariably untruthful, and the estimable Macrobius (who "wrote down" [sic[3]] the dream of Scipio) is called upon to substantiate this affirmation. The classic format of the OF romance prologue, we note, prevails here: the general statement, or *sententia*, followed by an appeal to unimpeachable authority, leads to a matter of particular relevance in regard to the narrative at hand. A first-person narrator is speaking. The stage is set for a story—for a romance specifically like those epitomized by Chrétien de Troyes; a romance, like many others of the first quarter of the 13th century, that seems to proclaim its epigonality.

But what is the "narrative at hand" ? And who is our narrator? In the name of whom and to what purpose does he speak?

A thesis is advanced, namely, the truth of dreams. Those who show disbelief in this thesis may well decide, though incorrectly, to dismiss our narrator as a fool, but *he* remains nonetheless convinced that "songes est senefiance / Des biens as genz e des enuiz" (vv. 16-17). A thesis advanced in this manner is rather unusual in romances up to this time. Thesis-like *sententiae* more commonly introduce, and shore up, the material recounted in the romance that follows;[4] here a reversal of this pattern obtains: the romance narrative appears to support, rather, the validity of the thesis.[5]

A kind of transitional narrative ensues. In support of his thesis—of his belief concerning the *senefiance*, or prophetic meaningfulness, of dreams—he tells that when he was in his twentieth year he dreamt a dream which was very beautiful and pleasing to him; but nothing in this dream, he declares, *failed actually to take place*. I repeat: What he had dreamt soon happened *just as* the dream had foretold!

Let me recapitulate: 1) A narrative "I" advances a thesis concerning the veracity of dreams—a veracity by no means universally granted, but guaranteed, seemingly, by a reputed Classical author (the same Macrobius, incidentally, who "taught Chrétien how to 'describe' "[6]; 2) The truthfulness of dreams is linked to their "significance"—to their acting as "signifiers" of the good and of the bad things that (eventually) come to affect people[7]—and to their prophetic value (what is dreamt of "covertly" often is later "seen overtly"); 3) Proof of the foregoing is provided by the first-person narrator's own past experience: when he was about to turn twenty, that is, at that canonically "historical" time of life when Love exacts his toll of young men, he had a beautiful and pleasing dream while sleeping soundly, and everything that he dreamt soon came to pass exactly as the dream had stated it.

May it be granted that what I have just said outlines accurately, though very summarily, what the initial thirty lines of the *Rose* say?

Now, so our narrator informs us, "I wish to put *that* dream into rhyme, in order to cheer up your hearts, for Love, at present, asks and commands it of me."

The experience recounted in vv. 21-30 in order to buttress the thesis advanced earlier in the Prologue, we observe, now becomes the subject-matter of a rhymed *romanz* (v. 35)—i.e., a vernacular narrative—which the narrator at present undertakes at the behest of Amors for the purpose of bringing pleasure and joy (*esgaier*) to the hearts of those who are depicted vocatively as listening to him. The story will be called *The Romance of the Rose*, and it will encompass the unabridged "Art of Love" ("Ou l'Art d'Amors est *toute* enclose"). Its "matter" is both "good" and "new" (MS *Za*: *bele e voire* 'beautiful and true'). What does the wholeness of this "Art of Love" have to do with its "goodness" and "newness" (or "truth" and "beauty") and with the poet-narrator's obvious pride in his workmanship?

Then, we learn, the romance itself is to be offered to her "por cui je l'ai empris" ('on account of whom I have undertaken it'): may she "receive" it gladly! To be sure, the enterprise responds to Amors' command; however, it is *occasioned* by *cele*—a Lady —whose merit is such and who is so worthy of being loved that she fully deserves to be proclaimed "Rose." The inspiration emanating from the Lady to the person of the first-person narrator causes the entire complex set of relationships involving dreaming and reality to fall into place. Her pertinence to our narrator—he loves *her*—acts as his primary *motivation*, for no longer does he merely pay routine dues to Love, serving, so to speak, the idea of love by narcissistically loving himself and manifesting crudely and exclusively the physical ardor characteristic of a driven, but inexperienced adolescent.[8] Meanwhile, she, *as he loves her* and by virtue of his hope that she will reciprocate his love, will stimulate him to render the "goodness" and the "newness" of his "matter" (*bone et nueve*)—of the Art of Love—contained in his *Roman de la Rose*. Conversely, his prophetic dream, as he will recount it, *predicts* and *informs* the lady; the dream—its signifying power—*names* her: she must be proclaimed *Rose* ("el doit estre Rose clamee" [v. 44]). If God grant that she accept his gift to her of his poem-dream-experience, they in consequence, as conjoined couple, will achieve completeness as themselves *in their relationship to, and with, one another*, and what has hitherto remained virtual, or latent, in the dream (its *senefiance*) will in fact have come to pass: their poem. The dream thus will have fulfilled itself as prophecy (which is the nature of dreams), and the Art of Love will have been authentically articulated within a proper context. This example, in turn, will help rid well-born society of sadness and unhappiness: there is presumably no room for jealous *losangiers* in a world made up of "gay hearts."

Unlike Ovid's *Art of Love* and Andreas Capellanus' amusing "treatise," *The Romance of the Rose* constitutes an Art of Love that depends entirely on the truthfulness of the personal experience which provides its foundation. What happened *then* in the canonically construed lifetime of the lover-protagonist was dreamt and only given value—significance—within the *subsequent* and new context of that protagonist who meanwhile became the poet-initiator of the *Rose*. Like the Perceval of Chrétien's *Conte du Graal* who, as it were, dreams of becoming a knight and who, we are sure, is quite capable of achieving this goal, but who initially confuses genuine chivalry with its exterior trappings, the young disciple of Love in the *Rose* clearly has in him considerable natural ability: what it takes to achieve the status of an authentic lover, that is to say, to participate fully (and humbly) in the Couple formed of Man and Woman, but not before he outgrows the limitations of his immaturity.[9] The artful polishing of native ability constitutes in both *The Romance of the Rose* and the *Conte du Graal* a material theme of very great importance. Indeed, the recounting of adventures is largely the articulation of this basic theme in the two works.

Also, just as in several of Chrétien's romances, *naming* lies at the heart of *The Romance of the Rose*. To name someone or something is less, however, a matter of exercising a kind of Adamic control over what is named than a form of identification which incorporates—even creates—that which is named into the economy of the poem. By naming Vieillece, for instance, or the Fountain of Narcissus, the protagonist establishes a pertinent (and, to us, an understandable) relationship between that personification or that object and himself. The act of naming implies recognition and intent. The name corresponds to the poet-narrator-lover's desire ("I wish the romance which I am undertaking to be called...the *Romance of the Rose*"); the name expresses his understanding in terms of what he intends that his poem do. Finally, naming appears to objectify—to make "real"—what otherwise might legitimately be construed as an arbitrary and capricious, or unordered, presentation of something that simply appears worthwhile or interesting to say. Within the text of the poem, a link of truth is established between the name and what is named. Vieillece *exists*, so to speak, in her own right because she is so named in the poem, and described there as she is seen by the poet-protagonist.

Thus, the *Rose* poeticizes an old and peculiarly romance narrative convention—that of the crucial significance accorded the naming-revelation of characters, places, and poetic works. To put the matter another way, in giving his work the title *Romanz de la Rose* the poet-narrator adheres to the tradition we find already fully exploited in, for example, Chrétien's *Yvain* and *Perceval*. (Jean de Meung's recourse to this same tradition at the approximate midpoint of the conjoined two parts of the *Rose* shows that he too is fully aware of the centrality of this device in Guillaume's poem.) By virtue of utilizing this tradition (among other things), the poet-narrator identifies his work as a romance. In this fashion he acquires, and can utilize for his own ends, the rich resources of vernacular romance narrative in verse, despite the fact that, in most other respects, his work appears to depart both radically and self-consciously from the pseudo-historical matter which, since Wace, had made up so much of the romance tradition.

In the verses that have concerned us so far, the poet-narrator takes a basically lyric situation to be found in countless *chants courtois*: the poet offers a song (an artifact) to the Lady he loves in the hope that she will willingly accept this gift and respond to his love. Like the angles of an equilateral triangle, the poetic "ego," the song, and the love experience are equal to one another and, to a considerable degree, interchangeable. The poet rephrases this lyric situation in romance narrative—i.e., *sequential*—terms, however. The beloved Lady is she for whom he has composed his work (as Chrétien's *Charrette* was composed at the behest of Countess Marie de Champagne). The substance of the narrative, namely, the first-person protagonist's amorous adventure is also lyric, but treated in a narrative manner: the narrator is *both* the "same person" as his protagonist and a "different person." The former underwent the adventure, we recall, in his twentieth year; the latter is recounting the story five or more years later.[10] One is reminded of Chrétien's Calogrenant, in *Yvain*, and of Enéas' tale to Dido of the Fall of Troy, in the *Roman d'Enéas* (ca. 1150–55). "Guillaume de Lorris" is thus *both* the knightly, lyric-type protagonist *and* the clerkly, romance-style narrator—he is at once Lancelot *and* Chrétien. Interestingly, Calogrenant and Enéas each tells his sad story of failure at the pressing request of a queen—Guenevere and Dido—though neither willingly does so, since the two autobiographical stories cause pain to their narrators. Enéas' tale contributes much to fan the flame of Dido's passion; Guenevere, however, almost glaringly shows no such interest in Calogrenant. Told for the first time some seven years after the events recounted in it, the latter's narrative however, like that of Guillaume de Lorris, offers a perfect model of professional clerkly romance story-telling, with a well-wrought Prologue and significant midpoint, a veritable web of intertextual references, and flawless courtly diction. In both *Yvain* and the *Enéas* the early failures are redeemed at a later date: Yvain avenges his cousin's humiliation and marries the Dido-like Laudine; Enéas will resuscitate Troy on the banks of the Tiber and, with Lavine, the daughter of King Latinus, will restore Troy by founding a new chivalric lineage.

Does a similar pattern apply in the case of the *Rose*? Will the adolescent Lover's lack of chivalric success be redeemed by the twenty-five-year-old's poetic (and amorous) achievement in conjunction with "Cele [qui] doit estre Rose clamee"? I believe the issue is very much worth looking into.

The protagonist experiences (in his twentieth year) initiation into love: he comes to desire, and love, one of the roses in Déduit's orchard. The story stops, however, before the problems facing him *at that time* are entirely resolved. He has not yet possessed what he yearns for. However, in my judgment, the plot *not* being brought to a conclusion by the poet-narrator we know as Guillaume de Lorris constitutes a particularly effective means of closure: that, in other words, Guillaume's poem has ended.[11]

But "successfully" picking the flower does not jibe with the nature of the poetic intentionality that governs the poem. Let me be as plain and simple as I can be. If the Lady who inspires the poet does so because she is worthy of being proclaimed "Rose," the opposite is hardly true: the rosebud itself, or its being plucked, would have brought eveything to a dead end. The rose, especially in its various avatars, is no Lady, no woman. The flower—like that of Narcissus in Ovid's story—is merely the very passive *object* upon which the twenty-year-old's passionate and self-centered obsessions are caused to fix. It is merely the goal reached after one overcomes a series of more or less difficult obstacles (e.g., the thorns that protect it). Meanwhile the Lady, beloved of our twenty-five-year-old poet, can be, and indeed is, judged worthy of being proclaimed Rose. She is *there*; she is a woman, and *as such* understandable to us (in part) thanks to her metaphorical association with the ever-evolving flower. The poet-lover *sees* in her—in this Lady—the "Rose," because he loves *her*; thus his seeing her is diametrically opposed to his "seeing" the bunch of roses reflected in the Narcissus Fountain's crystals, even though "seeing roses" is *ostensibly* common to both instances. Vv. 1–44 of Guillaume's *Rose* constitute both the beginning *and* the culmination of the poem; vv. 45–4058 (in the Langlois edition) make up *both* what follows the beginning *and* the foreshadowing of its culmination. With respect to this latter, the bulk of the poem is consequently akin to the *petit vers* of Chrétien's *Erec et Enide* (as well as to Enéas' flashback story and Calogrenant's tale of shame).

How does our poem's use of Ovid's Narcissus story help us better grasp these relationships?

Part I of *The Romance of the Rose*, I believe, celebrates growth. Just as Chrétien's Perceval learns and understand more, and more perfectly, as his story of successes and failures progresses, until he learns to "read" the three drops of blood on the snow as metaphorically designating the face of the Lady who, thanks perhaps mainly to this act of reading, becomes his beloved, so our lover experiences the purification of failure and the problematic relativity of certain kinds of "success." To put the matter briefly, he manages, though with great difficulty and even despair,[12] to learn to handle metaphor—to designate his Lady as Rose, more accurately to see her, and to confer upon her this name because of his forming with her the authentic couple of his romance and life. In other words he *genuinely*, not routinely, articulates his, and, he hopes, *their* love. He sees ("discovers" or "invents") and celebrates the Rose in her. This articulation is the culmination of the *Art of Love* which, as he says, his poem *contains*, and, I venture to guess, he would not have been able to formulate had he not chosen to tell the story of his dream-vision. Ovid's Narcissus story thus undergoes a thorough reversal at the hands of Guillaume de Lorris.

Much deserves to be said about this reversal, but a few remarks on the question of mirrors and on the OF verb *soi mirer* 'to gaze intently, to look as though into a mirror [at oneself]' [13] will have to suffice for now.

There is no doubt that Ovid's Narcissus sees himself reflected in the water.[14] Although he does not at first realize it, *we* know that he is smitten with his own reflection; the 12th century OF Narcissus and the Narcissus of our poet-narrator are also presented in this way. But Guillaume's Narcissus does not *soi mirer*; he projects (i.e., actively *sees*) his own face in the water (vv. 1483-84) and believes it to be that of a beautiful *enfant*

(vv. 1487–88). When the narrative is repeated in the context of our poet-protagonist's summary of the Fountain's power, the "proud Narcissus" once again "mira sa face e ses iauz vairs" (1572–73). The Fountain has become "li miroers perilleus," against which there is no sure protection, not even for the "wisest" or for the most "valiant" of men if he choose to "se mire[r]" in "cel miroer" (v. 1575). The seeds of love sown in the Fountain by Cupid inevitably infect whoever runs the risk of looking in it with a kind of rabidness (*rage*) that knows no "measure" or "sense." This madness is "d'amer volenté pure" (v. 1586), which I construe to mean 'unbridled desire to love, physical and mental compulsion, without regard to a choice of the object of love,' and which corresponds to Cupid's purpose. This last is, quite simply, to trap as many youths and maidens as he can; Cupid wishes to extend his own power. Who or what one loves is, for now, beside the point.

Things turn out badly for Narcissus because 1) Narcissus had scorned loving the Other (i.e., Echo), and 2) he looked intently into the Perillous Fountain. His seeing himself reflected there, believing the reflection to be that of another, falling in love with that false Other, and his discovery of his error make up the story of the revenge taken upon him. Narcissus is the victim of his childish and self-centered libido. The fact is that the object of his love—himself, as it turns out here—was, in a context of revenge, determined by Cupid (and chance); he had no voice in the matter. Because of the Fountain, all he was interested in was, as it were, indiscriminate amorous self-expression, a particularly virulent form of illness.

Both Ovid and our poet-protagonist point out the falseness of Narcissus' position and the despair that eventually brings about his death. Ovid's Narcissus ironically fulfills Tiresias' prophecy: he does, in a way, come "to know himself." However, this self-knowledge consists merely in a clear sense of but *part of* his predicament. He does not bewail his infatuation with himself, rather he laments his inability to split himself in two, so that corporeally he might possess the Other that he at present imprisons within himself. He regrets the impossibility for him of the *reality* of love, the frustration of his libido. What he loves is, literally, a *mirage*, a mirror effect; the mirror produces an untrue image (*imagem mendacem*), a false vision. Yet, his passion supports this lie to the very end; he addresses his reflection in these words: "Nunc duo concordes anima moriemur in una" (III, v. 473).

In many respects Guillaume's lover-protagonist assimilates the Narcissus story; indeed, his fear of the Fountain extends to the very name it carries. Consequently this story is both his own story and, for him, an exemplary cautionary tale. *His* narrative contains, i.e., *mirrors* that of Narcissus.

What appears to lie at the center of, and to be held in common by, *both* the Ovidian story and Guillaume's *Rose* is the inherent mendacity dwelling in an obsession focused merely on the "shadow," or self-projection, of a non-existent Other. Narcissus' *imago mendax* shares the falsely objective character Guillaume's lover-protagonist projects upon—*sees* in—the rosebud. Narcissus' disdain of love, it is suggested, brings about his pathetic entanglement in Cupid's nets; it is our protagonist's (at least potentially) empty quest for love (the "mirror image" of Narcissus' disdain) that launches him on a similarly dangerous path. Narcissus is thus predisposed to "misread" the mirror, and *his* misreading conditions the reading performed by our protagonist, creating the likelihood for him of a similarly sterile and lamentable fate. But, because he knows Narcissus' story (*translatio*), he, unlike Ovid's protagonist, is aware of the danger. Narcissus, he tells us, approached the Fountain one day, after hunting, in order to cool off and to quench his thirst (vv. 1470–77); he had no idea of what would happen to him. Our nineteen-year-old would-be lover is thus in a position to reconstruct Narcissus' *imago mendax* into a new and pertinent truth. Of course, he chooses to gaze into the Fountain anyway ("por folie") where he observes the two crystals which, as he puts it, perform just like a mirror (v. 1555), reflecting the entire contents of Déduit's orchard. His own adventure, as we noted above, will mirror that of Narcissus. Consequently, what he sees, and chooses to focus on, in the reflection provided by the two crystals, namely the rose bushes "chargiez de roses" (v. 1616), in particular "la graignor tasse" (v. 1622), mirrors—corresponds to—the reflection that came to obsess Narcissus, acquiring in the process, as we shall presently see, the same characteristics of futility and non-Otherness.

A certain non-specificity with respect to the object of our lover-protagonist's passion reinforces its emptiness. I am aware that most scholars conventionally speak of his obsession with *a* rose. But, initially at least, this does not seem to be the case. The term *rose* never appears in this section of the poem in the sense of a specific flower. At first, the young lover speaks of plucking "one of them [i.e., roses]" on the bush: "Se assailliz ou mesamez / Ne cremisse estre, j'en cuillisse / Au moins une, que je tenisse / En ma main" (vv. 1630-33). Elsewhere the *masculine* term *bouton(s)* 'bud' is invariably used. Feminine gender-specificity is strikingly absent from this early description of the "rose":

> Entre ces boutons en eslui
> Un si trés bel qu'envers celui
> Nul des autres rien ne prisai,
> Puis que je l'oi bien avisé,
> Car une color l'enlumine
> Qui est si vermeille e si fine
> Con Nature la pot plus faire.
> De feuilles i ot quatre paire,
> Que Nature par grant maistire
> I ot assises tire a tire;
> *La queue est droite come jons,*
> *Et par desus siet li boutons*
> *Si qu'il ne cline ne ne pent.*
> *L'odor de lui entor s'espant:*
> *La soatume qui en ist*
> *Toute la place replenist.*
> *Et quant jou senti si flairier,*
> *Je n'oi talent de repairier,*
> *Ainz m'aprochasse por le prendre,*
> *Se j'i osasse la main tendre...*
> (vv. 1655-74; emphasis mine)

What is dwelt on here is hardly the rose as flower; it is the straight, stiff stem, on the top of which the *bouton* is seated; and the protagonist desires first and foremost to reach out and grasp it (*le* prendre) in his hand. (In fact, earlier the narrator had stated his—the lover's?—preference for rosebuds over full-fledged flowering roses: "Les roses overtes et lees / Sont en un jor toutes alees, / Mais li bouton durent tuit frois / A tot le moins deus jorz ou trois" [vv. 1645-48].) Such a "rose" as appears clearly to be preferred by our amorous hero strikes me, above all when I think of roses as conventional and very specifically *feminine* metaphors, as a perfect counterpart—an exact mirroring—of Narcissus' *imago mendax*, of what *Rose I* refers to as the masculine "enfant bel a desmesure" with whom Ovid's pathetic youth falls so hopelessly in love. One would truly be hard-pressed to conceive of a more determinedly phallus-like rose than this one.

Yet, the rose undergoes (in the lover-protagonist's experience of it and as he benefits from Love's teaching) a process of natural growth which is noted in the poem, as, for example, when the hero obtains a kiss. By now he has absorbed Amors' lessons and has made the acquaintance of his allies (and enemies). This process of growth coincides, I believe, with the rose's transformation, with its slow feminization. His growing into maturity as a lover accompanies the flower's becoming increasingly woman-like. This evolution, of course, is a prerequisite for the "happy ending" announced at the start of the poem; the experience *enables* the metamorphosis of the lover-protagonist into the lover-poet, as well as his eventually "seeing" his Lady as worthy of being proclaimed "Rose." Meanwhile, the integration of the Narcissus story into that of our poem—its being "mirrored" there, and our lover's "looking intently at himself" *in* Narcissus—acts as an indispensable prelude for the eventual reversal of the Narcissus story *by* our poem. It, and the mirror, underlies the formation of the Couple which the poem celebrates.

Now then, mirrors in early OF literature are at times—and significantly—associated with such well-formed couples. Space permits here the citing of but two examples.

Here is part of the Bride's *planctus* which follows upon the discovery of Saint Alexis' dead body in the Latin *Vita sanctii Alexii*:

"Heu me, quia hodie desolata sum et apparui vidua.
Jam non habeo in quem aspiciam nec in quem

oculos levem. *Nunc ruptum est speculum meum et periit spes mea. Amodo coepit dolor qui finem non habet."*

The OF *Vie* renders, and glosses, this passage as follows:

> "Ore sui jo vedve, sire, dist la pulcela,
> Ja mais ledece n'avrai, quar ne pot estre,
> *Ne ja mais hume n'avrai an tute terre...*"
>
> (MS *L*)

MS *P* rather more explicitly stresses the corporealness of the dead Husband: "leece...charnel," and, also like MSS *A* and *S*, "charnel home."[15] Alexis has been his Bride's mirror; *speculum* and *charnel home* are equivalent. He was her counterpart in the construct making up their human couplehood. His death, she is saying, provokes and confirms her own fragmentation.

The case of Chrétien's *Erec et Enide* is even more striking. At the point where Enide is introduced, just before she sees Erec (and he, her) for the first time, the narrator describes her flawless beauty. He goes on to tell us:

> Ce fu cele par verité,
> Qui fu feite por esgarder;
> *Qu'an li se poïst an mirer*
> *Aussi com an un mireor.*[16]

Enide was so worth gazing upon that one—anyone—could look as intensely and deeply upon her as one would look into a mirror. No wonder, then, that: "Erec d'autre part s'esbahi / Quant an li si grant biauté vit" (vv. 448-49). He immediately falls rapturously in love (and she reciprocates this love): the initial step of their *conjointure* is on the verge of being articulated. She was made to be admired. Alexis is, with respect to the Sponsa, in the *Vita* which is devoted to him the mirror that Enide is to Erec in Chrétien's romance. Seeing the Other in the Couple just as one looks at a mirror thus constitutes a path to authentic self-knowledge and a key to self-realization, in love.

It is no longer merely a matter of rendering service to Love, according to rules and regulations.[17] Service is rendered to the Other; and in this service—a form of devotion—one's very self is transfigured in conformity with the Other. The transformation operates in a manner reminding one of metaphor itself; mutuality is essential. "Tenor" and "vehicle" play off against one another as they "say" something hitherto unsaid. Like a mirror, the Other absorbs one—one's gaze is assimilated—and, in turn, the Other allows itself to be absorbed. In many respects resembling a poem (which, to use our poet-narrator's phrase, *contains* what "it is about"), the self achieves its highest earthly potential.

I submit, finally, that in Part I of *The Romance of the Rose*, as in certain other 13th-century texts (e.g., *The Quest of the Holy Grail*), we possess a striking example of romance narrative illustrating the power of what I have elsewhere called romance *dépassement*. The *Rose* utilizes romance in order to justify romance and, concomitantly, to transcend it. It thematizes untruth, for example, and by glorifying growth it depicts a likely victory of truth. Its rhymed discourse possesses the mysterious truth of dreams. By virtue of being the container of the Art of Love, it is necessarily larger than that Art. Guillaume de Lorris' poem reveals the meanings of romance to *persons*, Man and Woman; it also discloses *their* meanings thanks to the exemplarity of the individual persons who constitute the human couple that both initiates and closes it, in time and out of time. Consequently, it too is a mirror, a mirror held up to the romance tradition from which it derives and whose covert truths it opens up, for our pleasure and for our joy.

Notes

[1] At the appropriate midpoint of the conjoined texts of Parts I and II of the *Rose*, Jean de Meung presents "Guillaume de Lorriz" in a long

speech attributed to Amors as the latest in the "lineage of poet-lovers" (starting in Antiquity) who have served Venus. He is first introduced (v. 10526) as the lover-protagonist of the poem who is victimized by Jalousie. One day, Amors declares, Guillaume will die, and he will construct a beautiful tomb to contain his remains. Then "Johans Chopinel" will be born, at Meung, on the River Loire; he will so cherish the *romanz* that "quant Guillaumes cessera, / Johans le continuera" (vv. 10587–88). These, and subsequent, references to the text of the *Roman de la Rose* are taken from *Le Roman de la Rose, par Guillaume de Lorris et Jean de Meun*, ed. Ernest Langlois. Société des Anciens Textes Français. 5 vols. (Paris: Honoré Champion, 1914–24).

[2] The question of "epigonal" (i.e., post-Chrétien de Troyes) verse romances, dated usually during the first third or so of the 13th century, has begun to interest scholars anew. See, e.g., Michelle A. Freeman, "*Fergus*: Parody and the Arthurian Tradition," *French Forum*, 8:3 (1983) 197–215; also, the 2-volume, collaboratively written *Legacy of Chrétien de Troyes*, edited by Douglas Kelly, Keith Busby, and Norris Lacy, now in process of production at Éditions RODOPI (Amsterdam).

[3] Of course, Macrobius did not "write" (in the modern sense of 'compose') *The Dream of Scipio*; OF *escrivre*, however, is not entirely coterminous with MF *écrire*. Moreover, as Professor David Hult helpfully reminds us, the text of Cicero's *De Re publica*, which contains the "fable" of Cicero's dream, was available to the Middle Ages only in a highly truncated form (*Self-Fulfilling Prophecies: Readership and Authority in the First "Roman de la Rose,"* [Cambridge: Cambridge University Press, 1986], p. 115). Our poet-narrator may be forgiven for having made an "improper" attribution. Meanwhile, however, Macrobius' *Commentary* fits very nicely into the sense and compass of *escrivre*.

[4] The beginning of Chrétien de Troyes' *Conte du Graal (Perceval)* (ca. 1190) offers a case in point:

> Ki petit semme petit quelt,
> Et qui auques requeillir velt,
> En tel liu sa semence espande
> Que Diex a cent doubles li rande;
> Car en terre qui riens ne valt,
> Bone semence seche et faut,
> CRESTIENS semme et fait semence
> D'un romans que il encomence,
> Et si le seme en si bon leu
> Qu'il ne puet [estre] sanz grant preu,
> Qu'il le fait por le plus preudome
> Qui soit en l'empire de Rome.

Chrétien de Troyes, *Le Roman de Perceval ou le Conte du Graal*, ed. William Roach. Textes Littéraires Français, 71 (Geneva-Paris: Droz-Minard, 1959), vv. 1–12.

⁵Something of this sort happens at the start of Chrétien's *Le Chevalier au Lion (Yvain)* (ca. 1180). There the narrator states his conviction that the "good old days" of King Arthur were a time when, unlike those of today, knights and ladies were genuinely courteous and knew everything about Love. However, we remember, subsequent events in the romance fail to support this contention of the *Yvain* narrator.

⁶Macrobius, we recall, was the *auctor* who taught Chrétien de Troyes how to *descrivre*. See *Erec et Enide* (ca. 1170), ed. Wendelin Foerster, *Christian von Troyes, Sämtliche Werke. 3. Erec und Enide* ([reprt] Amsterdam: Editions RODOPI, 1965), vv. 6736–43; also, my "Vernacularization and Old French Mythopoesis, with Emphasis on Chrétien's *Erec et Enide*," in Rupert T. Pickens, ed., *The Sower and His Seed*. French Forum Monographs, 44 (Lexington, KY: French Forum, Publishers, 1983), pp. 101–03. Macrobius—especially in regard to applications made of his notion of *narratio fabulosa*—was second only to Martianus Capella in his contribution to the theoretical elaboration of OF romance and its claims to truth.

⁷The predictive, or omen-like, value of *senefiance* should not be underestimated. The idea of *sign* is involved. This meaning may be found as late as Froissart: "dont on tint che a grant senefiance de bien" (in Karl Bartsch and Leo Wiese, *Chrestomathie de l'ancien français [VIIIᵉ–XVᵉ siècles]*, 12th ed. [New York: Hafner Publishing Co., 1951], §87b, 102).

⁸One is led to speculate as to the resonances of Lat. *AMORE(M)* > OF *ameur* 'rutting, animal copulation' upon the elegant Provençalism *amo(u)r* in OF usage. Did there prevail the equivocation we now find present in, e.g., MF *baiser*? Tobler-Lommatsch do not document *ameur* (which, however, is fully attested to in the *FEW*, 1, sv. *AMOR*. What Antoine Thomas (in *Romania*, 44, 321) called the "ardeur amoureuse des animaux" surely permeates the toll levied upon our lover-protagonist by Amors. One is given to understand that animals practice little discrimination in their choice of partner when they are under the sway of *ameur*; like our 19-year-old lover, they are "turned on."

⁹If what Chrétien de Troyes labels the *san*, provided to him by Countess Marie de Champagne, in the forematter to the *Chevalier de la Charrette (Lancelot)* (ca. 1180) may properly be understood as the *fact* of Lancelot's loving devotion to Queen Guenevere (opposed, say, to the attitude displayed toward her both by Gauvain in Chrétien's romance and by the hero of the MHG *Lanzelet*—a text that may well, in this regard, reproduce the now lost French source of the *Charrette*), then the contrast between Gauvain and Lancelot on the one hand and, on the other, the "growth" from a Lanzelet-type protagonist to a Lancelot may be seen as foreshadowing, even authorizing, one's expectation that the

Rose lover-protagonist in his development from 19-year-old callowness to 25-year-old poet-lover will undergo a similar progress. The example of Perceval reinforces this expectation. Lancelot, of course, also "grows" from his initial (though very slight) hesitation in climbing aboard the Infamous Cart to a deeper awareness of *all* the implications of his love, especially in respect to honor.

[10]The question of identification and difference is fraught with complexity. Chrétien himself plays with this question repeatedly in the author/narrator relationship he sets up, and modifies constantly, in each of his romances. The "author" of *Yvain* is most pertinently *not* to be confused with the narrator (who fails to achieve complete clerkly status until the very end of the romance, when, appropriately enough, "Crestïens" is finally named); "Godefroi de Leigni" and "his" rôle in the *Charrette* remain a question-mark; the narrator of *Cligés* (ca. 1176) is a kind of authorial foil. And what must one conclude from the curious identification of Chrétien's absolutely devoted clerkly service to his Lady (i.e., patroness) in the Prologue to the *Charrette* and the chivalric service provided by Lancelot to his beloved queen? In Part I of the *Rose* temporality furnishes an important key (and it is also borrowed, but with significant modification, by Jean de Meung in his elegaic *translatio* of poets in the service of Venus). The extended (and marvelous) meditation on time included in the description of the portrait of Vieillece (vv. 339–406) deserves full analysis in respect of the problem of identification and difference:

> Li Tens qui s'en vait nuit et jor,
> Senz repos prendre e senz sejor,
> E qui de nos se part e emble
> Si celeement qu'il nos semble
> Qu'il s'arest adés en un point,
> E il ne s'i areste point.,
> Ainz ne fine de trespasser,
> Que l'en ne puet neïs penser
> Queus tens ce est qui est presenz,
> Sel demandez a clers lisanz;
> Car ainz que l'en l'eüst pensé
> Seroient ja troi tens passé.
>   (vv. 361–72)

[11]The importance of midpoints to the architecture and structure of meanings of many OF romances has been frequently noted in critical scholarship over the past couple of decades. Often the midpoint of a romance has bearing on matters of identity, naming, and/or title. It is thus at the (approximate) midpoint of *Le Chevalier au Lion* (*Yvain*) that

Yvain receives his new name (the Lion Knight) and, in the *Charrette*, that Lancelot's name is revealed. At the midpoint of the conjoined texts of Parts I and II of the *Rose*, we noted above, Jean de Meung introduces the names of the authors as well as a new title. If we look at the midpoint of the some 4058 lines generally attributed to Guillaume de Lorris (around v. 2000 and a bit beyond), we find the narrator summarizing Love's instructions to the lover-protagonist (Love, we remember, is also speaking at the midpoint of the conjoined texts). The terms of this summary are strikingly reminiscent of the Prologue:

> Li deus d'Amors lors m'encharja,
> Tot ensi con vos orroiz ja,
> Mot a mot ses comandemenz:
> Bien les devise cist romanz.
> Qui amer viaut or i entende,
> Que li romanz des or amende;
> Des or le fait bon escouter,
> S'il est qui le sache conter,
> Car la fin dou songe est mout bele
> E la matire en est novele;
> Qui dou songe la fin orra,
> Je vos di bien que il porra
> Des jeus d'Amors assez aprendre,
> Por quoi il vueille tant atendre,
> Que j'espoigne e que j'enromance
> Dou songe la senefiance:
> La verité, qui est coverte,
> Vos sera lores toute aperte
> Quant espondre m'orroiz le songe,
> Car il n'i a mot de mençonge.
>   (vv. 2057–76)

Admittedly, what I am driving at here is all a matter of conjecture. However, from virtually every point of view this text smacks of the sort of discourse one finds—indeed, *expects* to find—at the midpoint of an OF romance narrative. The reader's architectural expectations are satisfied. Consequently, one is strongly tempted to conclude that Guillaume never intended to write more than the 4058 lines we (following Langlois) ascribe to him. What might, then, the "end," or "purpose" (*fin*), of the dream actually be? Not, surely, the harvesting of the rosebud, which does not take place in the narrative. What, instead, does take place is the writing of the romance itself—obedience to Love's injunction *as occasioned by her* who is so worthy to be loved that she "must be proclaimed Rose." This, I believe, is the *fin*, or finality, of the dream, the *senefiance* of which, previously hidden, is now brought out into the open. Like Villon's *Testament*, Guillaume's *Rose* is outwardly circular (or spiral) in movement (see my "A Note on Villon's Poetics," *Romance Philology*, 30:1 [1976] 187-92).

[12]The lover-protagonist's despair is echoed in the poet-narrator's commentary on the former's experience of gazing into the two crystals at the bottom of the Fountain of Narcissus: "Las! tant en ai puis sospiré! / Cil miroers m'a deceü. / Se j'eüsse avant coneü / Queus sa force iert e sa vertuz, / Ne m'i fusse ja embatuz, / Car maintenant ou laz chaï / Qui maint ome a pris e traï" (vv. 1608-14).

[13]*Soi mirer* is by no means invariably reflexive (i.e., 'to look, gaze, at oneself'). In fact, its usual meaning is 'to look, gaze intently, single-mindedly.' Mistranslations of this verb have cropped up in scholarly analyses of the *Rose*, e.g., Frederick Goldin, *The Mirror of Narcissus in the Courtly Love Lyric* (Ithaca, NY: Cornell University Press, 1967), p. 57, n. 10: "*se mire* [as in *Rose*, v. 1607: *m'i mirai*] ...obviously ...[means] 'se regarder, se contempler'." The lover-protagonist, of course, did not gaze upon himself in the crystals resting at the bottom of the Fountain of Narcissus.

[14]References below to Ovid's Narcissus are taken from *Les Métamorphoses*, ed. and tr. J. Chamonard, 1 (Paris: Editions Garnier, 1953).

[15]I have taken these texts from the diplomatic editions given in W. Foerster and E. Koschwitz, eds., *Altfranzözisches Übungsbuch*. 6th ed. (Leipzig: Reisland, 1921); the punctuation is mine.

[16]Vv. 438-41; emphasis mine. Quotations from *Erec et Enide* have been taken from Foerster's above-cited edition.

[17]It is interesting to note that in his strictures to the lover-protagonist concerning authentically courtly behavior, Love exemplifies unacceptable discourse by referring to Keu ("Qui jadis par son moqueïz / Fu mal renomez e haïz'); Gauvain, meanwhile, provides the model of the knight who is "bien apris" (vv. 2091-98). The presence of these "Breton" knights proves that, from Love's point of view, we are indeed in stylish Arthurian romance territory, with all the "vain and pleasant" rules and regulations, and limitations, which that venue implies. Once again, our poet's debt to Chrétien de Troyes looms large.

SENS AND CORTOISIE IN THE LAI DE L'OMBRE

Glyn S. Burgess
University of Liverpool

There can be no doubt that, as the title of the poem indicates, the plot of the *Lai de l'ombre* centers around a single act which takes place towards the end of the text. Unable to win over his lady either by the force of his arguments or by his outstanding personal qualities as a brave and handsome knight, the hero drops his ring onto the reflection made by his lady in the well beside which they are sitting (vv. 895–99). This gesture reaps a swift reward for the hero and after it the author needs less than a hundred lines to bring his text to its conclusion. By the time the lay ends the knight and his lady have enjoyed kisses and embraces and they are on the brink of satisfying their passion sexually. But it is not only the dropping of the ring into the well and the erotic acts this engenders which are of interest to the reader. During his peroration, which begins in v. 908, the author takes the time to make some general observations on his hero's success and on love relationships in general which cast light on the thematic structure of the text.

Jehan's first comment is that it was a stroke of good fortune which made the hero embark upon his successful act:

> He, Diex! Si buer i asena
> A cele cortoisie fere.   (vv. 908–09)[1]

This is because nothing the would-be lover had done up to that point had pleased his lady. But now, full of ardor and passion, she gazes at him. At this point Jehan makes a general statement about human affairs:

> Molt vient a homme de grant sens
> Qui fet cortoisie au besoing.   (vv. 914–15)

Then Jehan turns to direct speech to allow the lady to comment that a total transformation had taken place in her attitude towards him: "Just now this man was so far from my love, and now he is so close to it! Since Adam ate the apple, no man, before or since, has performed such a delightful act of courtliness":

> Onques mes devant ne aprés
> N'avint, puis qu'Adanz mort la pome,
> Si bele cortoisie a home.   (vv. 918–20)

The lady goes on to praise the knight's ingenuity in hitting upon the idea of dropping his ring onto her reflection for love of her and she realizes that she cannot and must not deny him her love any longer: "Never has a man conquered love so admirably by means of a ring and no one is more deserving of an *amie*" (vv. 927–29). The lady, in a reciprocal gesture, then offers the knight one of her rings, which he accepts with the comment that lordship over the entire Empire (the "onor de l'Empire") would not have made him so happy (vv. 940–41). The sweetness of the kisses with which they now regale each other penetrates right into their hearts and they make full use of hands, eyes and speech as they play the *geu* (v. 948) which lovers are wont to play. The author concludes by observing that the two factors which have brought their hearts together are Love and the *sens* which they both possess. They will shortly move on to the one final *geu* which remains for them to enjoy:

> Que, puisque lor sens et Amors
> Ont mis andeus lor cuers ensemble,
> Du geu qui remaint, ce me semble,
> Venront il bien a chief andui. (vv. 956–59)

In these final lines of his text, not only does Jehan Renart use the expression *faire cortoisie* on two occasions to designate his hero's decisive gesture with the ring (vv. 909, 915), but he also refers twice to his hero's *sens* (vv. 914, 956). Moreover, the references to the knight's *sens* gain in significance when one notes that, in preparing his readers for the crucial act with the ring, Jehan also uses the expression *faire sens* on two occasions. The knight first slips the ring onto the lady's finger in v. 571 and Jehan immediately comments that he followed this with an even more intelligent act: "Puis fist après un greignor sen" (v. 572). This consists in breaking the lady's train of thought in order to distract her attention. The comparative form *greignor* serves to categorize the initial act of slipping the ring on her finger as one of *grant sens*. Later, when the hero takes his ring back from the lady and, instead of replacing it on his finger, drops it into the well for his "second best" girl, Jehan again tells us that, in so doing, he committed a more intelligent act: "Mes il fist un plus greingnor sen" (v. 876). Jehan thus categorizes both the act of giving and of taking back the ring as acts of *grant sens* and allows each act to be capped by one displaying even greater *sens*. The second act of "greignor sen" leads to "grant joie" (v. 877) for the knight, as it is the key which unlocks the door to the lady's heart.

It is the argument of this article that the two concepts of *cortoisie* and *sens* are central to the way Jehan Renart has structured his text. The expression *faire sens* clearly indicates a subtle act which has the author's approval, one which is right and appropriate in the context and which is the product of intelligence and clear thinking. The courtly act, conveyed by the expression *faire cortoisie*, is not dissimilar to the act produced by *sens*. It is perhaps more social and less cerebral in its impact. An act of *cortoisie* is pleasing (*plesans*, v. 911) and attractive (*si bele cortoisie*, v. 920). But courtliness too is the product of intelligence and sensitivity. It is the act of a man who does the right thing at the right time:

> Molt vient a homme de grant sens
> Qui fet cortoisie au besoing.   (vv. 914–15)

There are clearly occasions in life which cry out for *cortoisie*. There are human needs (*besoing*, v. 915) which can be met by the refinement of the man who "fet cortoisie."

Any feeling one has, on completing a reading of the text, that *sens* and *cortoisie* are important to its structure is confirmed by a closer study, beginning with the prologue. Jehan opens his text by stating that he wishes to use his *sen* in a positive rather than a negative way. He wants to avoid idleness and to prevent his capacity to "bien dire" from falling into disuse:

> Ne me veil pas desaüser
> De bien dire, ainçois veil user
> Mon sens en el que estre oiseus.   (vv. 1–3)

The notion of *user son sens* is evidently for Jehan at the heart of the creative process. *Sens* must here be interpreted as "talent, literary skill." Jehan is convinced of his ability to impart something significant to his public and he employs the concept *user son sens* as a constructive act, in contradistinction to that conveyed by the verb *destruire*:

> Je ne veil pas resembler ceus
> Qui sont garçon por tout destruire,
> Mes, puis que j'é le sens d'estruire
> Aucun bien en dit et en fet...   (vv. 4–7)

The expression *aveir le sens de faire aucune rien* (here *aveir le sens d'estruire aucun bien*) conveys the notion of the ability to do something important or exceptional, the possession of the capacity to perform an act which should be beyond reproach. If anyone turns the product of the author's *sens* into the butt of jokes, he is behaving in a boorish, uncourtly way ("Vilains est qui ses gas en fet," v. 8). *Sens* is thus first linked by Jehan to *cortoisie* through the negative, anti-social concept of *vilenie*. The assumption is that the truly courtly individual will appreciate the value of the author's work and the *bien* it contains. For Jehan sees himself as being blessed with *cortoisie*. He interprets his *cortoisie* as the creative force which, when unleashed, produces a work which brings pleasure (*plesant*, v. 10) and which is devoid of anything vicious or offensive:

> Vilains est qui ses gas en fet
> Quant ma cortoisie s'aoevre
> A dire aucune plesant oevre
> Ou il n'a rampone ne lait. (vv. 8–11)

Cortoisie clearly implies an ability to entertain and to recognize the desires and needs of society. Writers have a social function, and *sens* and *cortoisie*, when harnessed together, become a powerful combination which acts against anti-social, hostile forces. Later in his prologue Jehan reiterates that a major reason for writing his lay is to channel his *sens* in the direction of *bien dire*:

> Et por ce ai cest lai empris,
> Que je voil mon sens desploier
> A bien dire. (vv. 38–40)[2]

One of the most noticeable features of Jehan's prologue to the *Lai de l'ombre* is his tendency to present his ideas in antithetical pairs, with the negative element normally placed first. He does not wish to "desaüser de bien dire" (vv.1–2). Rather he wishes to "user son sens" (vv.2–3). He does not want to resemble those who are "garçon por tout destruire" (v. 4). Instead he wants to "estruire aucun bien" (vv. 6–7). Anyone who mocks what he has done is *vilains* (v. 8). He wants to set his *cortoisie* to work to produce "aucune plesant oevre" (vv. 9–10)[3]. It is thus almost inevitable that somewhere in the prologue he should contrast *sens* with *folie*. The first reference to *folie* occurs in v. 12 and it is no surprise that it is linked to the notion of *bien dire*. "He is a fool who, because of critical comments, fails to say something good, if he knows anything" ("Fox est qui por parole lait / Bien a dire, por qu'il le sache," vv. 12-13). In fact the dichotomy which Jehan sets up in his prologue between *sens* and *folie* forms part of a fairly complex series of arguments. He goes on to say that if any fool[4] cocks a snook at him, that is all right with him, because he could no more make one finger longer than another than turn a *felon* into a man of breeding (*debonere*, vv. 14-19). Next he extols the advantages of good fortune (*bone eure*) over virtue and quotes in support the plot of *l'Escoufle*, one of his own romances vv. 20-27). Good fortune is better than wealth or friends, because friends can die and wealth can disappear. Anyone who entrusts one's wealth to a fool must realize that it will soon be dissipated. But after the money has been squandered recklessly, the culprit's foolishness becomes manifest. However, if henceforth he gains control over his *sens* "wits," he can renounce his *folie* and then misfortune will abandon him:

> Aprés sa folie s'acuse,
> Qu'il l'a despendu sanz mesure.
> Se d'ilec avant amesure
> Ses sens, sa folie entrelet
> Et mesaventure le let.   (vv. 32-36)

What Jehan seems to be doing here, in a somewhat tortuous way, is establishing a contrast between positive qualities such as *sens*, *cortoisie*, and *debonereté* on the one hand, and destructive, damaging factors like *folie*, *vilenie*, and *felenie* on the other.[5] He is also creating an association between his own literary skills and achievements and the qualities which make for happiness and success in the outside world. There is a very stong authorial presence in the prologue, with eleven verbs in the first person singular (vv. 1, 2, 4, 6, 16, 18, 25, 38, 39, 51, 52), four cases of the pronoun *me* / *m'* (vv. 42, 43, 44, 51), and three of the possessive adjective *mon* / *ma* (vv. 3, 9, 39). It is significant for the present argument that only two substantives are accompanied by the first person possessive adjective *mon* / *ma*: *sens* (vv. 3, 39) and *cortoisie* (v. 9). Jehan appears to place *sens* and *cortoisie* at the head of his list of desirable social and personal qualities.

Immediately after stating that control over *sens* will lead to the departure of *mesaventure*, and the return of *eurs*, he tells us that it is his intention to *desploier* his own *sens*, not only, as we have seen, to "bien dire," but also apparently to pay homage to Miles of Nanteuil, bishop-elect of Beauvais (vv. 39–41). It was the bishop's *volenté* which was instrumental in selecting him for such a pleasurable task:

>   Molt par me torne a grant delit
>   Quant la volenté m'est eslite
>   A fere ce que me delite.   (vv. 42–44)

Before embarking on the story itself, Jehan indulges in one final rhetorical fling which has puzzled commentators, but which contains a further example of the folly/sense motif:

>   On dit: Qui bien nage bien rime.
>   Qui de haute mer vient a rive,
>   Fox est se a la mer estrive;
>   Miex l'em prisent et roi et conte.   (vv. 46–49)[6]

What Jehan is perhaps saying is not that writers and navigators are both esteemed by kings and counts after the completion of a composition or voyage (Winters, p. 79), but that once a writer has found a patron (*venir a rive*) he should not waste time looking back over past difficulties. He should get on with the task in hand. Only a foolish navigator would rail against the sea once he has come ashore. Aristocratic patrons prefer results and Jehan intends to use his common sense and to get on with his *conte*: "Or escoutez en icest conte / Que ferai...," (vv. 50–51). Again the concept of foolishness links the creative act to the wider world, in this case the world of navigation, one which is associated semantically with literary creativity ("Qui bien nage bien rime," v. 46).

Early in his story Jehan establishes a connection between the fact that he himself has been chosen by the Eslit and the election of his hero by two of the foremost virtues in both the fictional and chivalric universes. Prowess and courtliness have selected him as their perfect home:

> Proesce et cortoisie l'ot
> Eslit a estre suen demainne.   (vv. 64–65)

Jehan's hero is blessed with many qualities. He is handsome, noble, generous, restrained in his speech, skilled at a variety of games and sports ("Il sot d'eschés et d'escremie / Et d'autres geus plus que Tristans," vv. 104–05), etc. In short he is "frans et doz et debonnere" (v. 79). He is well endowed with both social and military skills. On this occasion Jehan does not speak directly of his *sens*. He conveys his intelligence through the medium of one of his many graphic phrases: "Ce n'estoit pas cil qui vestoit / Sa robe d'esté en yver" (vv. 95–96). He is thus a man who makes the right decisions, who copes well with reality.

But when the hero's beloved comes onto the scene, her *sens* is certainly underlined. She is possessed of "grant biauté" (vv. 130, 141), but in addition, when he dreams of her, two further qualities pass constantly before his eyes:

> Li sens, la debonneretez,
> La grant biauté de son cler vis
> Li est, ce li est bien avis,
> Devant ses eulz et jor et nuit.   (vv. 140–43)

It is no surprise that a heroine should be endowed with great beauty and with the breeding and social graces which entitle her to be described by the substantive *debonneretez*. But the virtue of *sens* which is attributed to her is worthy of note. In the first instance Jehan makes the point that for the hero his beloved is the guardian of life itself. His need for her is such that his entire *sens* ("wits, sanity") is at stake and he is forced to pray that her sense of nobility will rescue him from his *destrece*:

> Aler ou envoier m'estuet
> Proier, puis qu'autre estre ne puet,
> Qu'ele ait merci de moi enfin...

> Et que, par sa grant gentillesce,
> Qu'ele me gart et vie et sens.
> (vv. 187-89, 192-93)

There is a certain irony in the fact that what ultimately preserves his *sens* and *vie* is not the lady's *gentillesce* but, as we saw at the outset, his own *sens*. The breakthrough which he achieves is the result of his own powers of quick thinking, not of any inherent qualities in his beloved.

A further irony occurs when, in the central scene of this lay, the hero is locked in verbal conflict with the object of his desires. It has often been pointed out that his dialogue with her takes on the form of a duel in which his much vaunted military qualities are tested, as it were, in a non-military domain.[7] But just as important is the fact that it is her cerebral capacity which is his major stumbling-block. Having seen her *sens* perpetually present before his eyes in his dreams (vv. 140-43), he finds reality a different proposition. As soon as the knight settles down to his "afere" (v. 337), after arriving at the lady's castle, Jehan stresses that the lady is well equipped to give as good as she gets verbally and intellectually:

> Mes la gentil, la debonnere
> Li set bien rendre par parole
> Reson de quanqu'il l'aparole,
> Qu'ele estoit molt cortoise et sage.
> (vv. 338-41)

Socially and physically the lady is in no way a disappointment to the hero or the reader. Nature has endowed her with "grant biauté" and the elegance of her dress serves to confirm the stunning quality of her appearance. She wears a cloak of rich silk ("un mantel de samit," v. 303) around her shoulders and a delicate white tunic with a six-foot train ("Un chainse blanc et delié / ... / Qui traïnoit plus d'une toise / Aprés li seur les jons menuz," vv. 314, 316-17). Her beauty has a mesmerizing effect on the hero and his two companions:

> Sa biauté les fet trespenser
> Touz trois, en lor saluz rendant.
>
> (vv. 324–25)

  The lady's social graces are also of a high order. She is not angry that he has visited her (another point which Jehan presents negatively: "N'en devint pas vermeille d'ire / La dame," vv. 296–97). She rises to greet him and the *semblant* she displays when he and his companions enter her chamber indicates that she is happy that they have come:

> Au semblant que lor a mostré
> Li est il bel de lor venue.   (vv. 310–11)

She smiles at the hero and taking him by the hand sits him down beside her (vv. 326–27). It is this polite gesture which gives him the opportunity to embark upon his quest for her love. These two outstanding qualities possessed by the lady, her beauty and her politeness, had in fact been remarked upon by the knight's companions as they rode towards the castle. They had pointed out to him that she has a reputation for these attributes: "Chascuns dit bien qu'el roiaume / N'a si cortoise ne si bele" (vv. 238–39). Jehan himself calls her "la preuz, la cortoise" when he is presenting her to his readers (v. 315). She is a beautiful and thoroughly worthy lady who knows how to handle herself at court.

  The toughness of the lady, however, and her ability to *rendre reson* ("provide an answer or rejoinder"), whenever she is addressed, are perhaps also adumbrated during the ride to the castle. The knight's companions point out that, if she knew him to be guilty of any wrong or offense (*mesprendre*, v. 241), he would have preferred to be captured by the Turks and taken to Cairo (vv. 243–44) and he, pretending to be convinced he was wrong to consider not paying her a visit, gives the go-ahead to advance towards the castle, because *reson* dictates it ("Et si le veil et lo que nos / I alons quant resons l'aporte," vv. 266–67). On their arrival the lady's servants politely help them to dismount "par fine reson" (v. 289). When the conversation gets underway, the lady wastes no time in giving the knight an example of her powers of reasoning. The would-be lover begins by manifesting great faith in the willingness of her inherent qualities of *gentillece* and *pitiez* (v. 362) to grant him the status of "loial ami" (v. 367). After interjecting her surprise at his remarks (v. 370), the lady speaks to him "par molt biau sens" (v. 376). Jehan or his narrator evidently approves of her ability to thwart his hero. The points she makes to the knight are that a handsome man like him must have an *amie*, otherwise his reputation would be diminished, and, being such a "biaus hom", he would be capable of hoodwinking her or pulling the wool over her eyes, thus making her do something "c'on ne doit fere" (vv. 377-87). These arguments are disconcerting to the knight. Like a tourneyer charging in to attack his opponent, he is "hurté en son venir" (v. 388). Like the author who has a *conte* to bring to a satisfactory conclusion, the knight's own *conte* ("expectations") is now *desfet* "undone, destroyed." Jehan leaves us in no doubt of the link between himself and his hero:

> Bien l'a en son venir hurté
> Par parole et desfet son conte,
> Si con cil qui m'aprist le conte
> Le m'a fet por voir entendant. (vv. 388-91)

Both the author and his hero have now to find some new way of coping with an unexpected obstacle. The knight continues his quest for success with a complaint: the lady's words are not in harmony with her fine eyes which had just welcomed him so warmly:

> Moit mal s'i acorde et asent
> Vostre parole a vos biax eulz,
> Qui m'acueillirent orains mielz
> Au venir, et plus plesamment. (vv. 402-05)

This is not the first reference to eyes in the *Lai de l'ombre* and the motif is worthy of close attention. As we have seen, when Jehan introduces us to the element of love, he observes that night and day his hero has a permanent image of his beloved "devant ses eulz" (v. 143). Her *sens, debonneretez,* and *grant biauté* are so much of an obsession to him that they constitute an integral part of his imaginative life. Awake or asleep he lives in a constant dream world dominated by a make-believe vision of perfection. He sees what he wants to see. Although he has not met the lady concerned, he has a solidly traditional view of what the ideal lady will be like and goes as far as to call upon his eyes as witness to the truth of his interpretation: "Et s'en tret sa veüe / A garant qu'il dit verté" (vv. 150–51). He dreams that she is holding him in tight embrace and on waking searches his bed in vain for her. In his imaginative world he is able to establish right and wrong and in a long monologue (vv. 166–211) states that it is right that pity should emanate from her heart and sweetness from her eyes:

> S'est bien droiz que de son cuer isse
> Pitiez, et douceurs de ses euz. (vv. 196–97)

Where the knight is correct in his judgement is in the fact that both heart and eyes must join forces, if a love relationship is to be formed. When at the close of the text he has won his victory and the lady wishes to express her love for him, her eyes are the first thing to be mentioned by the author. He tells us that, in a gesture showing great emotional energy, she casts her eyes at the hero, full of ardor and passion: "Toz reverdis et esprenans / Li a geté ses euls es siens" (vv. 912–13). The *douceur* which the knight envisages as coming from her eyes (v. 197) is associated at the end with her heart ("Des besiers dont il s'entrepeurent / Va chascun la douçor au cuer," vv. 944–45) and by then her heart is firmly fixed in his ("Tot vostre cuer ont el mien mis," v. 932; "Ont mis andeus lor cuers ensemble," v. 957). Her eyes and his eyes eventually become "their eyes' ("lor bel oel," v. 946).

For the individual lover the eyes and the heart can work in unison, with the eyes performing an important confirmatory function for the heart.[8] When the knight first comes into the presence of his beloved, he feasts his gaze upon her and the evidence of his eyes provides confirmation of the correctness of the heart's emotional judgement:

> Cil li met adés el visage
> Les eulz por mirer sa biauté;
> Molt les a bien pris a verté
> Ses cuers, qui s'est toz en li mis.
> Que de quanqu'il li o[n]t promis
> Li tesmoingnent il ore bien
> Qu'il ne li ont menti de rien.   (vv. 342–48)

An important motif in this passage is that of truth. Truth is clearly essential to Jehan's purpose at this stage in his text. The terms *verté*, *voir* and *mentir* are used five times within sixty-five lines (vv. 322, 344, 348, 371, 387). Both Jehan and his hero can in fact be seen as raising the question of authenticity in human affairs and as seeking witnesses or an external guarantee for their instinctive emotions and convictions. In his prologue Jehan, as we have seen, calls upon another of his *contes*, *L'Escoufle*, as proof of the truth of one of his contentions ("Si con cis contes nos remembre, / Puet on prover que je di voir," vv. 24–25). In the *Lai de l'ombre* itself the hero's aim could be expressed as his desire to make the lady recognize the truth of the statement that he is her *ami*. He wants to join the ranks of those whose one aim in life is to be a loyal lover ("Ceus qui n'entendent a rien / S'a estre non loial ami," vv. 366–67). Initially the going is hard for him, but, after his first acts of "grant sens" (vv. 570–75), he is at least on his way to success when she asks herself if he is telling the truth: "Dira il voir? Sui je s'amie?" (v. 628). His troubles will eventually be over when she offers him her ring "comme amie" (v. 937).

This offer of the ring by the lady at the close of the text follows her recognition that he had performed an act of *cortoisie*: "Si buer i asena / A cele cortoisie fere" (vv. 908–09); "Molt vient a homme de grant sens / Qui fet cortoisie au besoing" (vv. 914–15). There is clearly a very strong link between such an act of *cortoisie* and the motif of truth or authenticity. *Cortoisie* should convey a total commitment to positive values and be a sign of the true self. It should indicate that a person who performs the act is genuine and reliable. However, when the knight points out to the lady that her beautiful eyes, which welcomed him so warmly, had indeed been performing an act of *cortoisie* ("Ce fu cortoisie qu'il firent," v. 407), but that her words were belying the impression given by her eyes, he is accusing her of betraying the true nature of *cortoisie* and the principles of social intercourse. He adds that her eyes have never seen anyone so committed to being her vassal ("a vostre home tenir," vv. 411–12) and eventually to becoming her *ami* (vv. 415, 420). To confirm the genuine nature of his own words and feelings he employs the phrases *sanz faintié* (v. 400) and *sanz faintise* (v. 411). His intention is to stress the absence on his side of any pretense, any disjunction between words and feelings.

Sadly for him, but interestingly for the reader, the lady places an entirely different interpretation on events. She accuses him of presumption (*cuidier*, v. 422) and of misreading the signs. She puts him right on the true meaning of the look in her eyes and significantly she does it through the medium of the two terms at issue in this article:

> Je n'entendoie au regart rien
> Se cortoisie non et sens.   (vv. 424–25)

The knight and the lady agree that, when she met him and his companions, the effect of her eyes was to convey *cortoisie* (cf. v. 407, "Ce fu cortoisie qu'il firent"). They disagree concerning the nature of this *cortoisie* and the way it should be judged. Convinced of the correctness of her own behavior (*entendre sens*, v. 425) she attacks the knight for interpreting (*noter*) her attitude foolishly (*folement*) and for taking it in a different *sens* ("way") from the one intended:

> Mais vos l'avez en autre sens
> Noté folement, si m'en poise.   (vv. 426–27)

Jehan has her go on to say that, if she were not so courtly, she would be even more distressed by his misinterpretation than she is:

> Se ge ne fusse si cortoise
> Il m'en pesast ja durement.   (vv. 428–29)

Like the knight she regards *cortoisie* as a positive force, capable of helping her to cope with reality and to maintain social decorum. For her *cortoisie* is standard procedure, an integral part of her approach to life, a form of social make-up which protects her and her guests from rash outbursts or angry scenes. It makes it possible for her to hold her emotions in check. So accomplished is she at the art of *cortoisie* that it forms part of her reputation. It is generally held, the hero's companions tell him as they approach the castle, that there is no lady so courtly and so beautiful in the entire kingdom (vv. 238–39). When one remembers that he too is one of *cortoisie*'s elite ("Cortoisie l'ot / Eslit a estre suen demainne," vv. 64–65), the potential is certainly there for a clash of views concerning the meaning of true courtliness.

One of the significant elements in the *Lai de l'ombre* is the way in which this splendid practitioner of *cortoisie* articulates the dilemma facing her and other members of her sex. How far does a woman go without having her intentions misinterpreted? Jehan represents his lady as having faced this challenge before and, with her suitor before her as living proof ("Par vos l'ai ge bien esprouvé," v. 436), she erects it into a general issue for all worthy women:

> Mes il avient assez sovent
> Quant aucune dame vaillant
> Fet aucun chevalier semblant
> De cortoisie et d'ennor fere,
> Lors cuident tot lor autre afere
> Cil souspirant avoir trové.   (vv. 430–35)

The lady clearly feels that it is the man's fault for misinterpreting the honorable intentions of the lady. Men cannot read the signs correctly. They are unable to *entendre* the *semblant*. Her current suitor is a case in point: "Tout ainsi l'avez entendu" (v. 437).

For the modern reader this argument has an interesting twist. For in MS A the lady launches an attack not on men, but on women. I quote from Bédier's edition:

> Por c'est fole chose de nous,
> Dames, qui sons mal percevanz:

> Quant cortoisie et biaus semblanz
> Nous maine a cortoisie fere,
> Lors cuident tout lor autre afere
> Cil souspirant avoir trové.   (vv. 430–35)

This criticism of women for being blind to the man's view of things is in fact found in six of the seven MSS of the *Lai de l'ombre* (MSS ABCDFG). For v. 431 MS D has *Dames si mal aparcevanz* and MS F *Dames et moult mal parcevans*. But one should note that both the version in MS E and that in the other manuscripts present a discussion of external *cortoisie*, the courtly act as it is interpreted by others. In MSS ABCG the external manifestation of *cortoisie* is stimulated by the presence within the lady of *cortoisie* and *biaus semblanz*. The ladies are led to *fere cortoisie* by their inherent quality of *cortoisie* and their desire to produce a satisfactory outward appearance (*biaus semblanz*). This subtle distinction between internal and external *cortoisie* seems to have been lost on the scribes of MS D and MS F. The former has the lady's act of *cortoisie* stimulated by *amors* and the latter by *parole*: *Quar quant amors et biel semblant / Nous maine a cortoisie fere* (D); *Quar quant parole ou biel semblant / Nous maine a cortoisie fere* (F).

Which is the true version? That in which the emphasis is on the way the ladies encourage their admirers wrongly and blindly or that in which the admirers jump to conclusions because of their deficiencies in understanding social niceties, the surface presentation of *cortoisie* and respect (*ennor*, v. 433)? In his *La Tradition manuscrite du Lai de l'ombre* (Paris: Champion, 1929) Bédier points to 127 readings in MS E which differ from those in MS A without in any way breaking the rules of Old French grammar or being untrue to the spirit of the poem. These changes have been made thanks to "le zèle d'un reviseur intelligent" (p. 99). They cover minor changes for the sake of rhyme or versification, attempts to clarify a difficult passage, and cases which serve to "nuancer plus finement l'idée" (ibid.). Verses 430–33 certainly represent an example of the latter. Concerning these changes Bédier asks an important and intriguing question: "Et si pourtant ce manuscrit E représentait une troisième et dernière édition, revue et corrigée par l'auteur?" (ibid.). If Jehan Renart did revise his own text, he may have done so under pressure from women who objected to seeing themselves categorized as "mal percevanz" and preferred to see the blame switched to the men. Alternatively Jehan may have spotted that it is a more effective ploy for a lady to place the blame squarely on the shoulders of her suitor. The new version suppresses the fine and useful distinction between actualized and latent *cortoisie*, but it serves its purpose admirably and exposes the bankruptcy of the knight's ideas: "Or ne set cil, n'en dit n'en fet, / Qu'il puist fere ne devenir" (vv. 448-49).

Lacking any inspiration other than his traditional courtly platitudes the knight falls back on two of his trusted arguments, her inherent qualities of pity and good breeding and the ultimate effectiveness of true love:

> Pitié et deboneretè
> A il en vos, je n'en dout mie,
> N'onques ne failli a amie
> Nus en la fin qui bien amast.   (vv. 452-55)

The lady claims never to have heard such things and, since he is apparently not joking, the matter must end there (vv. 467-69). It is at this point that we get our first inkling that actions in this text speak louder than words. Bereft of any serious verbal support for his case, he cries:

> Li vermaus li monte en la face
> Et les lermes du cuer as eulz,
> Si que li blans et li vermeulz
> Li moille contreval le vis.   (vv. 480-83)

These tears, which occur exactly in the center of this 961 line text, perform the function of shifting the balance from the woman to the man. The eyes and the heart are here no longer courtly commonplaces. As the water flows from the one to the other, they combine to form a force more powerful than any words, one which can ultimately be manipulated by the knight's own *sens*. His tears are proof to her of his sincerity. From this moment on the lady's love no longer appears such a demanding target for the knight. She begins by trotting out the lame excuse that she has a husband who is "molt preudome" (v. 494). The hero reiterates his faith in her *gentillece* and *pitiez* (v. 498), but wisely turns the conversation towards talk of a concrete symbol of their love, a ring or a belt. For her to give him or accept such a token would be an act of courtliness:

> Mes fetes cortoisie et bien:
> Retenez moi par un joel,
> Ou par çainture ou par anel,
> Ou vos recevez un des miens.   (vv. 515–18)

His reliance on her *cortoisie* is sensible, as it is certainly a concept by which she herself sets great store, and his reference to a ring turns out to be prophetic. He is less convincing when he adds that he is completely under her domination (*dangier*, v. 524) and that he offers her his entire strength and power ("Qanque je ai force et pooir," v. 525). She responds in the way in which Jehan begins his own text, by saying what she does not want: "Sire, je ne veil pas avoir, / Fet la dame, le lox sanz preu" (vv. 526–27, cf. vv. 1, 4). Also like Jehan in his prologue she contrasts *vilenie* with *cortoisie*:

> Se ge vos metoie en la voie
> De m'amor et je n'i avoie
> Le cuer: ce seroit vilenie.
> Il est une grant cortoisie
> D'issir hors du blasme qui puet. (vv. 531–35)

Cortoisie appears again as one of the main principles by which the lady lives. A courtly existence must be free of reproach (*hors du blasme*, v. 535). It must avoid trickery ("Bien seroie ore deceüe," v. 530) and unprofitable activities (*le lox sanz preu*[9], v. 527). For a truly courtly act, a "grant cortoisie," the performer's heart has to be in it (*i aveir le cuer*, vv. 532–33). Anything else is detestable behavior, *vilenie*. Perhaps realizing that they are beginning to see eye to eye on the question of *cortoisie* and that what she is looking for is authenticity and sincerity ("El ne le tient mie a faintié, / Les soupirs, les lermes qu'il pleure," vv. 550-51), he manages to produce in reply a "biau mot plesant et poli" (v. 546) which causes her to lapse into a form of reverie ("En un pensé choïr," v. 547).

It is at this point that the hero's own *cortoisie* and *sens* come into their own. Whilst she is debating whether to take the advice of Reason, which urges her to caution (vv. 558-61), or Love, so intense on his part that she would surely never find a more "debonnere ami" (vv. 552-55), he performs his crucial act of "grant cortoisie." He slips his ring onto her finger and then, in an act of even greater *sen*, breaks her train of thought to prevent her from noticing what he had done (vv. 568-76). The expression *greignor sen* (v. 572), translated by Pauline Matarasso as "masterstroke,"[10] is the creative act which paves the way for his ultimate success. It is but a short step to his act of "plus greingnor sen" in v. 876. The intervening lines are dominated by the ring (see vv. 605, 613, 625, 658, 667, 682, 724, 732, 753, 767, 788, 864).[11] Once he has tossed the ring onto her *ombre*, the lady's recognition of this "bele cortoisie" (v. 920) leads directly to his enjoyment of the sweetness of her kisses and to the union of their hearts. What he needed all along was to convince the lady of his sincerity, his sense of responsibility, in other words his *cortoisie*. But perhaps, like the author himself, she required something more, the display of intelligence, something genuinely inspired and creative, something which could only be achieved by an "homme de grant sens" (v. 914).

Notes

[1]Edited by Margaret E. Winters, Birmingham, AL: Summa Publications, 1986. I have added a comma at the end of v. 958 and corrected *et* to *en* in v. 7. Dr. Winters edits MS E (B.N. nouv. acq. fr.

1104), as do John Orr (Edinburgh: The University Press, 1948) and B.J. Levy and A. Hindley (Hull: Department of French, 1977). Joseph Bédier (Paris: Firmin-Didot, S.A.T.F., 1913) and Félix Lecoy (Paris: Champion, C.F.M.A., 1979) edit MS A (B.N. f. fr. 837). On the theme of fortune in the *Lai de l'ombre* see Alfred Adler, "Rapprochement et éloignement comme thèmes du *Lai de l'ombre*," in *Etudes de philologie romane et d'histoire littéraire offertes à Jules Horrent*, Liège, 1980, pp. 1–4.

[2]See Linda F. Cooper, "The Literary Reflectiveness of Jean Renart's *Lai de l'Ombre*," *Romance Philology*, 35 (1981), 250–60, p. 251. Dr. Cooper has identified the interest of the link between Jehan's statements about *bien dire*, courtliness and story-telling in his prologue and the story itself, with the ultimate success of the knight, which makes up the body of the text.

[3]Note the contrast between the wish to avoid being idle (*oiseus*, v. 3) and the positive intent conveyed by the verb *s'aovrer* and its end product, the *oevre* (vv. 8–9). I am here accepting Winter's interpretation of *s'aovrer* as "to put oneself to work" (p. 77).

[4]For v. 14 MS E reads *Et saucuns fox sa langue en sache*. Winters and Orr emend *fox* to *fel*, but I prefer with Levy-Hindley to maintain *fox*.

[5]There are in the prologue twelve lines which contain one or more of these six terms. See vv. 3, 6, 8, 9, 12, 14, 19, 30, 32, 35 (contains *sens* and *folie*), 39, 48. There are also other contrasting pairs: *user/desauser*; *estruire/destruire*; *amesure/sanz mesure*, etc.

[6]For comments on these lines see Cooper, pp. 256–57. After v. 48 Orr prints an extra line taken from MS A: "Qui a port de bien dire arrive."

[7]Both Bédier (1913, p.v) and Lecoy (p. xvii), for example, refer to the dialogue as a "passe d'armes."

[8]For details concerning the origin of this motif see Ruth H. Cline, "Heart and Eyes," *Romance Philology*, 25 (1971), 263–97. Dr. Cline begins her study with comments on the relationship of the eye to the heart in *Cligés*. The motif occurs also in *Erec et Enide* (see my *Chrétien de Troyes: Erec et Enide*, London: Grant and Cutler, 1984, pp. 31–32, 43).

[9]Whatever the precise meaning of the expression *le lox sanz preu*, the lady is evidently concerned with the positive element of *preu* ("profit, advantage, worth") in a relationship. I do not think that Lecoy (p. 51) is right to see it as possibly a veiled reference to sexual activity between the couple. Sarah Kay comments subtly that: " The intended opposition appears to be between the verbal, external, and altogether illusory *los*, of being thought to be the recipient of his attentions, and the real *preu* or worth of an actual relationship," in "Two Readings of the *Lai de l'Ombre*," *Modern Language Review*, 75 (1980), 515–27, p. 520.

[10] Pauline Matarasso, *Aucassin and Nicolette and Other Tales*, Harmondsworth, Middlesex: Penguin Books, 1971, p. 73.

[11] Sarah Kay notes that the act of slipping the ring onto the finger of the lady and that of throwing it to her reflection in the well are described "equally as acts of *sen* and *cortoisie*' (p. 516). But for Dr. Kay, the lady's outrage at the first of these acts "appears to contradict its author's judgement, the reliability of which is thereby undermined" (ibid.). My view is that the author deliberately creates a contrast between the two reactions of the lady, again with the negative preceding the positive. Textually the first scene prepares the way for the second, the two being linked by the concrete object, the ring, and by the terms *sens* and *cortoisie*.

PHILIPPE MOUSKET AND HIS *CHRONIQUE RIMEE*
SEVEN AND A HALF CENTURIES AGO:
A CHAPTER IN THE LITERARY HISTORY

Peter F. Dembowski
University of Chicago

to the memory of Ronald Noel Walpole, 1903-1987

In 1243, Philippe Mousket (subject case: Mouskés) completed, or more exactly, ceased to compose his *Chronique rimée*[1], so known because it is written in the romance medium, i.e., in octosyllabic couplets. This is a very unusual work which has had a very unusual reception in the scholarly world. Both the work and its reception deserve this brief examination. They tell the specialists in Old French literature not only about their own subject matter, but also, and perhaps more importantly, about the intellectual vagaries of their doctrine.

La Chronique rimée came to us preserved in one MS: Paris, Bibl. nat., f. fr. 4963 and contains 31288 verses.[2] Its subject matter is the history of France, since its "beginning," i.e., the Trojan War, until the year 1243. This very abridged table of contents will give an idea of the importance attached by Philippe to certain aspects of French history:

1) vv. 1–2341, from the Trojan War to the death of Pepin the Short in 768;
2) vv. 2342–12133, the reign of Charlemagne;
3) vv. 12134–19153, from 814 to the death of Louis VII, the Young, in 1180;
4) vv. 9154–24180, the reign of Philippe Auguste; and
5) vv. 24181–31286, Mousket's contemporary history (1223–1243).

We can see that the early chronicle of France, that is to say its largely mythical pre-history and the era of the Merovingians and the early Carolingians, is treated in a comparatively summary fashion. But almost 10,000 lines of the third section are devoted to the reign of Charlemagne, the real hero of the *Chronique*. In the fourth section of the work, the outstanding figure is definitely Philippe Auguste: the narrative of his reign is only half as long (more than 5000 verses) as the story of the reign of Charlemagne. The proportion of 30:10:5 shows very well that these two figures dominate the very rich and varigated subject matter that Mousket gathers and presents. Thus, to borrow an expression from Gaston Paris, the *Chronique rimée* is predominantly a poetic history of Charlemagne *and*, in a sense, of Philippe Auguste. While the reign of Charlemagne is seen through the mist of legendary recollections found often in epic (or para-epic) sources, the times of Philippe Auguste are seen as relatively recent "good old days" remembered by Mousket himself and copied by him from recent historical accounts.

It is fair to say that, with one honorable exception, all of the criticism that the *Chronique* has received to date stems from a lack of appreciation of what this work really is. To put it otherwise: Mousket has been criticized for what he was not. He has always been found wanting as a historian. He was in fact no historian. He has been severely criticized as a poet. He was not in fact a skilled narrative poet. But he was an energetic compiler of various stories and an ardent collector of historical anecdotes. He was, above all, an indefatigable versifier, certainly happy to repeat eternally a phrase or a rhyme once found felicitous.

We do not know how his long *Chronique* was received in his day. The fact that it survived in one sober but carefully executed MS means, probably, that it was appreciated. Except for two passages concerning the French empire in Greece published (in his edition of Villehardouin) by Charles Du Cange in the 17th century (reprinted in 1826 by J.-A. Buchon)[3] it lay dormant until 1834 and 1836, when Frédéric A.F.T., Baron De Reiffenberg, published respectively the first and the second volume of the edition of Philippe's work.[4] There is no doubt in my mind that certain aspects of the edition predisposed modern critics against the *Chronique*.

It is an extraordinarily complex and unwieldy affair. It exemplifies very well the early stage of Old French philology in general, and the situation of that discipline in Belgium in particular. The *Chronique* was published under the aegis of the *Commission royale d'Histoire*, of which Reiffenberg himself was Secretary. The Commission strove, in these years following the independence of Belgium, to research and publish as quickly as possible the corpus of literary and historical documents seen to represent the Belgian national heritage. The Introductions to both volumes have been, I believe, a real obstacle to getting acquainted with the *Chronique* itself. They are simply too long and should be printed separately. They deal with six centuries of what Rieffenberg believed to be the documents of the political and literary history of Belgium. This geo-political entity is considered in its broadest sense. It includes the present French-speaking Belgium, with frequent "incursions" into the Flemish-speaking part, as well as into the whole northeastern part of France.

The introduction to the first volume begins with a very long catalogue of the "tentatives et les travauxs faits jusqu'aujourd'hui pour publier les monuments originaux de notre histoire." This "coup d'œil" (i–lxxxv) contains hundreds of names of various *érudits* and *curieux* (of both Romance and Germanic expression), as well as hundreds of names of their works and the works they mentioned. This long catalogue is followed by Chapter 2: "De la langue française en Belgique depuis les temps les plus reculés jusqu'à la fin du XIIIe siècle" (lxxxvi–ccvii). Here Reiffenberg speaks not only about the language, but about its literature. Everything, or almost everything, seems to have found its way into this chapter. We have thus the mention of the Oath of

Strasbourg, a complicated (and somewhat delicate) history of the demarcation between Flemish and Walloon territory, and the universal character of French in the Middle Ages. Reiffenberg adopts for his Belgian heritage not only such authentic Northerners as Jean Bodel, Adam de la Halle, Conon de Bethune, etc., but also Chrétien de Troyes (cxlii–cxliv) and Marie de France (cxciii–cxcviii)—the first because his patron was Count of Flanders, the second because she was born, according to Reiffenberg, in French Flanders. He cites long and heavily commented fragments of *Guillaume au court nez* (which looks very much like a version of *Le Couronnement de Louis*), of *Aymeri de Narbonne*, of *Le Roman de Cleomadés* by Adenet le Roi and his *Ogier le Danois* (*Les Enfance Ogier*), as well as some *chansons courtoises* by the Northern *trouvères*.

Finally, we come to Reiffenberg's "Notice biographique sur Philippe Mouskes" (ccvii–ccxxvii). But unfortunately he identified the author of the *Chronique* erroneously as a Philippe Mus, or Meuse, native of Gand, Bishop of Tournai in the 1280's. (For the spelling of the name *Mouskes/Mouskés*, see below, n. 11.) It was only after the publication of the whole *Chronique* that B.C. Du Mortier[5] discovered the real author of the *Chronique*. He was a rich bourgeois of Tournai in Hainaut and died probably in 1243 (since his work stops abruptly with the historical events occurring in that year).

Reiffenberg's chapter on the *Chronique* itself (ccxxvii–cclxxi) appears rather confused. He summarily excuses Philippe's shortcomings, defends his reputation as a poet, already "tarnished" by such early philologists as A. Daunou and Paulin Paris. Elegance and harmony in poetry, says Reiffenberg, was virtually unknown in Philippe's days. But he stresses something which sounds like a defense of his own tendency: "son ouvrage [Philippe's] n'en est pas moins le monument le plus entier, le plus vaste de la langue romane en Belgique. Nulle part, sans excepter la France, on n'en a encore publié de cette étendue" (ccxxxii). He defends his author's reputation as historian[6] much better: "La moitié de sa chronique est envahie par des fables, soit, mais ces fables elles-mêmes sont l'histoire de l'esprit humain..."' (ibid.). In the rest of this chapter, under the pretext of offering an "analysis of the first volume," Reiffenberg begins to sketch what will become virtually the only critical activity concerning Philippe's work, namely a study of sources.[7]

This preoccupation with sources or analogues—the difference is lost immediately—continues throughout the introduction to volume II. Reiffenberg prints here the surviving fragment of *Gormont et Isembard* (x–xxxii), fragments of *Godefroi de Boulogne* (xliv–lvi), various references to the texts concerning Arthur, etc. In a similar vein, Reiffenberg presents in Chapter 2 a dissertation, "Des chansons de geste et des héros du cycle karolingien, mentionnés par Ph. Mouskes, considérés principalement dans leur rapport avec la Belgique" (lxxxix–cclxxx). The title is a misnomer, because we really do not know what "Belgique" is here. Reiffenberg pours into this chapter everything he knows about medieval epic (and romance). Chapter 3 begins with some observations on the language of Philippe and goes on quickly to "encore de la langue française en Belgique" and to "travaux philologiques" (cclxxx–cccii).[8]

The edition itself has been always considered "mediocre."[9] I believe that this judgment is too severe. It is true that the introduction in each volume is, to say the least, forbidding. But by the standards (if the term can be used) of the 1830's, the text itself and the critical apparatus are presented rather well. Reiffenberg can certainly be compared quite favorably, in this respect, to such early editors as D.M. Méon, Francisque Michel or Paulin Paris.[10] Reiffenberg (and/or his collaborators, for he undoubtedly had many) understood Old French rather well. An unprejudiced reader is frequently surprised by the aptness of his lexical explanations and by the correctness of his translation of the passages that he considered to be difficult. It is seldom that one find a real error in his interpretations of meaning. (His etymologies are, predictably, often wrong.) His text is reasonably well punctuated, except in the truly difficult passages. He has a good perception of metric problems. He marks the vowels in hiatus quite regularly either by acute accent or the dieresis. He also marks, after the fashion of his days, many atonic vowels with the grave accent.[11] Reiffenberg made several tables at the end of Volume II. They contain: 1) "mots de la basse latinité,"

2) proverbs, 3) geographic names (containing both topo- and ethonyms), 4) anthroponyms, and 5) most importantly, "glossaire roman" (818-77) where Reiffenberg lists all the lexical items that are commented on in the foot-notes (without, however, their corresponding modern meanings).

If the edition became "mediocre" over the course of time, it certainly was not in 1836. But it has always been very easy to be prejudiced against Reiffenberg the editor, and therefore to criticize his work. The same chattiness which is the hallmark of his introductions also characterizes his notes. Reiffenberg seems to be incapable of leaving any thought unpublished. Most of his notes are to the point: they explain the word or the construction, or they identify the proper name. But many notes (both in the text and in the tables) simply go off the track. They should have been discouraged by the members of the *Commission* which sponsored this edition. But how can a six-member committee discourage the misplaced enthusiasm of its own Secretary? Thus his notes contain much of what cannot possibly be considered relevant, even by a sympathetic reader. For instance, commmmenting on the toponym *Toulaite, Toulete* in the Table (vol. II, 803), Reiffenberg, rather than simply saying "Tolède", makes a display of his erudition: "Cette ville passait pour avoir une école fameuse de magie. On voit dans l'*Histoire prodigieuse et lamentable de Jean Faust* que la ville de Cracovie jouissait, au moyen âge, de la même réputation, ce qui établit un nouveau rapport entre le polonais Samuel Twardouski [r. Twardowski] et le saxon Faust. Consulter nos..." Even scholars of Polish origin would, probably, consider this "explanation" as *de trop*, since there is no reference to magic in the text, (but Philippe mentions the heresy of the Bishop of *Tolete* vv. 3088ss). Reiffenberg is even more subject to criticism when he indulges his favorite weakness and adds to his display of erudition a desire to claim all sorts of historical figures for his Belgica Magna. For example, when Philippe reflects upon Fortune (26235), Reiffenberg makes the following observation: "Jean Martin Le Franc, prieur de Lausanne (dont on a fait *Leuze*, en Hainaut), écrivain doué quelquefois d'une imagination poétique, est auteur d'un ouvrage intitulé l'*Estrif de Fortune et de Vertu*, Paris, 1505 et 1519, in-4° goth. Fauchet fait naître cet écrivain à Aumale, mais Jean Le Maire place son berceau a Arras". I am sure that Reiffenberg's Belgian cultural "imperialism" irritated his contemporaries even more than his *étalage de science*.[12] I believe that it was, above all, the former that helped to establish a bad reputation for his work.

It is my thesis that the reputation of the *Chronique rimée* has suffered, first of all, from its edition; that it was not improved by three German dissertations (published in 1882, 1916 and 1917); and, finally, that this reputation was "confirmed" by a 1943 essay emanating from a distinguished American academic center. These unfortunate scholarly events influenced each other. The lack of a good edition did not attract the attention of many fair-minded scholars. Two of the three dissertations were frankly unimaginative and above all, the scolding 1943 attack discouraged any prospective editor. Who wants to labor on the often difficult text of some 30,000 verses so roundly condemned by Yale?

Whatever the ultimate reasons, very little has been written about the *Chronique rimée*. Victor Le Clerc published a brief *notice* on it[13] and we have, as I have said, three short German dissertations. Theodor Link's, *Über die Sprache der Chronique rimée von Philippe Mousket*, Eralangen, 1882 (p. 37), is a "factological" study without any attempt at a conclusion. Link studies syllable count, rhymes, elision and hiatus, vowels, consonants, nominal flexion and verbs. His dissertation can still serve as a basis for further investigations.

Fritz Hasselmann in his *Inaugural Dissertation: Über die Quellen der Chronique rimée von Philippe Mousket*, Göttingen, 1916, is more ambitious, but also more imprudent. He examines the Latin sources of the first three sections of the *Chronique*, (vv. 1-19153). His method is systematic, not to say mechanical. Hasselmann took Philippe's introductory statement literally:

> Phelippres Mouskes s'entremet,
> Ensi que point de faus n'i met,
> Tout sans douner et sans proumetre
> Des Rois de Franche en rime mettre
> Toute l'estorie et la lignie.
> Metère l'en a ensegnie

> Li livres ki des anchiiens
> Tiesmougne les maus et les biens,
> En l'abéie Saint Denise
> De France u j'ai l'estore prise,
> Et del latin mise en roumans,
> Sans proiières et sans coumans. (vv. 1–12)

Since Philippe claims to have used Latin sources, Hasselmann, like Reiffenberg before him, simply took for granted that it was so. His method of establishing this claim consists of juxtaposing parallel passages of the Latin text and of the *Chronique*. If they resemble each other, it "proves" that Philippe used Latin sources.

The specific sources for part of the fourth section of the *Chronique* were studied very well by Fritz Rötting in his dissertation: *Quellenkritische Untersuchung der Chronique rimee des Philippe Mousket für Jahre 1190–1217, (Teildruck)*, Weimar, 1917. Not taking seriously Philippe's claim for his Latin sources, Rötting shows that he used a contemporary French prose chronicle.[14]

In the 1920's and 1930's, there were apparently no published studies on Philippe and his *Chronique*. But in 1943 a very violent and contemptuous article appeared. It criticized Philippe, his work, and the scholarship on it. It must be analyzed here, for it gathers together, so to speak, all the half-muted reproaches against the *Chronique* and its editor, and more importantly, it is symptomatic of a certain crisis in philological studies in this country.

When Robert C. Bates wrote "Philippe Mouskés Seven Centuries Ago,"[15] he already was an accomplished French medievalist.[16] A sad Editor's note (30) informs us that he died prematurely on December 1, 1942. It was probably for that reason, and the circumstances of the War, that his article has not, so far as I know, elicited any direct critical response. Bates begins by citing Rebecca West's ficticious encounter with a close-minded Viennese woman graduate student who had written a doctoral dissertation about West. The Viennese student symbolizes, for Bates, the obsolete German science:

It is curious to find a contemporary German girl leading one to think back to a mediaeval historian, and yet there is strange similarity between that intellect to whom "literature was a closed territory" and which "would never be able to read a single book,"[17] and that of Philippe Mouskés, the compiler of a rhymed chronicle of well over thirty thousand lines written at Tournai in the late 'thirties and early 'forties of the thirteenth century. It seems at first surprising, too, that the old rhymer has drawn to him two such apparently different men as Fréderic-Auguste-Ferdinand-Thomas, Baron de Reiffenberg, the man who brought him to life by an edition, and Fritz Hasselmann, who embalmed him in a thesis dealing with some of his sources (29).

Not only a surprising, but a truly unjust and very bitter attack on Hasselmann follows. Bates criticizes him for his method, and above all, for considering the sources as an end in themselves. He is basically right on both counts. But he goes on criticizing Hasselmann for his style, for using statistics, abbreviations, wrong punctuation, etc. The critique reaches a crescendo in the following phrase: "Like the vast majority of similar theses, it is a tissue of inaccuracies and errors in detail, of insufficiencies, misprints and omissions.[18] It is also wholly empty of any idea of any sort...[it] furnishes little help to anyone who would know anything interesting about the sources of the *Chronique rimée* (30). Next, Bates blames not so much Hasselmann himself, but the epoch of which he was the child. This epoch of scholarship was dead, but Hasselmann did not know it.

Bates contrasts the plodding Hasselmann with the "dashing, romantic little Belgian baron." Reiffenberg is for Bates a "romantic" scholar (as Hasselmann was a "naturalist" scholar). But he is not kind to the Belgian either. He reminds us that he had a mania for over-production (which is obvious from a glance at the size of his edition of the *Chronique*), and (really pointlessly) that he was caught red-handed publishing works of others under his own name. But there is in Bates a truly romantic sympathy for Reiffenberg: "As early as 1835 he sensed that the noble kind of research that he loved, and which was the lineal descendant of that which filled the vast folios of the seventeenth century, could not, in the world of revolutions, last much longer; almost prophetically he wrote: '...les fatigues philologiques ne mènent pas à la gloire....D'ailleurs à notre époque la gloire est rare et passagère, et n'a pas plus de durée que toutes autres aristocraties'" (33).[19] Bates' bitterness leads him to generalizations and exaggerations which make one wish to reject his opinions even if they contain a kernel of truth: "It [Reiffenberg's edition] is the last of a great, comfortable, humanistic tradition in scholarship which Science and now Totalitarianism have together so nearly killed. The book is as alive as Hasselmann's is dead" (34).

Worse still is the fact that the total (if not totalitarian) contempt for Hasselmann and the bemused and indulgent critique of the labors of the "romantic little Belgian baron," is accompanied by what amounts to a contempt for Philippe and his *Chronique*. And this contempt stems from a refusal to see what he and his work really were.

First of all, Bates criticizes Philippe for being both naive and indiscriminate in the choice of his sources and for recounting the stories from *chansons de geste* in which "both the drama and the tragic dignity of the Epic struggle have been shorn away" (35). He criticizes him for not being drawn to facts and for showing a marked preference "for the somewhat legendary and the somewhat improbable" (ibid.). He cites here some examples, one of them a "pleasing" apocryphal story about St. Gilles shielding a deer from Charlemagne, the other about the diabolical origins of Aliéonor d'Aquitaine. But when he reproaches the chronicler for having "covered" in three couplets "the fact of the fall of Constantinople in 1204" (ibid.), Bates is simply wrong. These six lines cited by him are preceded by some sixty-six verses and followed by some forty others in which Philippe sums up the history of the Fourth Crusade (20369-470). Furthermore, he returns to the history of the French Empire of Greece (or, more specifically, to the story of the false emperor Baudouin) in vv. 24465-25324. The fact that, like Robert de Clari before him, he did not criticize the capture of

Constantinople in 1204 does not make him a lover of fiction and evader of reality. He was what he was, a pro-French Northerner. We should be grateful to him for expressing what was in all probability the *vox populi*. Similarly, Bates suggests that Philippe "...preaches little quiet sermons on one page and on the next shrieks the grisly horrors of the Albigensian crusade, or the suppression of the unhappy *Katiers*" (36). This again is false. Philippe again expresses a real sentiment of his time and of his place. He was staunchly and systematically pro-Albigensian crusade. Simon de Monfort was remembered by him as one "al cuer loial et fort" (22332). He accuses the Albigenses of all possible crimes against the French, as well as of gross personal misconduct (sodomy, gluttony, heresy, incest, etc.) His description of the Albigensian crusade is of value precisely because it expresses the prevailing attitude of his *milieu*. (See especially vv. 22383-442.)

Bates contemptuously criticizes Philippe the poet. The main point that he makes is that his poetic style did not mark any progress: "the rest of those self-conscious [rhetorical] tricks so naive and endearing in 1150, [are] so familiar and tiresome a century later..." (37). Such a progress-minded criticism of style is simply unfair. Apart from a modern dogma of progress, there is no reason to think the Philippe should have in his *Chronique* improved the style of Wace. But Bates admits grudgingly that now and then Philippe is able "to catch fire and to write well—very well indeed, almost excitingly" (37-38).

Nevertheless, an aggressive and accusatory attitude predominates in Bates which goes against his own professed humanistic, anti-scientific and anti-totalitarian views. It can be seen in a small (and final) example. This time Bates accuses Philippe of bringing the fictitious and real world together: "Epic heroes accompany contemporary nobles to a real battle of Bouvines" (36). A careful reading of the description of this battle (vv. 21545-22228) disclosed the following and the only mention of the epic heroes: "Ki véist le duc de Bourgogne / Com il féroit à tel besongne, / Bien il péuist menbrer d'Ogier (vv. 21963-65). (Others, says Philippe, wanted "d'Ector menbrer" v. 21968.) What we have here is a normal literary comparison-embellishment, which serves, in addition, as a compliment to Renaud, Duke of Burgundy. If this is anti-historical mixing of fact and fiction, then Bates never should have regretted the passing of the humanistic tradition in scholarship, nearly killed now by Science and Totalitarianism.[20]

Bates' essay is not in any sense a fair appraisal either of the *Chronique* or of its critical reception. It is rather an example of venting one's ill humor, malice, and, probably, some sort of despair. What it establishes, intentionally or not, is that Philippe was an indefatigable but tiresome scribbler, that Reiffenberg was a charming but undisciplined and dishonest amateur, and that Hasselmann was a sinister enemy of civilization. In other words, both the subject and the critical reactions to it are not worthy of the attention and labors of a truly cultivated spirit. It is a broadside directed at the *Chronique rimée* in particular and at the philology applied to much (if not most) of medieval French studies in general. In fact, it is an attack on literary research of any kind, except the one based on aesthetic criteria.

There is no doubt in my mind that the forbidding character of Reiffenberg's edition *and* Bates' article did contribute to the scholarly neglect of the *Chronique*. Fortunately the neglect has not been complete. An analysis of an interesting, and already mentioned, episode told by Philippe in vv. 24480-25324, which concerns a false hermit who (in the 1220's) returned to Valenciennes claiming to be Baudouin, Duke of Flanders and Emperor of Constantinope (d. 1202), was the subject of Juliette W. Jacques' article published some forty years ago.[21]

More importantly, it was Ronald N. Walpole in his *Philip Mouskés and the Pseudo-Turpin Chronicle*[22] who, forty-two years ago, offered us a correct but dispassionate appraisal of Hasselmann's research and, at the same time, laid a solid foundation not only for reasonable studies of Philippe's sources, but also for a just and fair critique of the *Chronique*.

Walpole, a specialist in the *Pseudo-Turpin Chronicle*, approaches Philippe from the point of view of the vernacularization of historiography which was taking place in France from 1200 on, and of which the *Chronique rimée* is an important manifestation. He demonstrates persuasively that while Philippe claims to have used "authoritative" Latin books (this claim, we know, was made by so many 13th-century writers), he has, in fact, used the French recastings/translations of those books. While this demonstration is limited to the *Pseudo-Turpin Chronicle* (chief source for the second and longest section of the *Chronique*), it has, doubtless, implications for many other supposedly "Latin" sources of Philippe's compilation. In fact, according to Walpole, Philippe did not use any direct Latin sources at all. He was not a clerk and did not, in all probability, have any knowledge of Latin (see especially p. 399). I agree stongly with this judgment, for his work is quite free from those conscious or unconscious Latinisms which the contemporary recasters/translators invariably left in their work.

Rather than rage against the Teutonic and/or Totalitarian Science, or the mechanical insistence on the Latin sources,[23] Walpole simply shows that "[Hasselmann's] method consists solely in quoting parallel passages from Mouskés and from a Latin *Turpin*, pointing out the similarity of wording between them and drawing therefrom the conclusion that Mouskés wrote a rhymed translation of the Latin text. Did Hasselmann never realize, even as a schoolboy, what might lie between a so-called direct translation and the Latin original?" (332). What lies between is, of course, previous translations that Philippe used, but was reluctant to acknowledge. In the case of the *Pseudo-Turpin*, Walpole has proven that Philippe's version had followed closely a specific version of the French prose translation.[24]

Unlike Hasselmann, Walpole concludes his comparative study with an assessment of the general character of Philippe's work (395–410). This study is, as I have said, the fairest, or more precisely, the only fair appraisal of the *Chronique rimée* to date. Walpole was, of course, worried by the scholarly reception of the *Chronique*: "To those familiar with the contemptuous criticism and faint praise which have been directed at Mouskés since the time of Daunou down to our own day, [here he cites, without any commentary, Bates' article] it may seem idle to deal seriously with him" (394). We are indeed fortunate that Walpole did not consider it "idle" to study Philippe and his sources. He grants that he was a "wretched poet," that he had "no historical sense" and that in 1243 his *Chronique rimée* look[ed] like a gross anachronism" (ibid.). Later he shall demonstrate that Philippe was not really an anachronistic writer and that he was a good mirror of his milieu. Walpole believes that many of the chronicler's virtues stem from the virtues of his sources, but, above all, that he is well worth knowing "if we strive to know him as his contemporaries knew him, and to know his contemporaries as he knew them"(ibid.). Philippe wrote his work for fun, and independently from any patronage. He says so himself in vv. 1–12 (see above, pp. 7–8) and reiterates it in vv. 44–48:

> Mais non pour quant pour moi déduire,
> Comment ke il me doie nuire,
> Enprendrai l'estore à rimer,
> Pour loenge ne pour blasmer
> N'el lairai...

He trusted or wanted to trust his sources completely, and placed the responsibility for authenticity squarely onto them. He was, like Rutebeuf, conservative by temperament. He harkened back to the "good old days."[25] He used exclusively French sources, for he was neither a cleric nor a scholar. As for the legend of Charlemagne embodied in the *Pseudo-Turpin*, it was imposed not only on him, but upon "popular credulity" (401). Philippe's work is both a result and a further proof of this credulity. Like the author of the *Pseudo-Turpin Chronicle*, Philippe is a moralist. He supports absolutely and unhesitatingly the Church and the French monarchy. He showers his praises on Charlemagne even more generously than his chief source, and his praises of Philippe Auguste (see, e.g., vv. 23563ff) parallel closely those of Charlemagne. Philippe was a bourgeois most respectful of his class. His views are important. He represents a pro-French monarchy current in the peripheral regions of French influence. One cannot argue with Walpole's conclusion:

> So this amiable amateur, writing artlessly for
> his own pleasure about the things he loved, stands all
> unwitting between the two diverging currents of

French historiography. To the better informed of his contemporaries poetized history, on the one hand, was already identified with fiction, and, on the other, French prose historiography was taking up the more sober tradition of the Latin historian. By Mouskés' times, a considerable part of society was aware of the distinction. But Mouskés did not perceive it, nor did the gentry and bourgeois among his acquaintance perceive it. (409-10)

All that remains for me here is to underscore certain aspects of Walpole's appraisal and to mention the pressing problem of a modern and adequate edition of the *Chronique*. Much has changed in literary criticism and in historiography in the last 40 years. There is, of course, in literary history and in history *tout court* a continuing emphasis on historical *facts*, but there is also a realization that *facta sunt* (often) *facta*, and that ascertaining them is not as simple as it appeared to the 19th-century historians and their followers. No one, certainly no respected historian, can repeat complacently that *Geschichte ist was geschehen ist* and feel that he has given even a working definition of the historian's craft.

There is, particularly in the French-speaking world, a new and marked emphasis on the history of mental attitudes, which can and should be as "factual" as any of the most "Naturalistic" histories. Thus, e.g., Jean Delumeau's study of the phenomenon of fear and its effects[26] is, by now, a classic example of such a new approach to history. The generalized and sudden rise in the sentiment of fear *happened* in France *circa* 1350, just as the battle of Bouvines *happened* in 1214. For some time now, we have been witnessing a most interesting and surely paradoxical situation in the field of medieval French literature. While literary scholars began to shun the "old" literary history (partly, I must add, in response to the attacks on "Science" of Bates' kind) and turned to various (often pseudo-scientific) literary theories, historians anxious to study the "mentalities" of the epoch seriously took up the study of literary texts. To such historians and to the devotees of the various aspects of the new literary history, such works as the *Chronique rimée* are priceless sources not of what really "happened," but of what was (really) happening in people's minds. We must try to understand and to explain why a sober-minded bourgeois of Tournai "believed" in the mythic Trojan origin of the French. What could be the nature of this belief? Is this a simple case of popular "credulity," as Walpole has it, or something more? Is it not a necessary "working myth," an important ingredient in the "national" (rather than purely local) organization and social cohesion? We must try to understand why he "needed" his Charlemagne, his Twelve Peers and particularly his Ogier le Danois. What was there in Aliénor d'Aquitaine that made Philippe repeat with such obvious relish the story of her diabolical origins? It is a "fact" (in every sense of the word) that Tournai in Philippe's time recognized the suzerainty of the kings of France, but why is our chronicler so systematically pro-French, and so systematically anti-Flemish and anti-imperial? Why does he feel "obliged" to repeat the possessive *nos* practically every time that he mentions the French? Or to sing over and over the extraordinary praises of France and of her kings? (See, e.g., 26590-615.) Why does it happen that he admires Philippe Auguste and the Church and never sees the conflict between the Throne and the Altar in his days? His *Chronique* is certainly an important document of the legend of Charlemagne, the legend which for centuries has been an integral part of French history. His attitude toward Philippe Auguste requires a detailed study. His work is full of precious indications of how people like him considered the legendary past and the contemporary history— both views being profoundly influenced in their configurations by the organizational power of the working myths.[27]

In order to study Philippe properly we must maintain a reasonable attitude not only toward his work, but also toward the past scholarship pertaining to it. Our attitude must be based on a conviction that the subject matter, although not always an "undiscovered masterpiece," and the subsequent scholarly reaction, although not always penetratingly brilliant, are worthy of the attention of a serious researcher. We should look at medieval works honestly. We have no right to shun those among them which obviously cannot be part of the first echelon of the

Weltliteratur. Similarly, the "dramatic" presentation of the past scholarship as "dead", or the equally "dramatic" claims of "new waves" and "break-throughs" (so often claimed in our domain by our contemporaries) should be avoided. Walpole did learn a lot from Hasselmann, but he also realized the latter's initial error and corrected it. We have learnt much from Walpole. To appraise particular works such as the *Chronique* which have "difficult" histories of both edition and reception, we must be able to judge the work of our predecessors dispassionately and fairly. Perhaps we should not expect too much from them and be (more) satisfied with what they give us. For contrary to what Reiffenberg (and, I believe, Bates) thought, there are few true heros in our profession. Most of us are dwarfs standing on the shoulders of other dwarfs, hoping to see more and better. There is nothing demeaning in such a situation, for, after all, dwarfs come in all sizes.

Did Walpole's honest appraisal reestablish Philippe's reputation? It is difficult to answer yes to this question. Perhaps Bates' attack did too much damage to it. The fact is that almost nothing was published on Philippe's *Chronique* in the last forty years. We shall perhaps never know how much influence this attack had, but we do know that we still do not have at our disposal a factual, trim edition of *La Chronique Rimée*. And until we have such an edition, we shall not be sure whether Bates or Walpole will hold sway over the scholarly opinion.

Since fate and literary history have always treated Philippe Mousket in an unusual manner, the question of a new edition appears also, in our own day, to be unusual. It took a hundred and forty years after Reiffenberg's edition and thirty-some years after Bates' sad scolding for such an edition to be launched. In 1975 a Belgian scholar, Reine Mantou, began to work on this text. In 1978 she published her "Notes de syntaxe sur la *Chronique Rimée* de Philippe Mousket"[28]. In her article, Mme Mantou announced her intention to edit the *Chronique* under the auspices of the same *Commission royale d'Histoire* which had patronized the work of Reiffenberg. The *Commission* has apparently accepted the "principle of this re-edition" (607). Since she explained some fifty difficult passages taken from all parts of Philippe's texts, it is obvious that at that time her text was transcribed. This was eleven years ago. What is happening now to this edition? How long must we wait until we have a trustworthy text of this worthwhile, somewhat idiosyncratic, but certainly precious document of the past?

Notes

[1] Jacques Northcomb, "La date de la chronique rimée de Philippe Mousket," *Revue Belge de Philologie et d'Histoire*, 4 (1925), 77–89, tried to prove that Philippe used the *Chronicon* of Albéric de Trois Fontaines and therefore the *Chronique Rimée* must have been composed after 1251. Ronald Walpole (see below, n. 22) disposed of this argument (428–31).

[2] 31286 according to the published edition, see below, n. 4. The edition contains several minor errors in numbering resulting finally in –2 verses.

[3] *Collection de Chroniques nationales françaises*, II, Paris, 1824. These passages correspond to vv. 20369–470 and 24465–25324 in the published edition.

[4] *Chronique rimée de Philippe Mouskès*, Brussels, Commission Royale d'Histoire. Collection des Chroniques belges inédites. 2 vols in-4°. (The first volume has ccclxxxiv + 635 pages, the second, cccxxii + 880. *Supplément*, Brussels, 1845. Besides this text we have a "Fragment de la chronique rimée de Philippe Mousket" edited by N. De Wailly and L. Delisle in *Recueil des historiens des Gaules et de la France*, XXII, Paris, n.d., 34–81, and other fragments published by A. Tobler, "Ex Philippe Mousket Historia regum Francorum" in *Monumenta Germaniae Historiae*, XXVI, 1882, 718–821.

[5] "Sur Philippe Mouskés, auteur du poème roman des rois de France..." *Comptes rendus de l'Académie royale des Sciences. Commission royale d'Histoire*, IX, 1844, 112–45 and X, 1845, 46–48. In the *Supplément*, Reiffenberg accepts Du Mortier's argument and reprints the gist of it.

[6] A. Daunou in his review of the first volume of the *Chronique* in *Journal des Savants*, 1836, 685–97 declares: "Il n'y a point encore là d'historien, mais un chroniqueur dépourvu de critique et de talent, qui

ne sait ni rechercher, ni observer, ni raconter" (695).

[7] The introduction to volume I ends with the Latin and French text of *Belgicarum rerum prodromus sive de Historia belgica* and notes (cclxxii–ccclxxix).

[8] Various "Remarques" follow: cccv–cccxxii.

[9] See R. Bossuat, *Manuel bibliographique de la littèrature française du Moyen Age*, Melun, 1951, p. 354.

[10] Reiffenberg could, I believe, be compared quite favorably even with his Belgian successors (who published also with a feverish haste in the 1860's and 1870's): J. Kervyn de Lettenhove and A. Scheller. This haste has something to do with establishing the corpus of Belgian national letters. While the Belgian haste in publishing Froissart can certainly be criticized, the French procrastination is scandalous: *Chroniques de J. Froissart* sponsored by the *Société de l'Histoire de France*, began in 1869. The last volume (XV) appeared in 1975. After 120 years, about one third of Froissart's text is still to be published!

[11] He does it often in order to distinguish the meaning, e.g. *féroit* (*férir*) vs. *feroit* (*être*). But he always writes *Mouskes*. Only in the *Supplément* of 1845 does the correct *Mouskés* appear. The real errors (rather than oversights) are the systematically printed forms such as: *j'el* 24102 for *jel* (= *je* + *le*), *s'el* 24157 for *sel* (= *se* + *le*), *n'es* 22604 for *nes* (= *ne* + *se*), *n'es* 22606 for *nes* (= *ne* + *les*), etc. These enclitic forms being very frequent in the text, the reader must be forewarned about Reiffenberg's usage. (Similarly: *Dam-el-Dieu*, 25507 and *passim r'aler* 21321 and *passim*, etc.)

[12] For the irritation caused by this forced "Belgicization" of literary history (well contained in polite language), see the review by A. Daunou cited above, n. 6. Reiffenberg happens to be wrong about the "Belgicization" of Martin Le Franc and about other facts. Martin was born in the county of Aumle in Normandy, he became *prévôt* of Lausanne and published his *Estrif* in *circa* 1448.

[13] *Histoire Littéraire de la France*. 21 (1847, 1895), 698–702.

[14] The surviving passage of this chronicle was published by Charles Petit-Dutaillis, who agrees with Rötting's findings. ("Fragment de l'histoire de Philippe Auguste...Chronique en français des années 1214–1216," *Bulletin de l'Ecole de Chartes*, 87 (1926), 98–141.)

[15] In: Henri M. Peyre, ed., *Essays in Honor of Albert Feuillerat*, New Haven, 1943, 29–41.

[16] Born in 1901, Bates edited *Le Conte dou Barril*, New Haven, 1932, and *L'Hystore Job*, New Haven, 1937. He is probably best remembered for his article on "*Le Pèlerinage de Charlemagne*, a Baroque Epic," *Studies by the Members of the French Department of Yale University*. New Haven, 1940, 1–47.

[17] The phrases in quotation marks are taken from Rebecca West, *Black Lamb and Grey Falcon*, New York, vol. II, 1941, 1085.

[18] The same Editor's note that informed us about Bates' premature death explains here that he "was expecting to publish elsewhere his detailed suggestions so as to correct shortcomings in Mr. Hasselmann's work."

[19] Cited from the introduction to vol. I, p. cclxx. The omitted passage between the two sentences quoted, although couched in a metaphoric language, gives quite a realistic and sensible definition of "philological labors": "Ceux qui se servent d'une pièce de monnaie s'inquiètent peu, en effet, des sueurs du malheureux qui en a péniblement extrait le métal de la mine". It is quite possible that the whole tenor of Bates' article was influenced by a negative reception of his second editorial venture. See the severe critique of *L'Hystore Job* made by Arthur Långfors, *Romania*, 64 (1937), 541–48.

[20] The rest of the essay (38–41) need not occupy us here. It really strays away from Philippe Mousket. Rather it is a gloomy disquisition on the decadence of the French Kingdom (and, by extension, the Western Civilization) after the battle of Bouvines in 1214. "After perfect flowering, the petals fall"(39). Philippe lived, like the hated Hasselmann, in a world which was dead but he did not know it. Throughout these pages, there is an overwhelming feeling of the *Untergang des Abenlandes*. Bates concludes: "The *Chronique*, for all its *longueurs*, takes on, thus, a new and tragic meaning to one who reads it today: in a way it is a last will and testament of the mediaeval flowering of France, or perhaps, even more accurately, a detailed and elaborated picture of the spiritual *rigor mortis* in France just before St. Louis' first crusade" (41). One cannot really argue with such an anguished sentiment of the end of the world. One could point out that by 1243 Aquinas was 18 years old, that Jean de Meung was either a child or was not yet born, that Joinville and Rutebeuf...etc. These feelings of decadence and death could have been provoked by the War and, for all I know, Bates' own condition. But the problem is not what caused Bates to write his disquisition, but rather, what caused an influential academic institution to publish it posthumously.

[21] "The 'faux Baudouin' Episode in the *Chronique Rimée* of Philippe Mousket," *French Studies*, 3 (1949), 245–55.

[22] University of California Publications in Modern Philology, 26, N° 4, (1947), 327–439.

[23] The insistence which, incidentally, Bates seems to share with Hasselmann.

[24] Walpole edited three Old French translations of the *Pseudo Turpin*: *The Burgundian Translation*, Berkeley, 1949–1950; *The Johannes Translation*, Berkeley, 1976; and *An Anonymous Old French Translation*, Cambridge, Mass., 1979. Philippe used this last text as his source. I had the honor to be Walpole's student at Berkeley in the late

1950's and he aroused my interest in Old French vernacular history, more specifically in Robert de Clari.

[25] Like so many after him, I may add, including Reiffenberg and Bates.

[26] *Le Peur en Occident (14ᵉ–18ᵉ siècles). Une Cité assiégée*, Paris, Fayard, 1978.

[27] I believe that the chief interest in the *Chronique* lies precisely in Philippe's expression of feelings and attitudes (i.e., ideologies). His work is a real storehouse of his own opinions, or those that he garnered from his numerous sources. We can extract from this storehouse all kinds of information concerning the opinions and attitudes of his world. See, e.g., the legend of the Wandering Jew (25525-46), the story of the repression of a heresy in Bremen (28183-320), the ambivalent attitude toward inquisitors with the accompanying total condemnation of heresies and heretics (28815-29025), a brief mention of the Children's Crusade with a severe critique of popular crusading propaganda (29206-37), etc.

[28] *Revue Belge de Philologie et d'Histoire*, 56 (1978), 607-28.

LA VIE N'EST PAS UN SONGE.
THEORIE ET PRATIQUE CHEZ GUILLAUME DE LORRIS

Maurice Accarie
Université de Nice

L'inachèvement, réel ou supposé, volontaire ou accidentel, confère-t-il à certains chefs d'œuvre de la littérature médiévale une auréole qu'ils n'auraient pas acquise complets? Il est vrai que les grandes œuvres fondatrices de mythes sont des œuvres sans fin, comme si leurs auteurs avaient confusément ressenti la nécessité de les laisser ouvertes sur l'infini: *Conte du Graal*, premier *Roman de la Rose*, auxquels il convient d'ajouter *le Chevalier de la Charrette*, si l'on veut bien, crachant sur une fin *ignoble*, n'en laisser subsister que la part de Chrétien de Troyes et fermer le livre sur l'amant Lancelot séparé, dans la tour de Jalousie, de sa rose Guenièvre.

En fait, tout le problème est de savoir si ces romans sont bien inachevés. On l'a cru sereinement d'abord, confiant dans le témoignage de continuateurs immédiats ou lointains. On l'a plus récemment mis en doute, conscient que des *fins sans fin*, si elles étonnent dans le cadre d'une littérature populaire habituée à clore ses histoires, vont en revanche dans le sens de la mentalité mystique du Moyen Age. Qu'elle soit proprement religieuse ou de caractère profane comme dans la *fine amor*, cette mentalité (appelons-là *ascétique* plutôt que mystique) privilégie la quête sur la possession et repose sur la double certitude que la possession est possible (ce qui justifie la quête) et irréalisable (ce qui prolonge indéfiniment la quête).

C'est par référence à cette tendance générale de la mentalité médiévale que J. Ribard a soutenu l'idée que les trois œuvres étaient achevées[1], par référence particulière à la *fine amor* que R. Lejeune a soutenu la même idée pour le seul roman de Guillaume de Lorris[2], entendant par là, l'un et l'autre, un achèvement dans l'inachèvement[3]. J'ai moi-même essayé de démontrer que le *Lancelot* reposait sur "l'éternel départ" de son héros pour des conquêtes de Guenièvre espérées sans espoir jusqu'à l'infini, qu'en conséquence seul l'épisode de *la charrette* était terminé quand Chrétien abandonnait la rédaction, non sans avoir montré, en lançant Lancelot dans une autre quête, que tout allait recommencer[4]. Il était ainsi plus fidèle à l'esprit de l'amour courtois que la pourtant si *fine* Marie, comme en témoignent les misérables compromissions envisagées par les deux héros du nommé Godefroi de Leigni, embourbés dans la fange de leurs étreintes furtives à venir[5]. Essayer de décider entre l'achèvement ou l'inachèvement de *la Charrette* est donc un peu jouer sur les mots; l'essentiel est de comprendre que, si inachèvement il y a, il est volontaire, que Chrétien de Troyes n'avait pas l'intention d'aller plus loin. Il en ira tout autrement dans *le Conte du Graal*: tout porte à croire en effet que, dans cette œuvre faussement mystique, dans ce *roman dévot* tout plein des certitudes de la morale religieuse et chevaleresque du XIIe siècle, Perceval devait, un jour prochain, muni de son banal catéchisme, découvrir les secrets libérateurs du château du graal[6]. La mort qui "adevancha" Chrétien, selon Gerbert de Montreuil, reste donc l'explication probable d'un inachèvement cette fois involontaire.

La situation paraît plus simple dans le cas du roman de Guillaume de Lorris. Le terrain critique repose en effet solidement sur le roc du témoignage de Jean de Meun,

    Ci se reposera Guillaumes   10531
    cui li tombeaus soit plein de baumes,

> d'encens, de mirre et d'aloé,
> tant m'a servi, tant m'a loé,

et sur le non moins fameux témoignage de Guillaume lui-même, dévoilant aux vers 3481-3488 ce qui devait être la fin de son roman:

> Des or est droiz que je vos conte
> coment je fui melez a Honte,
> par qui je fui puis mout grevez,
> et comant li murs fu levez
> et li chastiaus riches et forz,
> qu'Amors prist puis par ses esforz.
> Tote l'estoire veil parsuivre,
> ja ne m'est parece d'escrivre[7].

On peut discuter le témoignage de Jean de Meun, qui ne lie pas explicitement l'inachèvement du roman et la mort de l'auteur, comme le fait Gerbert pour le *Perceval*. Tout ce que nous dit le continuateur, c'est que Guillaume s'est arrêté au vers 4028, et qu'il est mort (depuis plus de quarante ans d'après les vers 10559-10560) quand lui-même entreprend la continuation. En revanche, le propre avertissement de Guillaume, coutumier d'annonces de ce type[8], doit rester un garde-fou contre toute forme d'interprétation qui ne prendrait pas en compte la ferme intention de l'écrivain d'achever son roman, intention littéraire qui ne fait que traduire l'espérance de l'amoureux. Il me semble ainsi difficile, pour cette simple raison de littéralité, d'accepter les interprétations de R. Lejeune et J. Ribard. Tout au moins conviendrait-il de les nuancer en soulignant que la prise du château par Amour ne signifie pas forcément la cueillette de la rose, mais simplement sa libération, et que l'on peut imaginer que, ainsi libérée, la rose va à nouveau s'offrir à l'approche de l'amant sans jamais se laisser atteindre: le vers 3488 ("ja ne m'est parece d'escrivre") peut effectivement inviter à lier une création romanesque toujours inachevée à une entreprise amoureuse qui ne peut elle-même avoir de terme.

Si l'on ne peut savoir si la prise du château devait coïncider avec la fin du roman[9], cet épisode, annoncé par l'auteur lui-même, reste nécessaire à l'économie de l'œuvre, et l'on est obligé d'opter pour l'inachèvement. Mais reste alors posée la question essentielle de la raison de cette interruption. Doit-on, comme le veut la tradition, l'expliquer par la mort de l'auteur, ou peut-on s'orienter vers une autre solution, celle d'un inachèvement volontaire ou du moins conscient? Telle est la question qui naît forcément de l'écart, bizarre ou tragique, entre l'issue heureuse espérée par l'amant, et prévue dans le plan du narrateur, et le désespoir sur lequel le roman s'interrompt brutalement. On dira que le jour où Guillaume de Lorris s'est affaissé sur son manuscrit, le récit s'est arrêté n'importe où. Mais justement, s'arrêter au moment où l'amoureux désespère n'est pas s'arrêter n'importe où, mais à un moment-clef, celui où se joue le destin de cet amoureux.

On pressent alors que le problème posé par l'œuvre de Guillaume n'est pas du même ordre que celui des récits de Chrétien de Troyes. Chez ce dernier, seul le sens particulier de chaque roman est engagé par son inachèvement; dans le *Roman de la Rose*, c'est le sens même d'une vie d'homme qui est en cause. Chrétien n'est pas mort de son renoncement à la *Charrette*, et ce n'est pas un renoncement au *Graal* qui l'a fait mourir. Guillaume au contraire est peut-être mort à cause de son livre, l'homme Guillaume ou simplement l'écrivain Guillaume, parce que l'inachèvement littéraire correspondait à l'inachèvement sentimental. D'un côté, il est sûr qu'on à affaire à un professionnel, dont l'engagement et la sincérité se heurtent à l'exercice dépersonnalisant du métier; de l'autre, on se demande si l'on n'a pas affaire à un amateur, lettré certes et connaisseur, mais qui ne sait parler que de lui-même, serait-ce avec les clichés accumulés depuis un siècle par les professionnels.

Œuvre d'imagination ou œuvre autobiographique? Tel est le problème auquel se heurte et se ramène toute lecture des 4028 premiers vers du *Roman de la Rose*. Il ne faut pas l'esquiver en affirmant péremptoirement que le Moyen Age ignore le récit autobiographique. Pourquoi Guillaume de Lorris n'en serait-il pas le précurseur, comme il a été probablement l'inventeur du *roman allégorique*, le premier à avoir eu l'idée d'unir deux genres bien connus mais jusqu'alors distincts, celui du roman courtois et celui du poème allégorique?

Aucun document ne le dira jamais. Notre seule ressource (mais n'est-ce pas conforme à notre fonction?) est de scruter indéfiniment le texte littéraire pour tenter d'y recueillir l'écho d'une confidence. Je l'ai scruté à mon tour longtemps, et l'article qui débute n'est que la première étape de ma lecture, trop longue pour être agréée dans sa totalité par l'*avaritia* du monde moderne. Je me contenterai d'y chercher ce que peut nous apprendre la structure de l'œuvre et l'évolution du système allégorique.

La structure s'avère relativement claire dans la mesure où, comme dans un roman de l'époque et non comme dans le rêve qu'elle est censée reproduire, transparaît la logique du récit linéaire:

> Tot ensemble dire ne puis
> mes tot vos conteré par ordre[10]

Le roman se laisse donc diviser en grandes scènes ou en grands tableaux:

1. 45–628   : Hors du jardin. Le mur.
2. 629–1298 : Dans le jardin. La danse.
3. 1299–2054: Naissance de l'amour.
4. 2055–2748: Les commandements d'Amour.
5. 2749–3480: Progression de l'amant jusqu'au baiser.
6. 3481–3897: Les obstacles. La construction de la tour.
7. 3898–... : Enfermement de Bel Accueil et plaintes de l'amant[11].

On remarquera que les cinq premières séquences sont de longueurs voisines: 584 (628 avec le prologue), 670, 756, 694, et 732 vers. L'avant-dernière, avec 418 vers, est manifestement trop courte. Il faut à tout le moins lui adjoindre la dernière, inachevée, ce qui est légitime et même nécessaire car les plaintes de l'amant succèdent sans rupture à la construction de la tour et à l'emprisonnement des rosiers. On aboutit ainsi à une sixième séquence de 548 vers. Il manque encore 100 à 150 vers pour arriver à une longueur moyenne. Racontaient-ils la prise du château, peut-être la conquête de la rose? Marquaient-ils la fin du roman? Mais on imagine mal une telle précipitation des événements, d'autant plus que, selon une promesse renouvelée (cf. vv. 976–984, 2061–2074), un épilogue devait également dévoiler la *senefiance* de la trame allégorique. Il est donc préférable de penser que ces 100/150 vers complétaient seulement la séquence de la crise, sans doute en prolongeant les plaintes de l'amant au pied de la tour. Il faudrait alors prévoir une autre séquence relatant la solution de cette crise (prise du château, conquête de la rose) et dévoilant les mystères (peut-être dans un épilogue d'une cinquantaine de vers correspondant au prologue). Il manquerait ainsi 750 vers supplémentaires, lesquels, ajoutés aux 150 de la sixième séquence, nous amèneraient aux alentours de 4900 vers.

Telle est la première hypothèse que nous pouvons formuler à partir d'une composition en grandes séquences. D. Kelly, en choisissant de faire des commandements d'Amour la scène centrale, arrive aux mêmes conclusions:

> So, in fact, the god of love's instruction sets the pattern for the whole poem. Indeed, it may constitute the structural core for the work as Guillaume conceived it, with two symmetrical sections describing, first, the initiation of the poet into courtesy, delight, and finally love, and second, the adventures leading to and culminating in the capture of Jalosie's castle by love. The instruction itself takes up approximately 700 lines (vss. 2057–2765). Preceding are about 2000 lines, plus about 40 odd lines of prologue (vss. 1–44). If the plan is symmetrical, about 2000 lines were to follow, with perhaps an epilogue of about 40–50 lines. Thus the poem would have extended to about 4800 or 4850 lines[12].

Il est vrai que, si l'on entreprend de regrouper les diverses séquences, la structure globale de l'œuvre apparaît comme la juxtaposition de deux grands ensembles, le premier évoquant l'initiation du poète à la courtoisie et à l'amour, le second relatant son aventure personnelle. Cette bipartition, c'est celle que Guillaume de Lorris lui-même annonce dans le prologue, quand il affirme que son roman est à la fois le récit ponctuel d'un rêve réalisé et l'enseignement d'un art d'aimer. Mais cette alliance se fait moins *en même temps* que *successivement*: la première partie de l'œuvre, même si elle s'appuie sur l'aventure du rêveur, a d'abord une portée générale et privilégie la théorie, alors que la seconde, même si l'aventure individuelle reste exemplaire, privilégie la pratique. On nuancera néanmoins la proposition de D. Kelly, car on voit mal pourquoi on devrait isoler la séquence des commandements d'Amour. De toute évidence, elle fait partie de la phase d'initiation dont elle est le couronnement. Cette première phase comptait donc 2748 vers, ce qui laisse supposer une deuxième partie équivalente et nous amène à un ensemble de 5500 vers. C'est à cette hypothèse qu'ira ma préférence, car elle aboutit à un rigoureux équilibre:

I   La théorie de la courtoisie
     1° La découverte du monde courtois (vv. 45–1298)
     2° La découverte de la *fine amor* (vv. 1299–2748)
II La pratique de la courtoisie
     1° les tribulations du *fin amant* (vv. 2749–...)
     2° Une dernière partie qui ne pouvait que raconter, comme Guillaume l'avait laissé entendre, le triomphe de l'amour.

Les deux premières parties comptent 1250 vers (1298 avec le prologue) et 1450 vers. La troisième, presque achevée quand le roman est interrompu, devait compter entre 1350 et 1400 vers, et l'on peut raisonnablement tabler sur une dernière partie du même ordre.

    Ces calculs semblent confirmer que Guillaume de Lorris avait bien l'intention de donner une fin à son roman, et que celui-ci est donc inachevé au vers 4028. Mais ils ne nous donnent aucune lumière sur les raisons de cet inachèvement. Il nous faut essayer de savoir ce qui a pu bouleverser le dessein de l'auteur et empêcher la réalisation de son projet initial.

Appréhendant d'une autre manière la structure de l'œuvre, ma réflexion a ensuite porté sur les modes d'écriture du roman. A partir du moment où, dans le prologue, Guillaume dévoile clairement sa double intention de raconter son aventure personnelle et de la relier à un art d'aimer, on sait en effet que le roman va se dérouler à la fois sur un mode *narratif* et sur un mode *didactique*. La lecture nous fait en outre distinguer un mode *descriptif*, puisque de larges pans sont consacrés à des descriptions qui peuvent être soit presque autonomes (telle l'évocation du verger), soit combinées au didactique (comme dans le cas du mur allégorique). Mais le descriptif et le didactique s'opposent ensemble au narratif, car à ce moment-là le récit se fige, est mis en quelque sorte entre parenthèses. Disons que l'on peut distinguer entre le *narratif* et le *discursif*, qui est tantôt à dominante didactique, tantôt à dominante descriptive.

Le tableau que je vais proposer n'a rien d'original. Il a déjà été tenté par A. Gunn dans un *appendix* de son célèbre ouvrage[13] Le mien s'efforce d'être plus simple: alors qu'A. Gunn utilise (légitimement) tous les aspects de la rhétorique médiévale qu'il identifie dans le style de Guillaume (*descriptio, occupatio, narratio, exemplum, sententia, apostropha, expolitio, digressio, exclamatio, sermocinatio, interrogatio*), je me suis volontairement tenu aux modes principaux auxquels les autres peuvent se ramener. Malgré cette simplification, mon tableau est presque aussi long, et il est aussi scolaire en tout cas que celui d'A. Gunn. L'un et l'autre, bien sûr, sont également discutables. Il est vrai que l'ensemble de l'œuvre de Guillaume de Lorris et de Jean de Meun, à partir du vers 87, est une longue *narratio*, "the entire allegorical narrative of the Rose quest"[14]. Cela veut dire que les passages descriptifs gardent une fonction narrative, puisque l'action et la psychologie du héros continuent, même plus lentement, à y progresser. Inversement, un passage narratif n'est que rarement dépouillé de tout caractère didactique ou descriptif. Ainsi l'hommage à Amour est narratif, puisque y dominent les gestes rituels, le dialogue, la mise en scène *féodale*, mais il a aussi, c'est évident, une valeur didactique. De même, la construction de la tour utilise le mode narratif, mais se présente en même temps comme une longue description de *maçonnerie*, sans oublier que narration et description y ont en même temps, à travers l'allégorie, valeur de leçon. On pourrait donc écarter toute tentative comparable à celle d'A. Gunn et à la mienne en affirmant que tout le roman, suivant la décision du prologue, est en même temps une narration et une leçon, qu'il s'agit constamment d'une narration didactique ou d'un enseignement en forme de récit. C'est vrai, et l'on ne peut parler que de dominantes, dont l'appréciation peut varier d'un lecteur à l'autre[15]. Pourtant, même artificiel, un tel tableau ne laisse pas d'être instructif.

       1–44 : prologue (discursif/didactique)
     45–83 : le printemps (discursif/descriptif)
     84–128 : le départ (narratif)
  129–465 : le mur allégorique (discursif/descriptif-didactique)
  466–494 : le verger et les oiseaux (discursif-descriptif)
  495–523 : le héros cherche l'entrée (narratif)
  524–572 : portrait d'Oiseuse (discursif/descriptif-didactique)
  573–579 : le héros s'adresse à Oiseuse (narratif)
  580–616 : discours d'Oiseuse (discursif/didactique)
  617–632 : le héros entre dans le jardin (narratif)
  633–688 : le jardin et les oiseaux (discursif/descriptif)
  689–698 : intervention d'auteur (discursif/didactique)
  699–708 : les oiseaux (discursif/descriptif)
  709–724 : découverte de Deduit et de la danse (narratif)
  725–1298 : la danse (discursif/descriptif-didactique)
1299–1320 : promenade dans le verger (narratif)
1321–1414 : description du verger (discursif/descriptif)
1415–1422 : arrivée à la fontaine (narratif)
1423–1508 : histoire de Narcisse (discursif/descriptif)
1509–1537 : découverte des cristaux (narratif)
1538–1597 : les cristaux (discursif/descriptif)
1598–1612 : intervention d'auteur (discursif/didactique)
1613–2054 : naissance de l'amour (narratif)
2055–2074 : intervention d'auteur (discursif/didactique)
2075–2748 : les commandements d'Amour (discursif/
                didactique)

2749-2820 : Bel Acueil et Dangier (narratif)
2821-2846 : la parenté de Honte (discursif/didactique)
2847-2979 : Bel Acueil et Dangier (narratif)
2980-3082 : discours de Raison (discursif/didactique)
3083-3106 : Ami (narratif)
3107-3131 : discours d'Ami (discursif/didactique)
3132-3238 : Dangier (narratif)
3239-3300 : Franchise et Pitié (discursif/didactique)
3301-3480 : le baiser (narratif)
3481-3492 : intervention d'auteur (discursif/didactique)
3493-3745 : les ennemis (narratif)
3746-3781 : plaintes de l'amant (*lyrique*)
3782-3919 : construction de la tour et emprisonnement de Bel Acueil (narratif)
3920-4028 : plaintes de l'amant (*lyrique*)

Ce qui frappe immédiatement est l'alternance régulière entre les deux modes: la structure du *Roman de la Rose* repose—ce n'est pas une surprise—sur une dialectique du discursif et du narratif qui rend bien compte de la dialectique interne de l'aventure individuelle et de la leçon générale. Déjà, on ne peut voir le poème comme une succession de tableaux indépendants et statiques contemplés par un héros passif; Guillaume de Lorris a constamment le soin de relier ces tableaux par des transitions narratives qui nous ramènent régulièrement de la leçon à la quête. Mais, en critiquant à juste titre cette vision "decorative"[16], A. Gunn penche à l'inverse pour une unité didactique qui est tout aussi incomplète et injuste[17], car elle se fonde sur la réduction très arbitraire de l'élément narratif au profit de la *descriptio* et surtout de la *sermocinatio*. Il n'est pas possible d'affirmer que "only a little more than a fifth of the lines are devoted to the recital of events of the lover's dream"[18]. Mon propre calcul est très loin de celui d'A. Gunn, puisqu'il aboutit à un total de 1522 vers narratifs, soit près de 40% de l'ensemble.

Mais il est un calcul plus important, qui porte sur l'évolution des deux modes d'écriture au cours du roman. La première grande partie (la théorie de la courtoisie) compte en effet 2134 vers discursifs et seulement 615 vers narratifs; la seconde (la pratique de la courtoisie) inverse les proportions, avec 373 vers discursifs et 907 vers narratifs. La théorie se révèle donc plus discursive, la pratique plus narrative: nous allons de lapalissade en lapalissade! mais c'est une utile confirmation. Si le relevé porte sur les sous-parties, il est encore plus éclairant. La première (la découverte du monde courtois) compte en effet 1185 vers discursifs et 113 vers narratifs, ce qui confirme l'impression ressentie à la simple lecture: l'auteur, au début du roman, s'intéresse presque uniquement à des éléments statiques, d'ailleurs plus descriptifs que didactiques; l'action elle-même est très lente à *démarrer*. Grâce à la présence d'un important ensemble narratif (découverte du bouton de rose, coup de foudre des flèches, hommage au dieu Amour), la seconde section—la découverte de la *fine amor*—s'oriente vers un équilibre, avec 502 vers narratifs pour 949 vers discursifs (avec prédominance cette fois, grâce aux longs commandements d'Amour, du didactique sur le descriptif). Mais cet équilibre, contrairement à ce qu'on pouvait attendre, n'est pas réalisé dans la dernière section: celle-ci inverse complètement la tendance avec 373 vers discursifs et 907 vers narratifs. Encore faut-il remarquer que, dans les vers discursifs, nous avons compté 145 vers qui ne sont ni descriptifs, ni didactiques, mais bel et bien *lyriques* puisqu'ils expriment le désespoir de l'amant. Appartiennent-ils justement au registre discursif? Ne relèvent-ils pas plutôt, malgré leur caractère statique, et parce qu'ils concernent l'aventure individuelle, du mode narratif? Si on les déplace ainsi d'un registre à l'autre, la supériorité du narratif dans la dernière partie du roman devient écrasante. A tout le moins—et c'est ce qu'il me semble capital de remarquer—il n'y a plus aucun passage discursif véritable à partir du vers 3300, ni une de ces descriptions qui étaient si nombreuses au début, ni une de ces leçons générales qui accompagnaient les descriptions ou qui, comme les commandements d'Amour, constituaient un véritable petit traité autonome de *fine amor*. Désormais, c'est le seul récit de son aventure qui occupe Guillaume de Lorris: le poète courtois cède la place au poète lyrique, le théoricien au *cobaye*.

La place du narratif et du discursif dans le roman confirme donc les observations que nous avons faites à propos de sa structure: il y a moins fusion ou alternance des éléments théoriques et généraux et des éléments personnels et accidentels, que succession et même substitution. Et cette *dérive* est à la fois progressive et brutale, progressive parce que la seconde section s'oriente vers une forme d'équilibre, brutale parce que cet équilibre n'est pas réalisé dans une troisième section qui inverse complètement la tendance, oubliant (et définitivement peut-être à partir du vers 3300) ce fameux Art d'aimer qui devait être d'un bout à l'autre "enclos" dans le destin personnel. Désormais, Guillaume de Lorris ne pense plus qu'à son aventure intime, n'est plus possédé que par elle. L'examen de la structure nous fait obligatoirement entendre le cri d'un homme dont la *sapience* est prise en défaut par la vie.

La dérive du discursif vers le narratif rejoint les observations que l'on peut faire sur l'évolution du système allégorique. La critique a toujours été gênée, en ce domaine, par un certain laisser-aller de l'écrivain, du moins par son incapacité ou son refus d'aller jusqu'au bout de son choix et de son intention. On a pu louer ce désordre comme l'effet d'une personnalité plus poétique que rationnelle, en soulignant que "la première partie du *Roman de la Rose* n'est pas...une allégorie froidement calculée"[19], "un traité rigide"[20]. On a pu surtout la mettre au compte naturel de la démarche onirique[21]. Il est vrai que nous savons gré à l'auteur d'avoir renoncé à un certain nombre de facilités que lui offrait la tradition de l'allégorie morale: ainsi n'a-t-il pas scolairement opposé un à un les dix vices du mur aux vertus de la danse. D'autres choix sont en revanche gênants et contestables, tels que l'intrusion de personnages mythologiques (Amour, Vénus) et humains (Ami, la vieille), le redoublement de certaines allégories (beauté, courtoisie, franchise), l'ambiguïté de quelques autres, comme Jalousie et Male Bouche dont on ne sait si on doit les rapporter à l'être intérieur de la dame ou à des interventions extérieures. On constate encore—et le manque de rigueur touche ici à l'incohérence—que la troisième flèche, appelée Franchise quand elle est dans la main de Doux Regard, devient Courtoisie quand elle perce le coeur du héros. Anticipant sur notre étonnement, Gui de Mori, dans son adaptation du *Roman de la Rose*, avait déjà rectifié cette *erreur* de son maître[22].

A la vérité, ces exemples que je viens de citer pêle-mêle ne sont pas du même ordre, et on ne peut les confondre, soit pour accuser la maladresse de Guillaume de Lorris, soit pour louer au contraire sa démarche onirique. La seule *erreur* véritable est dans l'hésitation entre Franchise et Courtoisie, qui se justifie sans doute, dans l'esprit, par une équivalence entre ces deux qualités sociales[23], mais qui reste maladroite et rend naturelle la correction de Gui de Mori[24]. D'autres cas traduisent non pas une maladresse, mais tout au contraire un excès de cohérence. Il en est ainsi du redoublement de certaines allégories.

> Cele dame avoit non Biautez 992
> ausi come un des .V. floiches.

Guillaume de Lorris sait ce qu'il fait en utilisant deux fois Beauté, et D. Poirion a parfaitement montré qu'il n'y avait alors ni redondance ni "indigence de vocabulaire", mais que "Beauté, tout en caractérisant le milieu social, joue un rôle plus précis dans la séduction symbolisée par les flèches: elle désigne alors la beauté particulière de l'aimée"[25]. Quand on a compris que la distinction essentielle, au début du roman, est entre la courtoisie, symbolisée par la carole, et la *fine amor*, symbolisée par les flèches, toute forme de répétition se justifie en effet: la Beauté de la danse est celle de tous les aristocrates courtois, la Beauté de la flèche est celle de la dame inspiratrice d'amour. A la limite, Guillaume aurait pu doubler toutes les allégories du début du roman. On lui saura gré de ne pas l'avoir fait. Mais on lui saura gré également d'avoir choisi de le faire dans quelques cas pour indiquer au lecteur le sens de sa démarche, cas typiques et marquants comme ceux de Beauté donc, mais aussi de Vilainie, qui se détache un moment du mur pour devenir l'une des flèches noires.

Il est même un cas où le poète triple l'allégorie: Franchise apparaît dans la danse, puis comme l'une des flèches, enfin avec Pitié pour fléchir Danger. On peut croire à nouveau à du laisser-aller, d'autant plus, on l'a vu, que Guillaume hésite parfois entre Franchise et Courtoisie. Or les trois allégories ne figurent pas la même idée. Dans le jardin, Franchise est, bien entendu, l'une des qualités sociales qu'il faut nécessairement posséder pour faire partie de l'élite courtoise. La flèche Franchise restreint son champ: elle n'est plus une qualité générale de la société aristocratique, mais, à l'intérieur de ce macrocosme, une qualité particulière de la dame inspiratrice d'amour. Cette qualité reste néanmoins extérieure, concerne l'aspect de la dame et ne touche pas son être profond, exactement comme les autres flèches, beauté, simpleice, compagnie, Beau semblant. La dame est perçue extérieurement, par le doux regard qu'elle porte sur la poète et que le poète lui porte; elle n'est pas encore intimement connue. Seule la troisième Franchise désigne une qualité intérieure de l'être aimé.

L'exemple de Franchise pourrait nous faire croire que l'évolution du système allégorique tient surtout au passage d'allégories externes et générales, figurant le monde, l'*environnement* courtois, à des allégories particulières dont l'ensemble reconstitue l'aspect et la psychologie de la dame. S'il est impossible de suivre R. Louis quand il voit la dame partout, dès le début, au cœur de toutes les allégories (elle y est sans doute comme membre de la société courtoise, mais elle n'y est pas comme individu)[26], du moins pourrait-on percevoir l'évolution du roman comme une progressive prise de possession des allégories par la dame-bouton de rose. Or ce n'est pas aussi simple. Plus exactement—et c'est la remarque capitale qu'il faut faire—, ce qui était simple au début se complique ensuite, et non pas progressivement, mais brusquement à partir du vers 2749, quand Guillaume se lance enfin, après la *théorie* de la courtoisie et de la *fine amor* dont il s'est imprégné au cours de son voyage initiatique, à la conquête *pratique* de *sa* rose. Je veux dire que, jusque là, l'interprétation des allégories ne présente pas de difficulté majeure. Le système est parfaitement organisé, avec ses redondances qui en accusent la clarté, et permet de suivre avec une relative facilité, sans risque de se tromper gravement, le parcours du poète-amant du monde non-courtois à l'univers aristocratique, puis à la quintessence amoureuse de cet univers.

Tout se complique, et brutalement, quand Guillaume veut passer de la théorie à la pratique. Le système allégorique commence alors à se brouiller, nous demandant un constant effort pour suivre une piste désormais incertaine. Si l'on comprend bien que Franchise et Pitié sont des qualités de la dame aimée, qui interviennent pour soutenir l'amant, on est loin d'être aussi sûr dans le cas des allégories qui figurent les *opposants*. On a souvent souligné l'ambiguïté de Dangier. Il doit théoriquement représenter la pudeur de la dame qui s'offense des audaces de l'amant et lui oppose une hautaine résistance[27]. Mais le personnage est présenté d'une manière tellement *vilaine* qu'il est difficile de croire que la dame porte en elle un tel monstre[28]. Ne s'agit-il pas plutôt, ou en même temps, d'un obstacle extérieur dressé par d'autres opposants entre les deux protagonistes? Danger n'est-il pas une sorte de *vieille* qui chaperonne la dame et la défend contre les galants, comme celle du château que va dresser Jalousie[29]? Je suis loin d'avoir les certitudes de R. Louis, et j'avoue ne pas comprendre ce qui fait l'unité de ce personnage allégorique, tantôt ne pouvant surmonter l'obstacle d'une représentation aussi repoussante de l'âme féminine, tantôt reconnaissant qu'après tout, dans l'amour courtois, les reproches d'inconstance et d'insensibilité sont aussi nombreux que les marques d'adoration.

Plus obscur encore est le personnage de Jalousie. Représente-t-il "le zèle inquiet avec lequel [la dame] se défend elle-même contre les manœuvres du séducteur"[30], est-elle "une troisième force, soit mari, soit parents, soit n'importe quelle personne ayant des droits sur la dame"[31]? Le château qu'elle construit autour des rosiers figure-t-il la barrière intérieure que la jeune fille oppose à l'amant, ou représente-t-il la réalité d'une séquestration[32]? La forêt des significations possibles est inextricable: puisque c'est Amour qui devait, un jour, prendre d'assaut la forteresse, on peut penser que Jalousie est plutôt une qualité intérieure de la dame; mais la présence de la Vieille montant la garde nous oriente aussitôt vers l'autre registre, celui des opposants extérieurs.

Que représente enfin Male Bouche? Désigne-t-elle "simplement" —belle simplicité en vérité!—"les jugements que l'héroïne du roman porte sur l'amant chaque fois qu'il pousse trop loin son audace", et serait-ce "la pire erreur que de croire qu'on ait affaire ici aux médisances et aux calomnies de l'entourage...ou du milieu"[33]? D. Poirion et J.C. Payen, parmi d'autres, commettraient-ils cette erreur quand ils pensent que "Male Bouche traduit une opinion venue d'ailleurs, les racontars"[34], plus précisément même "les médisances de ces rivaux éventuels que sont les losangiers"[35]? Et de fait on voit mal comment "Male Bouche le losengier" (c'est bien ainsi que la désigne le vers 3551), qui

> avant que la chose soit fete,   3019
> l'a ele en .III. cenz leus retrete,

cette Male Bouche

> ...costumiere   3556
> de raconter fauses noveles
> de vallez et de damoiselles,

pourrait représenter un comportement particulier de la dame. A-t-on vu une courtoise trahir ainsi les secrets de son cœur et colporter à tous les vents les déclarations enflammées de son soupirant, quand ce ne sont pas des mensonges jaloux sur les autres? Autant sont admissibles une vilainie passagère et surtout l'accusation de vilainie par le dépit amoureux du prétendant repoussé, autant paraît absurde cette rupture du secret personnel et de tous les secrets de la société galante.

Que tirer de ces trois exemples significatifs? Il semble que Danger représente plutôt une facette du comportement de la dame, que Malebouche en revanche ne peut guère être interprétée autrement que par la calomnie venue d'ailleurs, que Jalousie enfin pourrait figurer à la fois la défense personnelle de la jeune fille et celle dont ses proches l'entourent pour la protéger. Mais nous n'avons aucune certitude, et c'est alors que nous regrettons l'absence de l'*élucidation* finale. Mais c'est *alors seulement*. Car toutes ces discussions sur la signification des allégories porteront toujours et uniquement sur celles de la fin du roman. Jusque là, nous n'avions pas besoin d'élucidation. Peu nous importait qu'on nous explique à la fin la signification du mur, de la danse et des flèches. Sauf énorme surprise, sauf mystification, nous avions compris; du moins, si certains détails, si certains symboles particuliers pouvaient nous avoir échappé, l'ensemble s'était révélé suffisamment clair et les ambiguïtés mêmes venaient la plupart du temps, je l'ai dit, d'un *excès de cohérence*. Dans la seconde partie au contraire, les ambiguïtés traduisent la désorganisation, à la fois progressive et brutale, du système allégorique.

On fera les mêmes remarques à propos du degré de personnification des allégories. Je veux bien, là encore, qu'il puisse s'agir "soit d'abstractions proprement dites, soit de personnages typiques (Ami, la Vieille)" et que "la distinction, essentielle à nos yeux de modernes, est secondaire dans la perspective de Guillaume"[36]. Pourtant, ce n'est pas la même chose de désigner un personnage sous le nom de Vieillesse ou Amitié et de l'appeler Ami ou la Vieille. Doit-on penser que Guillaume de Lorris ne pouvait pas utiliser Vieillesse, qui figurait déjà sur le mur allégorique? Il en avait pourtant détaché Vilainie pour en faire une des flèches noires. Mais pourquoi ne pas avoir imaginé une allégorie toute neuve pour désigner cette gardienne, Entourage, Famille, Parenté, Lignage, ou quelque autre du même registre? Et, dans le deuxième exemple, il n'y avait aucune raison de ne pas transformer Ami en Amitié, puisque l'allégorie n'avait pas été utilisée jusque là. Autrement dit, pourquoi, dans un système allégorique parfaitement unifié au départ, cette brusque intrusion de l'humanité pure[37], on pourrait dire du symbole venant remplacer l'allégorie? Je sais bien que, pour le Moyen Age, il n'y a pas grande différence entre symbole et allégorie. Il n'empêche...je continue à être troublé par ce changement de registre. Et encore, si Ami peut être le symbole de l'amitié, la Vieille n'est nullement le symbole de la vieillesse: elle est uniquement une vieille femme qui garde *jalousement* la rose. Si l'on peut donc hésiter sur Ami (symbole, allégorie ou personnage purement humain), il n'y a pas de question à se poser sur la Vieille: ni symbole, ni allégorie, elle n'est qu'elle-même, dans son individualité. Et c'est nous qui l'appelons *la V*ieille; le texte, lui, ne parle que d' *"une v*ieille" (v. 3902).

De même, il y a une énorme différence entre Amour et Vénus, qu'on peut être tenté de confondre dans la même catégorie mythologique. Amour est une abstraction qui, pour les besoins de la personnification, se charge tout naturellement des emblêmes et des comportements de son ancêtre gréco-romain; il reste une allégorie s'aidant pour se décrire de la personnalité du dieu antique. Vénus au contraire n'est que Vénus. Nous aurons beau dire qu'elle figure l'instinct et le désir sexuels, la *libido*, la passion, il reste que Guillaume ne lui a donné aucun de ces noms. La démarche n'est pas la même, et démontre que le vrai personnage mythologique, comme le véritable être humain, n'intervient que dans la deuxième partie du roman.

Mais cette humanisation, si elle est spectaculaire dans ces cas précis où le personnage humain ou mythologique se substitue complètement à l'allégorie, concerne aussi les allégories elles-mêmes qui, dès le moment où elles sont amenées à jouer un rôle précis, d'aide ou d'obstacle, dans le destin particulier du héros, deviennent de véritables personnages dont la complexité s'oppose à la raideur des abstractions du jardin. La description et le comportement de Dangier offrent une telle analogie avec ceux d'un vilain qu'on finit par oublier qu'il s'agit d'une abstraction[38], et Guillaume de Lorris se laisse entraîner par le jeu, présentant Danger sous le nom de "Dangier li vilains" (v. 2904) et le désignant parfois du seul nom de "li vilains" (vv. 2 28, 2932). En outre, et pour la première fois, des nuances s'introduisent dans le *caractère* des personnages allégoriques, qui en font justement de véritables *caractères*. Jusqu'à présent, comme il était normal pour des incarnations d'idées générales et de conduites toutes faites, les allégories étaient d'une seule pièce: Beauté n'était que de la beauté, Largesse de la prodigalité; aucune once de laideur, aucun soupçon d'avarice ne pouvaient s'y introduire. Or que voyons-nous maintenant? Un Bel Acueil qui, comme son nom l'y invite, reçoit l'amant et le conduit vers la rose, mais qui, l'instant d'après, prend peur, tout "esfreez" (v. 2891), quand l'amant lui demande de lui offrir le bouton. Les violents reproches qu'il lui adresse alors (vv. 2892–2903) sont presque en contradiction avec ce qu'il est censé représenter, et seraient plus naturels dans la bouche de Dangier. C'est d'ailleurs immédiatement après ce discours, et sans transition, que "atant saut Dangiers li vilains" (v. 2904). Mais voici que ce Danger, taré de toutes les disgrâces et dressant tous les obstacles possibles entre la rose et le héros, se montre soudain sensible à la prière de celui-ci et, devant tant d'humilité, s'adoucit jusqu'à admettre l'amour et la requête même (vv. 3178–3187). Lui aussi sort de son rôle, se rapproche de Bel Acueil comme Bel Acueil s'était rapproché de lui. Peu aprés, il redeviendra lui-même,

> de tel cruauté 3228
> qu'il ne se doigne encore froindre,
> tant m'oie dementer ne plaindre,

mais finira, convaincu par Franchise et Pitié, par accorder à l'amant la "compaignie Bel Acueil" (vv. 3306–7).

Avec Bel Acueil et Dangier, nous ne sommes plus dans l'univers allégorique, fixe et sûr de sa vérité, mais dans l'univers psychologique, agité et incertain.

L'agitation est maintenant générale, et l'on est loin de la tranquille et rassurante ordonnance de la première partie. M.-R. Jung et J. Rychner en particulier ont bien opposé le caractère statique des premières allégories au dynamisme de la fin du roman[39]. On ne peut en revanche, suivre E. Hicks quand il s'efforce de trouver du dynamisme dans les portraits du mur: dynamisme du verbe qui transcrit les attitudes, dynamisme du virtuel, dynamisme du temps, dynamisme des rapports avec autrui[40]. Il reste que les portraits sont figés sur la pierre, et ne sont pas plus dynamiques qu'un instantané photographique qui fixe un geste pour l'éternité. Il vaudrait mieux dire—et l'on serait plus près de la vision morale du poète—que les vices sont dynamiques dans le monde non-courtois mais que, au fur et à mesure qu'on s'éloigne de celui-ci, leurs mouvements se ralentissent, jusqu'à se figer au moment de l'entrée dans cet autre monde qui refuse de les admettre au risque de se nier. Les voilà donc frappés de stupeur, statufiés, *médusés* par le sortilège courtois: l'instantané qui les saisit dans leur attitude caractéristique évoque une féérie de Perrault ou de Walt Disney, un trucage de Buñuel ou de Cocteau. Et si je parle de Cocteau, c'est pour que l'on pense au poète, c'est à dire à Guillaume de Lorris. Car c'est bien lui qui pétrifie les vices, qui les rend pierres du *mur de la honte* qu'il élève pour protéger le jardin enchanté des *happy few*. C'est sa baguette magique qui conjure ces vices, qui les rend inoffensifs en les privant de leur mouvement. Où l'on se rend compte une fois de plus que la courtoisie est d'abord de la littérature: c'est grâce au seul *charme* de l'art poétique que les défauts du monde sont mis à l'écart; seule la poésie est capable de conjurer et de nier la vieillesse et la haine.

Par opposition, il semble normal que le mouvement apparaisse quand le héros pénètre dans le jardin. De fait, l'animation des vertus courtoises, contre la "pereche" de l'univers ordinaire, paraît d'autant plus sensible qu'elles dansent. Mais ne nous y trompons pas. En dehors d'Oiseuse, qui agit vraiment parce que Guillaume de Lorris veut signaler que le loisir est le moteur du monde courtois, aussi nécessaire à la *fine amor* que l'*otium* est nécessaire à la contemplation des choses divines[41], le mouvement qui agite les danseurs est une sorte de mouvement perpétuel où se reproduisent éternellement les mêmes gestes. Les vertus courtoises dansent là depuis toujours comme la courtoisie elle-même existe depuis toujours. Elles dansent la même carole, dans des attitudes d'une perfection impeccable, quasi divine, *platonicienne* puisqu'elles ne sont pas la courtoisie et la jeunesse, mais l'*idée* de Jeunesse et de Courtoisie. Le cortège peut s'arrêter un moment pour permettre aux élégants d'aller "donoier" sous les ombrages (vv. 1289-1292). Il reprendra l'instant d'après, semblable à lui-même, sans que rien ne vienne troubler son ordonnance, car l'accidentel n'est pas de mise dans ce monde idéal. Entre le mur et la danse n'existe donc pas cette opposition radicale qu'on pouvait attendre. On a affaire ici à une autre forme de tableau, animé certes, mais mécanique, comme *programmé* pour l'éternité, sans cesse remonté à la clef par le démiurge suprême. Les danseurs bougent, mais ne changent pas: faits pour exprimer l'éternel, ils ont, dans leur mouvement même, l'immutabilité de la perfection divine. L'individuel et l'accidentel ne les concernent pas et, quand sera mort le poète, Jeunesse n'aura pas vieilli d'une seconde.

On trouvera confirmation de cette fixité dans la manière dont la danse s'interrompt un instant pour l'évocation des flèches d'Amour (vv. 907-984). La coupure, dont l'auteur a pleine conscience[42], n'affecte pas le déroulement de la carole. Le tableau s'était arrêté sur Amour; il reprend avec lui (vv. 989-991), sans difficulté puisque la danse revient toujours à son point de départ. S. Sasaki a parfaitement souligné que "l'apparente interruption donne l'impression que la carole dure depuis toujours et pour toujours"[43]. De fait, elle n'a ni commencement ni fin, s'engendre indéfiniment, comme un mythe archaïque, comme un monde primitif soumis aux lois de l'*éternel retour*.

Pour acquérir la vie et le mouvement, il faut que les allégories sortent de la danse. C'est le cas d'Oiseuse au début, d'Amour ensuite, qui redevient le dieu agissant quand un autre sortilège l'a enfin arraché à la toile peinte tout en l'y laissant tramé pour toujours. Car cette dynamisation du personnage ne pouvait se faire que par un dédoublement de l'allégorie, ce dont on ne peut s'étonner quand on sait le soin minutieux qui est constamment apporté à distinguer ce qui relève de la courtoisie collective et ce qui touche à *fine amor* individuelle. Comme il y a deux Franchises et deux Beautés, il y a deux Amours, dont le second seul représente la vivante passion amoureuse. Le premier reste avec ses acolytes de la "compaignie" du roi Deduit (v. 692)—et il est bon de rappeler que le jardin ne lui appartient pas [44]—dans ce monde courtois dont il est la marque générale comme l'est Haine du monde vilain, et où il représente cette "amistié" féodale qui unit les *happy few*.

Ce deuxième Amour est donc plus dynamique. Mais son activité, qui s'exprime quand il décoche ses flèches, quand il provoque et reçoit l'hommage de l'amant, quand enfin il lui prodique ses secrets, est toute relative. Les flèches de ce Zénon sont des flèches "qui vibrent, volent et qui ne volent pas". Elles n'ont entre elles aucune différence; l'accent est mis uniquement sur la blessure de l'amant, qui est la même donnée par Beauté, Simpleice, Courtoisie et Compagnie, qui change à peine à la dernière parce que la pointe de Bel Semblant a en même temps un "ongnement" qui calme la douleur. Quant à Doux Regard, Doux Penser et Doux Parler, ce sont, avec Espérance, des allégories purement grammaticales. Espérance n'est que l'espérance, qui oublie volontiers son caractère général pour désigner un état psychologique particulier, celui du héros:

> Il espoire sa guerison,   2606
> cette esperance le conforte
> et cuer et talant li aporte
> de son cors a martire offrir.

Et qu'est donc Doux Penser, sinon cet état de l'âme

> qui l'ire et la dolor despiece   2636
> et a l'amant en son venir
> fet de la joie souvenir
> que Esperance li promet?

Comme le dit D. Poirion, "nous ne verrons guère agir ces personnages, nous n'en avons même pas un portrait, ils n'ont pas de présence sensible dans le roman, sauf un instant Doux Regard. Autrement dit, les verbes dont ces noms sont les sujets ne sont qu'à peine métaphoriques: Penser pense, Parler parle et Regard regarde!"[45].

Tout cela reste très théorique et très didactique. Et malgré la scène plus dramatique de l'hommage (encore que son aspect rituel dégage une telle impression de fixité que le texte devient dans l'instant sa propre miniature), il n'est pas étonnant que l'on aboutisse à ce sommet scolaire et statique qu'est l'Art d'aimer. C'est là certainement la partie la plus lourde du roman, longue et redondante puisqu'avant d'en venir à la *fine amor* nous avons droit à de nouvelles images de la courtoisie idéale: conversation, élégance vestimentaire, etc. (vv. 2087–2162). Guillaume de Lorris satisfait là, bien entendu, au but qu'il s'est fixé, car c'est d'abord dans ce long discours magistral que "l'art d'Amors est tote enclose". Mais il y a aussi comme un désir inavoué de prolonger au maximum la partie théorique, si optimiste dans la prévision de la réussite. Le narrrateur-rêveur sait bien que tout va se compliquer quand Amour l'aura livré à lui-même, aura cessé de l'accompagner et de l'instruire. Il le sait parce qu'il s'est fait faux rêveur pour être le narrateur d'une histoire vraie.

> Tot maintenant que Amors m'ot   2749
> son plaisir dit, je ne soi mot
> que il se fu esvanouiz;
> et lors je fui mout esbahiz
> quanz je ne vi lez moi nului.

L'amant a raison d'être inquiet de sa brutale solitude. C'est alors en effet, quand il est face à lui-même et à la dame-rose, que tout va basculer, et que les allégories, dont la fixité était si rassurante, vont se charger d'un dynamisme inquiétant. C'est même peu de dire qu'elles deviennent dynamiques; l'agitation les gagne, et elle est d'allure très théâtrale. D. Poirion a pu parler du "petit drame" qui se joue après le discours d'Amour[46]. La *comédie allégorique*, si tranquille dans ses représentations bien ordonnées, sans surprise avec ses masques assez soigneusement dessinés pour qu'il n'y ait aucune confusion possible, cède la place à un drame dans lequel les scènes se succèdent et les déplacements s'enchaînent sur un rythme de plus en plus haletant, qui traduit l'affolement des différents personnages. Jusqu'ici, tout s'était déroulé dans la sérénité de l'idéal. L'amoureux était passé sans heurts du monde vilain au monde courtois, puis avait découvert le buisson de la *fine amor*, en son sein le bouton adoré, avait enfin reçu, avec l'instruction d'Amour, l'adoubement tant recherché. Tout cela avait le rythme lent d'une éducation progressive et douce. Or, brusquement, cette ordonnance et cette harmonie volent en éclats, et les uns et les autres se mettent à s'agiter aux quatre coins du théâtre de l'humaine nature: Danger gesticule comme un bouffon pour protéger la rose; Jalousie s'active auprès de ses maçons à diriger la construction de la tour; l'amoureux surtout court dans tous les sens, ne sachant à qui s'adresser, à qui se vouer, allant "grant aleüre" trouver Ami (v. 3095), revenant presque aussitôt vers Danger ("A Dangier sui venuz honteus", v. 3135), puis repartant "en haste" tout raconter à Ami (v. 3188). Peu après

>   atant e voz que Dex m'amoine 3232
>   Franchise, et avec li Pitié.
>   N'i ot onques plus respitié,
>   a Dangier vont endeus tot droit.

Et l'on verra Jalousie qui "acorut come desvee vers Bel Acueil" (vv. 3514–5).

On voit mal comment on peut dire que "le processus de figuration n'est pas fondamentalement différent de celui que l'on a vu dans les descriptions du mur et de la carole". Ajoutez que "la tautologie n'est plus dans l'adjectif, mais dans le verbe"[47] confirme au contraire que l'on est effectivement passé du registre descriptif au registre dramatique.

De l'abstrait au concret, de l'allégorique à l'humain, du général au particulier, du descriptif au narratif, du statique au dramatique, tout concourt à confirmer la rupture qui se produit après le discours d'Amour. L'examen de la structure de l'œuvre et celui de l'évolution du système allégorique se conjuguent idéalement pour opposer la partie théorique de l'œuvre, consacrée à la définition générale d'un art courtois d'aimer et à la préparation personnelle de l'amoureux particulier qu'est le narrateur, et sa partie pratique, quand cet amoureux, à la fois typique et individuel, se retrouve, muni de son dérisoire savoir, désemparé devant la trop vivante dame.

Nous avons dit que le théoricien cédait progressivement la place au cobaye. Est-ce là respecter un ordre logique, chronologique même, ou est-ce au contraire l'inverser? Guillaume de Lorris est-il devenu cobaye pour expérimenter sa théorie, ou n'a-t-il élaboré une théorie que parce qu'il était déjà cobaye? Telle est toujours la même lancinante question.

Il nous restera donc à scruter à nouveau le texte pour décider à quoi il faut attribuer la rupture de l'œuvre, à un simple artifice de *conjointure* littéraire ou à un tournant décisif de la vie réelle de l'auteur. A l'heure où, comme le héros du *Roman de la Rose*, le chercheur commence à quitter les schémas rassurants du structuralisme et de la linguistique pour se désespérer et s'enivrer à nouveau des mystères de la création individuelle, au temps où la "subjectivité littéraire" retrouve droit de cité[48] et nous rappelle à l'humilité, la question paraîtra peut-être moins ridicule, quand bien même elle n'aurait pas de réponse.

Notes

¹Ribard 315-21.
²Lejeune 315-48.
³"ces romans sont bien finis, dans la mesure même où ils n'ont pas de fin" (Ribard 321).
⁴Accarie, "L'éternel", 1-20. Cf. aussi Verchère 128-37.
⁵Cf les vers 6830-6853, où la reine pense déjà à l'organisation de ses rendez-vous avec le héros (éd. de Roques).
⁶Accarie, "Une lance", 9-19.
⁷Lorris et Meun.

⁸ Des or mes, si con je savrai,   689
　tot l'afeire cos conterai.
　Primes de quoi Deduiz servoit
　et quel compaignie il avoit
　sanz longue fable vos voil dire,
　et dou vergier trestot a tire
　la façon vo redirai puis.
　Tot ensemble dire ne puis,
　mes tot vos conteré par ordre,
　que l'en i sache que remordre.

Cf. encore vv. 2055-2074.

⁹Guillaume dit bien qu'il veut "parsuivre" l'histoire; il ne parle pas de la finir. Et l'on ne peut jouer sur l'expression "tote l'estoire" car il en a déjà utilisé une semblable au vers 690 ("tot l'afeire vos conterai") pour annoncer non pas la totalité de sa matière, mais uniquement la description du verger et de la danse de Deduit.

¹⁰"Car ce songe, loin de se présenter dans l'apparent désordre du rêve, est construit méthodiquement à partir de la thématique du lyrisme amoureux...D'autre part le songe remet en ordre ces moments lyriques pour les placer dans la logique d'une aventure. Ce faisant l'auteur retrouve, en partie, la démarche de Chrétien de Troyes". Poirion 61.

¹¹Le découpage que je propose est très proche de celui de R. Lejeune (p. 323). Il s'en écarte sur deux points:
a) R. Lejeune situe la fin du premier tableau au vers 515, quand le héros découvre le guichet d'Oiseuse. Il me semble plus légitime de la repousser au moment où le narrateur pénètre dans le jardin. Pour appuyer cette position, on remarquera que le thème de la promenade revient par trois fois au début du roman, avec ses motifs obligés que sont les fleurs, l'eau et les oiseaux. Cette répétition ne va pas sans redondance, mais elle a l'avantage de souligner la structure, chacun des trois premiers tableaux commençant par une promenade (vv. 45-128, 629-714, 1298-1422). La deuxième séquence commence donc bien au vers 629, avec la deuxième promenade.
b) Comme la plupart des critiques, R. Lejeune isole l'épisode de la

fontaine de Narcisse. Or, quelle que soit la valeur symbolique de cet épisode, quelle que soit sa puissance poétique et mythique, il n'est qu'un élément de la découverte de la rose et doit être intégré à la séquence qui traite de la naissance de l'amour. On sait d'ailleurs que ce n'est pas Narcisse, mais l'eau et les cristaux qui intéressent le poète, et qu'il a consciemment transformé la fontaine où le bel éphèbe se perdit dans son image en "la fontaine d'Amors" (v. 1595) où "Cupido, li filz Venus/ sema d'Amors ici la graine" (v. 1586–87). Cf. Kessler 133-148.

[12] Kelly 64.

[13] Gunn 509 sv.

[14] Gunn 510 n.3.

[15] Les différences entre mon tableau et celui d'A. Gunn deviennent ainsi, dans certains cas, de franches discordances. Il me semble par exemple anormal de faire de l'hommage à Amour une *sermocinatio* intégrée aux commandements qui suivent, alors que la scène est une suite d'actions et de gestes (*immixtio manuum, osculum*) tout aussi narratifs que les successives blessures des flèches dans la scène précédente, et en rien comparables au discours théorique qui va suivre. A. Gunn le sent bien puisque, dans le détail de la longue *sermocinatio* des vers 1884–2764 (de l'éd. Langlois), il est forcé de distinguer une "recurrent *narratio*" (or occasional redescents to the allegorical narrative)" aux vers 1898–2059 (p. 511).

[16] "It is no wonder, therefore, that critics like Baldwin, noting that the hero-narrator is as much a passive spectator as an active participant in events, have been inclined to dismiss the poem as purely 'decorative', as though it were a series of beautifully and richly woven but quite unrelated tapestries." Gunn 109–110.

[17] "The visions which appear before the eyes of the dreamer are by no means a mere succession of pictures or tableaus unrelated to each other, and having no significance beyond their beauty as ornaments. On the contrary, each one of them has a rich significance, and serves to instruct the dreamer (and the reader) in the poet's interpretation of love. What is more, these visions or tableaus are intimately related to each other, mutually support each other. They make up a self-contained and unified system of *enseignement*, for they all signify the same general theory of love or a subordinate aspect of it." Gunn 109–110.

[18] Gunn 109–110.

[19] Jung 297.

[20] Jung 302.

[21] Cf. Poirion 35: "La fiction du songe justifie ausssi les invraisemblances, voire les négligences, dans l'enchaînement des faits. Elle substitue à logique du monde quotidien l'ordre magique du rêve".

[22] Jung 297.

[23] De fait, Franchise est "empanee de valor et de cortoisie' (vv. 942–43); quand elle intervient auprès de Danger, elle proclame:

>   Cortoisie est que l'en sequeure   3265
>   celui dont l'en est au deseure.

Enfin c'est "cortoisement" (v. 3311) qu'elle s'adresse à Bel Acueil.

[24] M.R. Jung rappelle (Jung 302) que ce passage gênant a parfois été considéré comme une interpolation.

[25] Poirion 30.

[26] Louis, passim (c'est la thèse principale).

[27] C'est évidemment la thèse de R. Louis, qui rappelle que Danger "est un terme d'origine militaire qui désigne une attitude défensive, le fait de se mettre sur ses gardes pour riposter à une attaque et refouler l'assaillant. "Faire la dangereuse", en parlant d'une femme, c'est affecter l'irritation et l'indignation en présence des galanteries dont elle est l'objet" (Louis 62). Cette interprétation restrictive est appuyée par les vers 3437-39, qui semblent imposer la traduction de *résistance*:

>   Il n'est dame ne chastelaine
>   que je ne tenisse a vilaine,
>   s'ele fessoit de lui dangier.

Cf. Dahlberg, p. 42. Sur l'étymologie et le sens du mot, cf. encore Lewis, p. 124, et Fleming, p. 82.

[28] "Even if Ovid calls Pudor 'rustice', and even if a rustic is a vilain, I cannot but feel that this ogre is a very odd description of woman's modesty." (Lewis 124)

[29] On aura remarqué que Danger est "garde de touz les rousiers" (v. 2812) et qu'il demande à Amant de rester "loing de mes roses totesvoies" (v. 3184). Cette fonction générale contredit l'interprétation de R. Louis. On fera la même remarque pour Honte et Peur, à la suite de H.R. Jauss (139).

[30] Louis 13.

[31] Jung 309.

[32] Cf. Poirion 58.

[33] Louis 64.

[34] Poirion 57.

[35] Payen 132.

[36] Batany 17.

[37] On peut tenir pour négligeables les *humains* qui sont les compagnons des danseurs dans le jardin de Deduit, le *valet* de Richesse (vv. 1107-24), le chevalier arthurien de Largesse (vv. 1173-98), le *bacheler* de Franchise (vv. 1222-26). Ce sont là des emblèmes, d'ailleurs quasiment immobiles, comme s'ils étaient brodés dans la riche pourpre des danseurs au lieu de les tenir par la main, plus désincarnés encore que les allégories elles-mêmes. A l'inverse, je me garderai, pour conforter mes hypothèses, d'utiliser l'apparition des "soudoiers de Normandie"

dans la tour de Jalousie (v. 3872). Ce sont là des éléments du décor et de la narration qui n'ont aucune importance et dont on ne peut tirer argument. Ils ne sont rien de plus que tous les "fleüteors et menestreus et jugleörs" du jardin de Deduit. Aucun ne joue un rôle actif dans l'histoire, aucun n'est *opposant* ou *adjuvant* (même si les soudoiers sont adjuvants des opposants) comme le sont Ami et la vieille.

[38] On sait que, pour la description de Dangier, Guillaume de Lorris a utilisé tous les *topoi* de la représentation du paysan médiéval:

> Granz fu et noirs et hericiez,   2906
> s'ot les ieuz roges come feus,
> le nés froncié, le vis hideus,
> ....
> Je le trovai en piez drecié,   3139
> fel par samblant et corocié,
> en sa main un baston d'espine.

On pourra comparer avec le portrait du vilain rencontré par Calogrenant dans le *Chevalier au Lion* (vv. 286–324 de l'éd. de M. Roques).

[39] "Les allégories dynamiques de la seconde partie du roman, engagées dans l'action la plus tendue et représentant, aux yeux du narrateur, les adjuvants et les opposants de son entreprise amoureuse, ne ressemblent guère aux allégories quasi statiques de sa première partie, figurant les vertus de Courtoisie, de Liesse, de Beauté, dans un jardin paradisiaque" (Rychner 38; cf. Jung 295 et Poirion 30).

[40] Hicks 67–71.

[41] Cf. Batany.

[42]
> Or revendrai a ma parole.   985
> Des nobles genz de la querole
> m'estuet dire les contenances
> et les façons et les samblances.

[43] Sasaki 20.

[44] Le jardin appartient à Deduit, et c'est Oiseuse qui y introduit. Autrement dit, ce n'est pas l'amour (des nobles entre eux) qui crée le loisir et suscite la recherche du plaisir, mais, tout à l'inverse, c'est le temps libre qui provoque le choc décisif, celui d'une prise de conscience de classe, et qui crée, autour du divertissement, l'unité du groupe féodal. Cf. Accarie, 7–16.

[45] Poirion 30.

[46] Poirion 53.

[47] Strubel 48.

[48] Cf. Zink.

Références

Accarie, Maurice. "Classe de loisir et naissance de la littérature." *Matériaux pour l'histoire des cadres de vie dans l'Europe occidentale (1050-1250)*. Nice: Centre d'Etudes médiévales de Nice, 1984. 7-16.
---. "L'éternel départ de Lancelot. Roman clos et roman ouvert chez Chrétien de Troyes." *Mélanges Alice Planche*. Nice, 1984. 1-20.
---. "Une lance est une lance. Critique et fascination de la chevalerie dans le Conte du graal." *Mélanges Jean Richer*. Nice, 1985. 9-19.
Batany, J. "Miniature, allégorie, idéologie: 'Oiseuse' et la mystique monacale récupérée par la 'classe de Loisir'." Dufournet 7-36.
Dahlberg, C. "First person and Personification in the Roman de la Rose: Amant and Dangier." *Medievalia* 3 (1977).
Dufournet, J., comp. *Etudes sur le Roman de la Rose*. Paris: Champion, 1984.
Fleming, J.V. *The Roman de la Rose. A Study in Allegory and Iconography*. Princeton, NJ: Princeton U P, 1969.
Gunn, A.F. *The Mirror of Love*. Lubbock, TX: Texas Tech P, 1952.
Hicks, E. "La mise en roman des formes allégoriques: hypostase et récit chez Guillaume de Lorris." Dufournet 67-71.
Jauss, H.R. "La transformation de la forme allégorique entre 1180 et 1240: d'Alain de Lille à Guillaume de Lorris." *L'humanisme médiéval dans les littératures romanes du XIe au XIVe siècles*. Paris: Klincksieck, 1964. 107-144.
Jung, .M.R. *Etudes sur le poème allégorique en France au Moyen Age*. Berne: Francke, 1971.
Kelly, D. " 'Li chastiaus...qu'amors prist puis par ses esfors': The conclusion of Guillaume de Lorris' Rose." *A Medieval French Miscellany*. Ed. N.J. Lacy. Lawrence: U of Kansas Pub, 1972. 61-78.
Kessler, J. "La quête amoureuse et poétique. La fontaine de Narcisse dans le Roman de la Rose." *Romanic Review* LXXIII.2 (1982): 133-48.
Lejeune, R. "A propos de la structure du Roman de la Rose de Guillaume de Lorris." *Mélanges Félix Lecoy*. Paris: Champion, 1973. 315-48.
Lewis, C.S. *The Allegory of Love*. London: Oxford U P, 1969.
Lorris, Guillaume de, et Jean de Meun. *Le Roman de la Rose*. Ed. de F. Lecoy. Paris: Champion, 1974.
Louis, R. *Le Roman de la Rose. Essai d'interprétation de l'allégorisme érotique*. Paris: Champion, 1974.
Payen, J.C. "L'Art d'aimer chez Guillaume de Lorris." Dufournet 109-144.
Poirion, D. *Le Roman de la Rose*. Paris: Hatier, 1973.
Ribard, J. "De Chrétien de Troyes à Guillaume de Lorris: ces quêtes qu'on dit inachevées." *Voyage, quête, pèlerinage dans la littérature et la civilisation médiévales*. Senefiance n° 2, Aix en Provence, 1976. 315-21.

Roques, M., ed. *Le Chevalier au Lion*. Paris: Champion, 1960.
Rychner, J. "Le mythe de la fontaine de Narcisse dans le Roman de la Rose de Guillaume de Lorris." *Le lieu et la formule*. Neuchâtel, 1978. 33–46.
Sasaki, S. "Sur le personnage d'Oiseuse." *Etudes de langue et de littérature françaises*. 32 (mars 1978): 1–24. (Tokyo)
Strubel, A. *Le Roman de la Rose*. Paris: PUF, 1984.
Verchère, A. Du mépris à la méprise. L'impossible retour de Lancelot du Lac. *Cahiers de civilisation médiévale, 1982*. 128–37.
Zink, M. *La subjectivité littéraire. Autour du siècle de saint Louis*. Paris: PUF, 1985.

LA *PORQUIERA*:
SIMPLE PARODIE OU LEÇON DE MORALE?

Cécile Adam et Jean Marie d'Heur

De tous les arts poétiques et rhétoriques écrits en langue vulgaire, les *Leys d'Amors*, encore appelées *Flors del Gay Saber*, apparaissent au XIVe siècle comme le traité le plus abondant et le plus fouillé. Les *Leys* furent commandées à Guillaume Molinier par le consistoire de la Gaie Science, cette société fermée de bourgeois toulousains férus de poésie, et leur première rédaction a dû être composée entre 1328 et 1337[1]. Le rédacteur du traité illustre une matière austère à l'aide d'exemples variés. On a pu légitimement se demander si ces exemples sont du cru de Guillaume Molinier, ou s'il les a empruntés. En tout cas, il importe de faire remarquer que les textes insérés en guise d'exemples présentent une caractéristique commune: leur appartenance au registre moral et religieux[2].

En tenant compte de ces problèmes d'autorité, et de cette constante éthico-religieuse, nous nous proposons ici d'examiner le caractère parodique de la pièce connue, en dehors de son contexte, sous l'appellation de *Porquiera*[3]. Elle est rangée dans deux anthologies récentes, celle de Nelli et celle de Bec, parmi les pièces anticonformistes (Nelli[4]) et les contre-textes obscènes et scatologiques (Bec[5]), alors que dans sa thèse—qui se veut une réévaluation critique et textuelle de la pastourelle médiévale—, William D. Paden[6] considère que ce poème dépasse la simple parodie, qu' "il est pornographie, au sens sérieux du terme, pas simplement excitant mais repoussant".

Voici le texte d'après l'édition d'Audiau[7]:

I. Mentre per una ribiera
    Sols anava deportan,
    Vi de luenh gaya porquiera,
    Un tropel de porcz gardan;
    Sopdamen per una rega   5
    Aniey vas liey d'un garatg.
    Et hac son cors fer e lag,
    Escur e negre cum pegua;
    Grossa fo coma tonela,
    Et hac cascuna mamela   10
    Tan gran que semblet Engleza
    Yeu, que la vi malsabeza,
    Cazec mi tota la brassa.

II Ela'stec coma fadassa,
    Et yeu disshi·l: "Na Corteza, 15
    Bela res e gent apreza,
    Digatz me si n'etz piucela.
    En est mieg, jos sa gonela,
    Se grata fortmen e brega
    Lo sieu corcegas mal fag: 20
    Si·l pans no fo·l del gannag,
    Paregra·l tota la plega!
    E respondet entertan,
    Am boaral votz grociera:
    "Hom, per que·m vas enujan?   25
    Sec, de par Dieu, ta cariera!"

III —"Toza, fi·m ieu, plazentiera,
    Per vos hai trag gran afan,

Per que·us prec que volontiera
Me digatz so que·us deman."   30
—"Senher, per fugir a brega,
E per gandir a mal plag,
Mas que no·m sia retrag,
Dir vos o vuelh, sol que·m lega:
Maritz ni'spos no·m capdela,   35
Ni lunh temps planca ni cela
No fuy d'ome, ni sosmeza."
—"Huey seretz, toza, repreza,
Quar yeu say be qui·us abrassa."

IV   —"Del boyer no·m blasmatz, lassa! 40
Quar jos terra fora meza,
Gran temps ha, mas la gayeza
De lui. Tan be caramela,
M'esgauzish e·m renovela!
Non es jorn qu'ab mi no bega   45
A pot de barril, a rag,
E ses lunh avol assag,
Qu'entre nos ges no s'emplega."
—"Porquiera, segon semblan,
Vos l'amatz d'amor entiera?"   50
—"O, yeu, mais que porcz aglan,
Ni cauls trueja porceliera!"

V   —"Sor, tant etz bela parliera
Que totz m'anatz traforan.
Prec vos qu'en cela falguiera   55
Anem amdos deportan,
Ans que mos languimens crega."
—"Senher, no crey d'aquest mag
Me vejatz en aquel trag!
Mal bossi fai qui·s n'ofega!"   60
—"Quar pauc val, fi·m ieu, sor bela,
Fivelos senes fivela,
Valha·m la vostra franqueza."
—"Far me faretz gran fadeza,
Bels Senher, quar vos am massa."   65

VI Soptamen ab mi·s la passa
    Qu'a pauc no·m fe gran fereza.
    —"Sor, pus tant sabetz de preza,
    Anem tendre la trapela
    La jos en l'erba noela."   70
    Las faudas se reversega
    Per miels anar ses empag,
    E menam de jos un fag,
    Et aqui tost ela·s plega.
    —" De la part, fi·m ieu, denan,   75
    Etz, toza, trop prezentiera,
    Per que no·m veyretz d'ogan
    Passar per vostra naviera."

VII —"Quar me vezetz solaciera,
    Senher, vos pessatz engan;   80
    E vuelh mais que lams me fiera
    Qu'ieu falhimen fes tan gran."
    Son cami pren e tezega;
    Va s'en ab son gonel frag:
    Ampla fo que semblet mag!   85
    Mas al pas d'un riu lenega,
    Tan prozamen s'en capdela,
    Que tal colp de la maysshela
    Det ques aqui s'es esteza.
    Yeu que vi la gran apteza,   90
    Laysshe li tota la plassa.

VIII Flors Humils, no si deslassa
    De vos purtatz ni beleza,
    E quar etz Flors de nobleza,
    Me dicta·l cor e·m martela   95
    Qu'es fols qui de vos s'apela.

Nous aurons l'occasion de préciser, le moment venu, la manière dont nous levons certaines difficultés du texte. La traduction d'Audiau laisse subsister quelques points obscurs que Nelli a tenté d'éclaircir dans une traduction juxtalinéaire qui, en plusieurs endroits, s'écarte de l'original jusqu'à forcer le texte pour favoriser l'interprétation du traducteur. Bec, de son côté, souvent docile à Audiau, n'hésite pas à intégrer quelquefois les formules de Nelli[8].

Quelles sont les conditions qui apparaissent nécessaires—et suffisantes?—pour que l'auditeur ou le lecteur médiéval identifie une pastourelle?

Le genre repose au fond sur trois clauses[9]:

1º   un embrayeur topique inclut l'inscription de l'aventure dans l'espace et dans le temps (*argumentum a loco* et *a tempore*);
2º   le sexe et le statut social opposent les deux protagonistes que sont le cavalier-poète et la bergère;
3º   la tentative de séduction entreprise par le personnage masculin, qui est aussi le narrateur, connaît tantôt l'échec, tantôt le succès.

Devait aussi s'ajouter à ces trois conventions de base un air musical approprié.[10]

Des trois conditions principales ainsi dégagées découlent des détails et particularités qui arrivent comme autant de caractéristiques et de marques d'appartenance. Ainsi, le cavalier-poète s'identifie, dès la première pastourelle historiquement attestée en langue d'oc—celle du gascon Marcabrun, *L'autrier jost'una sebissa*[11]—au personnage aristocratique dont il fréquente le milieu, et dont il adopte le comportement.[12] Il s'ensuit que le langage du cavalier-poète est un langage de cour; en d'autres termes, son discours obéit au code de la courtoisie, même quand il s'adresse à une paysanne. A son tour, cette paysanne est décrite selon des modalités que les auteurs tirent tantôt du côté de la rusticité, tantôt du côté de la courtoisie; elle représente néanmoins un modèle de grâce sanctionné par ses attributs, les agneaux, le chant, les chapelets de fleurs...

A la lumière des considérations précédentes, examinons maintenant les écarts que l'auteur de la *Porquiera* ménage par rapport au modèle-type, dont le respect suppose la fabrication d'une pastourelle classique.

Le cadre naturel reste inchangé, et l'embrayeur *mentre per una ribiera*[13] annonce d'emblée une pastourelle. Le nom de "pastourelle" est lui-même générateur d'équivoque dans la mesure où "pastorela", catégorie littéraire, est superposée à "pastorela", catégorie professionnelle; mais cette superposition n'est pas absolue, les termes de *bergeira* et même de *pastora* permettant d'y échapper.

Ici, l'objet découvert par le cavalier-poète n'est pas *gaya pastorela*[14], mais *gaya porquiera* (v. 3). Autrement dit, l'auteur introduit une distorsion dans la catégorie socio-professionnelle du protagoniste féminin. En relation immédiate avec son titre, apparaît son activité, elle est *un tropel de porcz gardan* (v. 4). Si la démarche du cavalier-poète est la même que dans la pastourelle classique (v. 5-6), le portrait féminin (*enarratio mulieris*) détonne, même s'il intègre des éléments de réalité, précieux à saisir et à décrypter: le caractère de rusticité de la porchère est accusé par sa saleté (v. 8), de sorte qu'on peut signifier par là que la profession retentit sur le portrait. Qui plus est,

> Tetin qui portes tesmoingnage
> Du demourant du personnage...[15],

ses mamelles la tirent vers l'animalité, et, par la comparaison que suscite leur forme, on est amené à désigner la porchère comme membre d'un groupe ethnique différent de celui auquel appartient l'observateur[16]. A supposer l'auteur et son public du parti de Toulouse, cette paysanne qui semble anglaise ne s'apparente pas du tout aux filles d'Albion, inconnues à Toulouse au XIVe siècle. Elle est sans doute originaire d'une zone occupée par l'Anglais, elle est ainsi marginalisée, négativisée, voire rejetée de l'autre côté d'une frontière que l'auteur se doit néanmoins de franchir. En effet, un texte satirique retient l'expression "tetasses à la perigourdine": il s'agit du *Diogène françois, ou les facetieux discours du vray anti-dotour comique blaisois*, imprimé à Limoges en 1617. Ce texte raille les femmes dont les seins ne correspondent pas aux canons esthétiques appréciés:

un petit tetin rondelet [...] et non point de ces poupes
et tetasses à la perigourdine propres à charger sur
l'épaule comme une besace.[17]

Quelques années auparavant, Montaigne lui-même avait relativisé ces choix délicats. Parlant de "l'humaine et nostre beauté", il relève au chapitre XII du livre II des *Essais*, que "nous en fantasions les formes à notre poste". Et passant à la beauté des femmes, il se plaît à souligner que les Mexicanes

> ont en si grande recommandation la grandeur des tetins, qu'elles affectent de pouvoir donner la mammelle à leurs enfans par dessus l'espaule.[18]

Ces principes d'esthétique comparée, qui confortent le scepticisme de Montaigne, au temps de Guillaume Molinier aboutissaient seulement à contraster deux types humains, et dans ce contraste, nous retrouvons l'opposition entre l'humanité de la bergère classique et l'animalité de la porchère.

Les traits marquant cette animalité se retrouvent dans la description physique du personnage: son corps est *fer* (v. 7), qualificatif qui se rapporte aux bêtes; elle se tient comme *fadassa* (v. 14), elle se gratte (v. 19), sans pudeur (v. 21–22); sa grosse[19] voix est qualifiée de *boaral*[20]. Il n'est pas jusqu'à l'emploi de l'appellatif *Hom*[21], tout à fait détonnant, qu'on ne puisse sentir comme une sorte de beuglement.

Vient-elle à s'expliquer sur les sentiments qui la lient à son ami le bouvier, soutien de sa vie (v. 41–43), source de sa joie (v. 43–44), compagnon de beuverie (v. 45–46), elle avoue qu'elle en raffole plus que le porc n'aime le gland, et plus que la truie qui allaite n'aime les choux (v. 51–52). Les pratiques d'engraissement des animaux qu'elle garde situent ses propres affects: l'*amor entiera* (v. 50) se place, pour elle, au niveau animal. Grâce à cet écart entre la plénitude de l'amour et la matérialité de son expression par la porchère, l'auteur aboutit à un effet de distorsion générateur de comique: *love* est recouvert par *like*. La grosse, par ses appétits, est conforme à son portrait.

Tout se passe comme si notre paysanne appartenait à une "culture du cochon"[22], moins estimable que la "culture du mouton". Le porc est un animal moins policé que le mouton, moins aimable. Il paraît le prototype de la saleté, voire de la puanteur. On pourrait dire, installant une hiérarchie de l'animalité, que le porc se trouve être plus "animal" que le mouton. Le retentissement des manières des animaux est visible sur leur gardienne; autrement dit, par réflection, la nature de la porchère est plus brute que celle de la bergère. Notre *porquiera* serait donc à traiter sans ménagement. Dès lors, la question de confiance qui lui est d'emblée posée est:

> Digatz me si n'etz piucela (v. 17)[23]

Nouvelle distorsion d'avec l'appellatif courtois qui précède longuement:

> Na Corteza,
> Bela res e gent apreza. (v. 15-16)

C'est ce long vocatif qui sonne faux, alors que la question directe s'adresse, à propos, à celle qui est *malsabeza* (v. 12). Sa sexualité est ainsi brutalement prise à partie, et son propre sexe, à peu de chose près, serait même dévoilé par elle (v. 21-22). L'esquive de sa réponse conduit à l'insistance de l'interlocuteur. Elle finit par proclamer, non seulement sa totale indépendance sexuelle par rapport à un mari ou un fiancé (v. 35), mais encore sa virginité (v. 36-37). Elle ment. Son interlocuteur laisse entendre qu'il connaît son amant. Celui-ci appartient à une sous-classe socio-professionnelle proche de celle de la porchère et, en somme, en tant que bouvier, il est déjà annoncé par la manière bovine dont elle s'exprime (v. 24). Le tandem qu'ils forment (porchère-bouvier) souligne une autre distorsion par rapport au modèle classique (bergère-berger).

Les plaisirs qu'elle prend avec lui pourraient relever de l'équivoque (*caramelar*: jouer de la flûte), aussi prend-elle soin d'ajouter qu'ils se conduisent sans faire de saletés:

LA *PORQUIERA*

E ses lunh avol assag (v.47).

Le jeu de la séduction à travers le dialogue se poursuit. L'acquiescement de la porchère est d'autant plus inattendu (v.66) qu'il a été précédé par un refus (v. 58–60). La formulation sentencieuse du v. 60 nous paraît relever du parler populaire: "il fait (avale) mauvaise bouchée celui qui s'en étouffe"[24], formulation qui invite à la sobriété, voire à l'abstinence. Cette abstinence est à mettre en rapport avec l'indication de la saison, contenue dans le v. 58 (*d'aquest mag*). Le mois de mai, en effet, marque dans une série de traditions populaires, une période de liberté—voire de licence—sexuelle, contre laquelle l'Eglise tente de réagir[25].

De deux choses l'une, sans qu'on puisse décider de laquelle:
—ou bien la porchère se refuse parce que le mois de mai est, pour elle, d'abstinence religieuse;
—ou bien elle se refuse alors que mai est le mois de la licence; dès ce moment, elle vexe qui cherche à la prendre.

Obstiné, le séducteur plaide pour la complémentarité du mâle et de la femelle, et la formulation à laquelle il recourt, elle aussi sentencieuse,

> pauc val...
> Fivelos senes fivela (v. 61–63)[26]

emporte enfin l'adhésion de la porchère, qui cède à la folie (*gran fadeza*, v. 64)[27]. Poussée par une décision brutale, elle expose son sexe au regard de l'homme; elle se dispose en hâte, et sans préliminaires, elle néglige ainsi les jeux d'approche, fait l'économie des bagatelles de la porte[28].

"Premierement il y a le regard", dit Marot dans son épigramme "Des cinq poinctz en amours"[29]. "Puis le devis"...La conversation amène les nôtres à sauter par-dessus le "baiser" et l'"attouchement". Le rite est malmené. "Et touts ceux là tendent au dernier poinct." Voici que le dernier point est en vue, et le séducteur se dérobe:

> Du côté de devant, fait-il,
> Vous êtes, jeune fille, trop *prezentiera* (v. 75–76).

Le mot que nous soulignons a été glosé dans le rimaire du *Donat* provençal en "mulier audaciter loquens"[30]. Nous ne pensons pas qu'il s'agisse ici de la reprise, en d'autres termes, de la *bela parliera* du v. 53. Le contexte des deux vers 77-78:

>   Per que no·m veyretz d'ogan
>   Passar per vostra naviera,

invite à traduire *trop prezentiera* par "trop offerte", "trop ouverte"[31]. Le séducteur, dès lors, entend-il emprunter ce qu'à Florence on nomme *l'altra via*? rien dans le texte ne permet de l'assurer. Mais la porchère, elle, soupçonne un *engan* (v. 80), une ruse[32].

L'argument avancé par le séducteur pour se tirer d'affaire (v. 75-78) n'est pas inédit dans l'histoire des moeurs, et nous en avons rencontré, çà et là, quelques attestations. Nous alléguerons encore le Quercinol Clément Marot; dans une épigramme adressée "A la trop jeune mariée"[33], ainsi plaide-t-il pour son ami Thomas Sevin:

>   Hastez vous de deuenir grande:
>   Grande par tout, car il demande
>   Entrer en la cité d'amours,
>   Se plaignant qu'il n'est qu'aux faulxbourgs.
>   Peu de marys ainsi se deulent:
>   Mais vont disant (tout au rebours)
>   Qu'ilz y entrent plus qu'ilz ne veulent.

La plainte commune des amants est encore évoquée par une maîtresse délaissée, dans l' "Epistre de Margot à Hector de Ferrande"[34].

>   Suys ie trop large, ny trop creuze?

Le fond de ce discours, qu'on imagine de toutes les époques, et qui porte sur l'ajustement des sexes[35], peut conduire à des pratiques de substitution. En 1661, une chanson satirique écrite après le supplice du sodomite Jacques Chausson, se termine par une prière à cet égard éloquente:

> Prions donc tous en ce lieu
> La mere-Dieu (*bis*)
> Et son noble fils Jesus,
> Que tous les vits grossissent,
> Que les cons retrecissent,
> Pour ne plus foutre en cus.

Un sonnet lancé pour la même occasion agite les mêmes arguments:

> Ordonnez, Magistrats, aux filles d'êtres saines,
> Et que leurs [larges] C... deviennent plus petits,
> Sans jamais [comporter] fleurs ni males semaines.[36]

Accusée d'être *trop prezentiera*, la porchère soupçonne un procédé qui lui fait horreur, et proteste de son orthodoxie:

> E vuelh mais que lams me fiera
> Qu'ieu falhimen fes tan gran (v. 81–82).

Ce *falhimen* [...] *tan gran*, cette faute tant grande, est sans aucun doute ce que les théologiens distinguent sous le nom de "sodomia imperfecta"[37]. Crime contre nature, la sodomie, quelles que soient les formes qu'elle revêt, méprise l'ordre divin et la finalité chrétienne de l'acte sexuel[38]. Preuve du caractère occasionnel, sinon courant, de ces pratiques, les pénitentiels médiévaux leur appliquent des tarifs diversifiés[39]. On connaît mieux le châtiment biblique qui frappe ce "péché si lourd" (*Genèse* XVIII, 20); Jéhovah fait pleuvoir le feu sur Sodome et ses habitants: "cela venait du ciel et du Seigneur" (*Genèse* XIX, 24). Il fut d'usage, dans la France de l'Ancien Régime, de purifier par le feu du bûcher les auteurs de ces "crimes et cas énormes"[40]. Ce n'est sans doute pas par hasard que la porchère invoque, dans son jurement, la foudre[41], puis s'enfuit...

La fuite, d'après Nelli, serait calculée, et comme la porchère tombe, sa chute témoignerait de son habileté, voire de sa finesse (*apteza*, v. 90). N'est-ce pas gratifier la pauvre créature d'un talent de metteur en scène que contredit son apparente stupidité? "Hasard providentiel ou astuce: elle s'étale face contre terre...où elle croit que souhaite la voir son amoureux réticent"[42]. Bec a compris qu' "elle se donne un coup sur la mâchoire qui la fait rester là de tout son long"[43]. Audiau, à quelques hésitations près, avait bien interprété: elle "donna un tel coup de mâchoire, qu'elle s'étendit à cet endroit(?)"[44]. Ce coup *de* mâchoire (*colp de la maysshela*, v. 88) n'est en aucune façon interprétable comme un coup *à* la mâchoire, et moins encore comme un "menton au sol" (Nelli). Quand notre porchère glisse au gué (*pas*) du ruisseau, on doit supposer que, pour tenter de rétablir l'équilibre, elle projette la mâchoire vers le haut, si vigoureusement (*prozamen*) qu'elle tombe. Mécaniquement, sa chute serait sur le dos.

La chute de la porchère ne dissimule aucune manœuvre. Cette porchère, somme toute, n'est pas cochonne, ni pornographique; sa chute physique ne présage en rien d'une chute morale, elle prête seulement à rire.

D'autres traits de moquerie sont décochés sur la créature: cette masse de chair ressemble à une "maie" (v. 85, la comparaison fait paysan), sa robe est en guenilles (v. 84), et elle "tricote"[45] tant qu'elle peut pour mettre un ruisseau entre elle et son corrupteur.

Pour l'imaginer drôle, il faut se retremper dans d'autres âges, dans un moyen âge qui ne respectait pas les malheureux, qui portait sur les souillons comme sur les aveugles un regard peu pitoyable, et qui riait ou souriait des misères contre lesquelles on ne peut rien, de toutes façons.

Les rieurs au dernier couplet, à la tornade cessent de rire. Le ton a changé, radicalement: si la chute d'une vile porchère est, par convention, ridicule, l'invocation à la Vierge Marie, par la force d'une autre convention, pousse le lecteur ou l'auditeur à reprendre son sérieux, et à réfléchir sur ses propres turpitudes (v. 95–96).

Les effets parodiques accumulés dans le récit prennent subitement une signification inattendue: une vraie récupération religieuse et morale s'opère sous nos yeux. Si repoussante que soit la porchère, si fuyant que soit son séducteur, si proche du sol que soit leur aventure, "pureté" et "beauté" (v. 93) se trouvent et veillent quelque part. Le futile cède devant le grave, l'impur recule.

Comme dans les pièces circonvoisines des *Leys d'Amors*, c'est bien la Vierge Marie qui se cache sous les senhals de *Flors Humils* (v. 92) et de *Flors de nobleza* (v. 94). La critique résiste à cette interprétation, que le contexte nous impose.

Seul Audiau a perçu la présence mariale. Pour lui, "le bouleversement profond que la Croisade contre les Albigeois provoqua dans les moeurs méridionales" a causé à son tour une arrivée en force de l'esprit religieux, et a suscité l'intrusion d'éléments religieux ou moraux dans les pièces profanes. Cependant, si l'auteur anonyme de la *Porquiera* sacrifie à cette mode, c'est davantage pour se disculper d'avoir écrit une pièce répugnante[46].

Nelli paraît s'accorder à la thèse d'Audiau, puis se reprend: "Ce *senhal* [*Flors Humils*] ne désigne évidemment pas la porchère, mais la Dame du poète. Il est difficile de penser qu'il s'agisse ici de la Sainte Vierge"[47]. On peut se demander pourquoi, sinon qu'il est certain que Nelli s'est fixé sur la pièce anthologisée par Audiau, sans la replacer dans le contexte des *Leys d'Amors*.

Nelli entraîne cependant l'adhésion de Bec, qui voit dans la tornade, "dans ce retour brutal du registre courtois, un effet volontairement antithétique et burlesque. Il est donc vraisemblable, ajoute-t-il, que le poète s'adresse ici à sa dame, plutôt qu'à la Vierge Marie"[48]. Le registre courtois ne s'adresse pas seulement à la dame de la terre, il peut s'adresser à la dame du ciel, qui est aussi, selon l'expression de Villon, régente terriene.

L'antithèse perçue par Bec existe, mais nous contestons qu'elle aboutisse à des effets burlesques. Elle s'inscrit plutôt dans une stratégie poétique qui fait siennes les intentions du rédacteur des *Leys*:

—a lauzor et honor de Dieu nostre senhor e de la sua glorioza Mayre,
—ad... refrenamen dels fols e nescis aymadors,
—e per viure am gaug et am l'alegrier[49].

Les modernes, affublés de critères dont il leur est difficile de se dégager, taxent spontanément la *Porquiera* d'obscénité[50]. Gatien-Arnoult évite de traduire certains passages et, à des siècles de distance, censure Guillaume Molinier. Anglade se demande "à quel hasard il faut attribuer la présence de cette étrange poésie dans le manuscrit des *Leys*". Comme il lui plairait, au fond, de découvrir en elle une interpolation! Mais il lui faut honnêtement convenir que cette "composition obscène, qui détonne", "est écrite de la même main que le reste du manuscrit, en belle place et en belle écriture"[51]. Audiau relève que le rédacteur des *Leys* met en garde ceux qui composent une pastourelle, afin qu'ils n'y glissent pas "vils paraulas ni laias". "Il est assez piquant, trouve Audiau, de noter que le traité qui fixe de telles règles, nous a conservé la plus répugnante des pièces que nous connaissions dans le genre"[52]. Pour Jeanroy, c'"est une sorte de 'sotte chanson', dont le caractère parodique n'excuse pas la plate obscénité"[53]. Selon Paden, cette pièce "has an oddly moral effect, in that it can change tolerance of lascivious verse to intolerance of its excesses": "it is pornography"[54]. Quant à Zink, à qui n'échappe pas le caractère des *Leys*, "sérieuses et même parfois religieuses", il concède qu'elles ne peuvent "empêcher parfois un flot d'obscénité trop longtemps contenu de se déverser, comme le montre la *Porquiera*"[55].

A notre tour d'être troublés. La rédaction des *Leys* de Guillaume Molinier a dû être soumise à un aréopage de théologiens, notamment au vicaire général de Toulouse, qui "passait, comme le relève Anglade[56], pour un des plus grands canonistes de son siècle". Et non seulement à lui, mais au Grand Inquisiteur, expressément désigné:

> Et al senhor poderos reveren
> En theulegia mestre mot excellen,
> Enquiridor de tot crim herejal,
> Per sostener la fe catholical.[57]

Nous ignorons comment, à l'époque, les inquisiteurs travaillaient dans Toulouse, où ils s'étaient distingués lors de la croisade contre les Albigeois, encore appelés cathares mais aussi...bougres. A supposer qu'ils travaillaient bien, à ce moment comme alors, et là comme ailleurs, faut-il croire qu'ils auraient laissé passer, par inadvertance, une pièce propre à bafouer leur morale? Imagine-t-on, d'autre part, Guillaume Molinier jouant son crédit auprès de ses commanditaires de la savante compagnie du Gai Savoir et, en insérant une pièce douteuse, courir le risque de leur réprobation ou de leur blâme?

De toutes façons, la *Porquiera* est d'abord donnée comme un exemple technique, formel, et à ce titre innocent, de *coblas retrogradadas per acordansa*[58]. Il n'en demeure pas moins qu'un texte qui a reçu la caution implicite de la Sainte Inquisition catholique apporte aussi un contenu et un sens, qui ne peuvent être appréciés comme simple parodie obscène de la pastourelle classique. La tornade lève l'ambiguïté et en fait une manière de plaidoyer pour la pureté.

Lève-t-elle toute l'ambiguïté?

Lorsqu'en ce même siècle où Guillaume Molinier compilait le traité des *Leys d'Amors*, l'Archiprêtre de Hita en était à la terminaison de son *Libro de buen amor*, c'est à la gloire de la Vierge Marie qu'il composa quatre chansons qu'il présente ainsi:

> Porque Santa María, segund que dicho é,
> es comienço e fin del bien, tal es mi fe,
> fiz'le quatro cantares, e con tanto faré
> punto a mi librete, mas non lo çerraré.[59]

Mutatis mutandis, le procédé est le même, de la *tornada* qui conclut la *Porquiera*, aux *quatro cantares* qui, sans fermer le *librete*, en suspendent le cours...

Notes

[1] Alfred Jeanroy, "Les *Leys d'Amors*" dans *Histoire littéraire de la France*, Paris, Imprimerie Nationale, t. XXXVIII, 1949, p. 154.

²C'est ce qui résulte de l'analyse des textes dont la liste a été publiée par Alfred Jeanroy, *art. cit.*, pp. 228-230. La seule exception serait notre *Porquiera* si nous ne possédions sa tornade.

³François Zufferey, *Bibliographie des poètes provençaux des XIVe et XVe siècles*, Genève, Droz, 1981, p. 72, n° 569, 29 ("Publications romanes et françaises", CLIX). Plusieurs inexactitudes entachent les références de Zufferey. Pour de Gélis, lire p. 56 au lieu de 76; pour Audiau, p. XIII et XV au lieu de XXIII et XXV, ajouter p. XIX-XX; pour Jeanroy, ajouter p. 183-184. Ajouter William Doremus Paden, *The Medieval pastourelle: a critical and textual revaluation*. Yale University, Ph.D., 1971, pp. 288-290, et Michel Zink, *La Pastourelle. Poésie et folklore au Moyen Age*. Paris, Bordas, 1972, pp. 59, 87, 118.

⁴René Nelli, *Écrivains anticonformistes du moyen-âge occitan I. La Femme et l'Amour*. Paris, Phébus, 1977, pp. 339–47.

⁵Pierre Bec, *Burlesque et obscénité chez les Troubadours. Pour une approche du contre-texte médiéval*. Paris, Stock/Moyen Age, 1984, pp. [184]-190.

⁶William Doremus Paden, *op.cit.*, note 3, p. 290.

⁷Jean Audiau, *La Pastourelle dans la poésie occitane du moyen âge*. Genève, Slatkine Reprints, 1973, n° XXIV, pp. 128-134. Pour les variantes, voir pp. 156-157, et pour les notes, pp. 172-173. Nous avons allégé la ponctuation au v. 2, où nous lisons *Sols anava deportan*, plutôt que *Sols anava, deportan* (respectant la construction verbale anar + gérondif, cf. le v. 56), ainsi qu'au v. 70 où la virgule nous semble inutile. Au v. 53, *tez* dans l'édition d'Audiau est une méprise typographique pour *etz* que nous rétablissons. Au v. 60, nous lisons *n'ofega* plutôt que *nofega* (ms. no fega), suivant la lecture de Tobler. Nelli reprend le texte d'Audiau, mais sa transcription est criblée de fautes. Bec transpose le texte d'Audiau en graphie occitane actuelle.

⁸Mentionnons pour mémoire la traduction française qui figure dans l'édition des *Leys* due à Gatien-Arnoult, *Monumens de la littérature romane*, t. I, Toulouse, 1841, pp. 179 et 181, ainsi que pp. 257, 259, 261 et 263. Cette traduction, censurée, abonde en contresens et drôleries involontaires.

⁹Pour les différents principes de classement proposés, voir les études d'Edgar Piguet, *L'évolution de la pastourelle du XIIe siècle à nos jours*, thèse de Berne, 1927, pp. [21]-22; Jean Marie d'Heur, *Gallaecia et Occitania*, Liège, 1966, t. I, pp. 226-268 et t. II, pp. 164-171. Le même, "Per lo studio sistematico della pastorella romanza", *Atti del XIV Congresso internazionale di linguistica e filologia romanza*, Napoli [...] 1974, t. V. Naples, Macchiaroli, 1982, p. [585]-590; Georges Lavis, *L'expression de l'affectivité dans la poésie lyrique française du moyen âge (XIIe-XIIIe siècles)*, thèse de Liège. Paris, Belles Lettres, 1972, pp. 511-526.

[10]D'après la définition en vers des *Flors del gay saber* (édition de Joseph Anglade, *Romania*, t. XLV, 1918, pp. 174-175), la pastourelle est:
>Am noel so plazen e gay,
>No ta lonc com canso reqier,
>Ans lo vol un pauc viacer.

Le rôle de la musique a été évalué par Michel Zink dans sa petite monographie citée à la note 3 ci-dessus, aux pp. [17]-24. Son analyse a été récusée par Biancamaria Brumana Pascale, dans *Cultura Neolatina*, 35, 1975, pp. 383b-385.

[11]BdT 293, 30.

[12]La plupart des critiques modernes franchissent le pas et identifient le cavalier-poète à un chevalier, ce que l'examen détaillé des textes ne laisse pas toujours apparaître.

[13]Dans sa communication sur "L'exorde de la pastourelle occitane", reprise dans *Cultura Neolatina*, 38, 1978, pp. [223]-232, Elisabeth Schulze-Busacker constate que *mentre* est exceptionnel "au début du discours poétique" (p. 225). L'*argumentum a loco* de la *ribiera* est suffisant pour assurer l'embrayage. Toutefois, le mot ne signifie pas la rivière au sens du français actuel (p. 229), mais la berge, la rive, la plaine souvent cultivée le long d'un cours d'eau.

[14]Comme, par exemple, chez Guiraut Riquier, le troubadour de Narbonne, dans la pastourelle datée de 1264 (Jean Audiau, *op.cit.*, n⁰ XI, p. 56):
>Gaya pastorelha
>Trobey l'autre dia,
>En una ribeira.

[15]"Du beau tetin" (1536) dans *Les Œuvres de Clément Marot de Cahors en Quercy*, t. IV, (Paris, 1929), édité par Jean Plattard, p. 101, v. 17-18.

[16]L'ethnographe Bernadette Bucher, avec *La sauvage aux seins pendants*, Paris, Hermann, 1977, a dégagé tout un système symbolique complexe à partir des illustrations des *Grands Voyages* aux Indes occidentales, publiés entre 1590 et 1634 par les de Bry. Cf. son tableau de la page 200, où le véhicule symbolique des seins pendants traduit les codes anatomique (et vestimentaire), alimentaire et sociologique.

[17]"Pour crayonner une belle Helène, il faut qu'elle aye un petit sorcil à perte de veüe, une petite bouche, un petit manton, un petit tetin rondelet, blanchelet et mignardelet, et non point de ces poupes et tetasses à la perigourdine, propres à charger sur l'epaule comme une besace; il faut, di-je, qu'elle aye une petite main potelée et caillotée, *absque fuco et cerusa*, un petit pied, et un petit, petit, petit, etc." Repris dans Éd. Fournier, *Variétés historiques et littéraires* I, Paris, 1855, p. 13. Citation tronquée dans H. Gaidoz et Paul Sébillot, "Le Blason libre de

la France", extrait de la *Revue de linguistique*, t. XIV, avril 1884, p. 13.

Tétasse et besace se retrouvent à la rime dans l'"Epistre des dames de Paris aux courtisans de France" de Jean Marot:

> Fermes sommes & le serons
> Tetons auons, elles tetasses,
> Pendants come vieilles besaces
> Dessus leurs iambes de hérons.

Son fils Clément abonde dans la verve paternelle quand il blasonne, après le beau, le "laid tetin" (1536):

> Tetin qui n'as rien que la peau,
> Tetin flac, tetin de drappeau,
> Grand'tetine, longue tetasse,
> Tetin, doy ie dire bezasse....

(*Op. cit.*, pp. 102-103).

[18] Glissant de beauté à laideur, Montaigne ajoute:

> Les Italiens la façonnent grosse et massive, les Espagnols vuidée et estrillée; et, entre nous, l'un la fait blanche, l'autre brune; l'un molle et delicate, l'autre forte et vigoureuse; qui y demande de la mignardise et de la douceur, qui de la fierté et magesté.

Les Essais de Michel de Montaigne, édition conforme au texte de l'exemplaire de Bordeaux [...] par Pierre Villey, rééditée sous la direction [...] de V.L. Saulnier. Lausanne, La Guilde du Livre, 1965, pp. 482 et 483.

[19] L'adjectif *grosser* n'est pas encore moralement connoté en ancien occitan; il n'affecte pas la décence et veut seulement dire "gros, épais" (Cf. la notice étymologique du *T.L.F.*, s.v. *grossier*). La traduction d'Audiau par "commune" est donc forcée.

[20] Cet hapax ne veut pas dire, comme l'a compris Bec, "voix de bouvier" (op.cit., p. 188). Mistral, dans le *Trésor du Félibrige*, s.v. *bouvarau*, note la forme languedocienne *bouaral*, et traduit par "de bœuf, qui appartient aux bœufs". Il indique aussi que le terme est vieux. Un exemple du syntagme "voues bouvaralo" est allégué chez Bonaparte-Wyse.

[21] *Senher* apparaîtra dans la suite du texte au v. 31, ainsi qu'aux v. 58 et 65 (*Bels Senher*). Dans les autres répliques, la porchère fait l'économie de l'appellatif.

[22] Nous empruntons l'expression à Yvonne Verdier, *Façons de dire, façons de faire. La laveuse, la couturière, la cuisinière.* Paris, Gallimard, 1979, p. 39 (collection "Bibliothèque des sciences humaines").

[23] Charmaine Lee, analysant "I *fabliaux* e le convenzioni della parodia" (dans *Prospettive sui fabliaux*, Padoue, 1976, coll. "Ydioma tripharium" 3) oppose à un moment donné deux versions, l'une raffinée et l'autre non, du "Chevalier qui fit les cons parler". La version brutale comprend ces vers:

—Me diez si vostre dammoiselle
    seit uncore pucele. (p. 12)
²⁴Suivant Raynouard (*Lexique roman*, III, p. 291a, n⁰ 19; cf. aussi
II, p. 231b, n⁰ 4), Audiau (*op.cit.*, p. 172, note au v. 60) comprend *Mal
bossi fai qui·s nofega*: "qui se parjure (?) fait mauvaise affaire!" Nous
revenons, pour notre part, à la lecture "qui·s n'ofega" proposée par
Adolf Tobler, "Ein Lied Bernarts von Ventadour" dans *Sitzungsberichte
der Königlich preussischen Akademie der Wissenschaften su Berlin*,
1885, p. 948, note 1. La forme *bouci* subsiste en languedocien (cf.
Mistral, *Trésor du Félibrige*, s.v. *boucin*, p. 311c).

²⁵Avec quelque succès dans le Roussillon, à la fin du XIVᵉ siècle,
d'après René Nelli, *L'érotique des troubadours*. Paris, Union Générale
d'Editions, 1974, p. 53 (collection "10/18"). Au terme du processus de
récupération chrétienne, au XVIIIᵉ siècle, le mois de mai devient le mois
de Marie.

²⁶Nous comprenons "ardillon sans boucle". La traduction de
fivelos en "passe-lacet" (Audiau, suivi par Nelli et Bec) est due à Emile
Levy, *Supplement-Wörterbuch*, III, p. 495b, s.v. *fivelon*, "Schnürnadel".
Elle a été entraînée par la consultation de Mistral, *Trésor du Félibrige*,
s.v. *fiveloun*, p. 1139b. Outre que l'emploi du mot ne fait pas image, il est
anachronique puisqu'il renvoie à une réalité beaucoup plus tardive (le
XIXᵉ siècle, ses coulisses et ses corsets). La boucle fâcheusement
dépourvue d'ardillon se rencontre déjà comme le comble de l'ennui
("Ancar i a mai que m'enoja"...) dans le dernier couplet d'un *enog* du
moine de Montaudon (BdT 305, 10, éd. de Klein, v. 79):
    E fivella ses ardaillo
(Voyez Raynouard, *Lexique roman*, III, p. 333b sous le terme fictif de
finelha pour *fiuelha*, rectifié chez Hermann Sternbeck, *Unrichtige
Wortaufstellungen und Wortdeutungen in Raynouard's* Lexique roman,
I. Teil, Dissertation de Berlin, 1887, p. 6).

²⁷Dans les *Curiositez françoises pour supplément aux
dictionnaires* [....] d'Antoine Oudin (Rouen, 1656), reprises dans le
Dictionnaire historique de l'ancien langage françois par La Curne de
Sainte-Palaye (Niort-Paris, t. X, 1882, p.275b), la locution se charge de
nuances selon le sujet: il a fait la *folie*, i. "la faute", elle a fait la *folie*,
i. "elle s'est laissé embrasser", vulgaire; elle n'a pas encore fait *folie* de
son corps, i. "elle est pucelle".

²⁸Le verbe *plegar* à la forme réfléchie, qui caractérise l'action de la
porchère, est à rapprocher du correspondant *soi co(u)rber* utilisé dans
les fabliaux. A noter aussi que le déverbal *plega* (v. 22) fait partie de cette
série onomasiologique.

²⁹*Loc. cit.*, p. 184.

³⁰Ed. de Edmund Stengel, *Die beiden ältesten provenzalischen
Grammatiken*, Lo Donatz proensals *und* Las Rasos de Trobar,
Marbourg, 1878, p. 61b.

[31] Gatien-Arnoult traduit "trop aimable", Audiau (et Bec): "trop avenante", Nelli: "par trop obligeante", Paden: "too attractive", toutes traductions où l'expression est atténuée.

[32] *Engans i. dolus* dit le rimaire déjà cité note 30, p. 42a. Audiau: "vous pensez à faire quelque duperie", Bec: "vous pensez à quelque tromperie". Nelli se fourvoie en imaginant que la porchère proteste seulement pour la forme: "et vous craignez mensonge".

[33] *Loc. cit.*, p. 153.

[34] *Op. cit.*, t. III, pp. 67-68, v. 59.

[35] Il suffit pour se convaincre de la stabilité de ce discours de parcourir le *Dictionnaire érotique moderne* d'Alfred Delvau (réimpr. de Genève, Slatkine, 1968),s.v. *Dédale* (p. 131), *Petits cons* (pp. 296-297), *Prière* (texte de Rétif de la Bretonne, p. 317), *Solution de continuité* (La Fontaine, p. 343), *Trente points* (Brantôme, p. 359), *Trou* (p. 361). Pour *Petits cons*, ajouter Rabelais, *Pantagruel*, t. III, 18 (cf. François Moreau, *Les images dans l'œuvre de Rabelais*, Paris, Sedes, 1982, p. 11). Sur le mécompte d'une dame de Sienne, "Di una donna che si credeva lodata udendo dire che era molto aperta", lire la facétie CLXXIX du Pogge (Bracciolini, *Facezie*, Milan, dall'Oglio, 1960, p. 162).

[36] *Les Procès de sodomie aux XVIe, XVIIe, et XVIIIe siècles*, publiés d'apres les documents judiciaires conservés à la Bibliothèque Nationale, par le Dr Ludovico Hernandez (pseudonyme de Louis Perceau et Fernand Fleuret), Paris, Bibliothèque des Curieux, 1920, pp. 4 et 87. Le quatrain du sonnet est estropié et nous le présentons sous la forme restaurée. On voit que la question des proportions se double de la question de la santé, comme chez Marot d'ailleurs, où Margot la délaissée ajoute au vers que nous avons cité:
 T'ay ie donné bosse chancreuze,
 Mal de vit, goutte ne bouton?
Pour sa vengeance, elle se propose de se défoncer littéralement:
 Que mes deulx trous n'en feront qu'vn.
(Cf. l'"Epistre du coq à l'asne à Lion Iamet", op.cit., t. III, pp. 475-476).

[37] "Sodomia imperfecta, seu improprie dicta, est commixtio cum debito quidem sexu, viri scilicet cum femina, sed non servatis debitis organis, seu extra vas naturale." *Dictionnaire de Théologie morale* de l'Abbé Pierrot, publié par Migne, Paris, t. II, 1849, col. 976. La doctrine de l'Eglise catholique, qui prend appui sur la *Genèse* (XVIII, 20), le *Lévitique* (XX, 13), et l'*Épître de Paul aux Romains* (I, 26-27), est solidement définie à partir de Thomas d'Aquin, *Somme théologique*, II, 2, question 154, spécialement article XI. Pour un centon des canonistes au XIIIe siècle, voir Vincent de Beauvais, "De crimine Sodomitico", dans le *Speculum doctrinale*, X, chap. 49 (*Bibliotheca mundi, seu speculi maioris* Vincentii Burgundi Praesulis Bellovacensis [....] *T. II, qui Speculum doctrinale inscribitur* [...], Douai, 1624, col. 916-917. Cette

doctrine sera raffinée au XVIIIe siècle, par Alphonse de Liguori dans sa *Theologia moralis* (livre III, question 466), Bassano, Remondin, 1832[13], t. I, p. 341. Sur la pensée catholique actuelle, difficilement évolutive en ces matières, voir Xavier Thévenot, *Homosexualités masculines et morale chrétienne*, Paris, Cerf, 1985², (coll. "Recherches morales"), en son chapitre VIII, pp. [232]- 253.

[38] Pour un aspect particulier de la question, se reporter à la thèse de John Boswell, *Christianisme, tolérance sociale et homosexualité. Les homosexuels en Europe occidentale des débuts de l'ère chrétienne au XIVe siècle*, traduction française d'Alain Tachet, Paris, Gallimard, 1985 (coll. "Bibliothèque des Histoires"). L'original est de 1980, University of Chicago Press.

[39] Voir *Le pécheur et la pénitence au Moyen Age*, textes choisis, traduits et présentés par Cyrille Vogel, Paris, Cerf, 1969, pp. 75-76 (coll. "Tradition chrétiennes" 5). Le soupçon de pratiques sodomitiques imparfaites existe chez les troubadours d'oc, dans quatre pièces que Bec a rassemblées sous le titre facétieux de "Peut-on jouer du cor dans le derrière des dames? L'affaire Cornilh" (*op.cit.*, pp. [138]-153). Une attestation plus décisive se trouve dans la tenson de Montan avec une dame (BdT 306, 2) rééditée par Irénée-Marcel Cluzel dans les *Mélanges offerts à Charles Rostaing*, Liège, 1974, pp. 160-162. Pour la lyrique galicienne-portugaise, voir Manuel Rodrigues Lapa, *Cantigas d'escarnho e de mal dizer*, Vigo, Galaxia, 1965 et 1970², sous les n°s 28, 45, 71, 211 (D'H 453, 1597, 876, 1518).

[40] La formule de "crime énorme", qui s'apparente à celle de *falhimen tan gran* et remonte en somme à la formulation de la *Genèse*, figure régulièrement dans les condamnations des parlements amenés à juger les sodomites, fussent-ils sodomites imparfaits. Voir Hernandez, *op.cit.* à la note 36, pp. 22, 28, 34, 54. "Enormem esse hanc iniquitatem patet": ainsi s'exprime encore l'évêque du Mans, Jean-Baptiste Bouvier, au début du XIXe siècle, dans sa *Dissertatio in sextum decalogi praeceptum*, Paris, Leroux-Jouby, 1885[14], p. 76.

[41] *Lams* est glosé *fulgur* dans le *Donatz* déjà cité note 30, p. 42a. Elle préférerait être frappée par le feu du ciel plutôt que de commettre le péché où elle juge que son séducteur l'attire. La croyance de base est que les météores "supposent qu'on leur attribue[...]le pouvoir de punir". Exemples dans *Le Folklore de France* par Paul Sébillot, I, *Le Ciel et la terre*, réédition de Paris, Maisonneuve et Larose, 1968, pp. 92-93. On peut y ajouter l'exemple du vers 1441 du *Joueur* de Jean-François Regnard (1697):
> Que la foudre t'écrase!

(Communication de M. Roger Pinon).

Ces conceptions, aux yeux de certains anthropologues, relèvent d'une création dualiste, où Dieu serait opposé au Diable (Voir Sébillot, *op.cit.*, p. [66]). Généralisant cette hypothèse, on pourrait dire que les pratiques sodomitiques sont à ranger du côté diabolique. On attestera les exemples recueillis par Pierre de Lancre, conseiller au Parlement de Bordeaux, lors de son enquête sur la sorcellerie dans le Labourd, au Pays basque, en 1609. (*Tableau de l'inconstance des mauvais anges et démons, où il est amplement traité des sorciers et de la sorcellerie*, réédition aux soins de Nicole Jacques-Chaquin, Paris, Aubier, 1982). De Lancre s'est bien avisé "que le Diable qui n'aime que désordre, veut que toutes choses se fassent à rebours" (p. 195).

[42] René Nelli, *Écrivains anticonformistes...*, déjà cité note 4, p. 347, n.3.

[43] *Op. cit.*, p. 189.

[44] Ed. citée, p. 134. Malheureusement, p. 173, le commentaire contredit la traduction.

[45] *Tezega* n'a pas été compris par Karl Stichel, dans sa thèse de Marbourg, *Beiträge zur Lexicographie des altprovenzalischen Verbums*, 1890, p. 79. Audiau (p. 180) hésite sur le sens de "fuir, filer (?)", proposé par A. Thomas, alors que son maître Alfred Jeanroy songeait au sens d' "être étouffé" (à partir de quel radical?). *Tezegar* nous paraît le fréquentatif de *teiser*, "tisser" (pour la dédiphtongaison, cf. *tezura*, "la toile d'araignée", le "filet").

[46] *Op. cit.* note 7, pp. XV-XVI. Paden, *op. cit.*, p. 290, n. 4, n'a pas compris qu'Audiau, pas trop explicite, il est vrai, sur sa démarche, se fondait sur une analyse correcte de l'environnement de la pièce dans les *Leys d'Amors*. Aurait-il compris cela, que Paden se serait épargné d'affirmer: "It is quite arbitrary of Audiau to suppose the *tornada* is directed to the Virgin Mary (p. XV)." Ajouter, à ce propos, "No woman but the *porquiera* is referred to anywhere in the poem", ne témoigne pas non plus d'une bonne connaissance du mécanisme de la tornade dans la lyrique d'oc. Puisque *Flors Humils* n'est pas la porchère, il est impossible de voir dans la tornade "one last despicable irony" (p. 289) de la part du séducteur.

[47] René Nelli, *Écrivains anticonformistes...*, cité note 4, p. 339, mais p. 347, note 4.

[48] *Op. cit.*, p. 190, note aux vers 92-95.

[49] *Las Leys d'Amors*, manuscrit de l'Académie des Jeux Floraux, publié par Joseph Anglade, Toulouse, t. I, 1919, p. 8.

[50] Les critères de l'obscénité ne sont d'ailleurs ni constants, ni clairement exposés. Henry Miller, condamné pour son *Tropique du Cancer*, a beaucoup réfléchi sur le sujet. Dans ses *Souvenirs*, il aborde ainsi le chapitre de *L'Obscénité et la Loi de Réflexion* (réédité par E. Losfeld), Paris, 1971, p. 7. : "Discuter la nature et le sens de l'obscénité est presque aussi difficile que parler de Dieu."

[51] Anglade, édition citée, t. IV, 1920, p. 50.

[52] *Op. cit.*, pp. XV-XVI, note 1. Bec jugera "que la contradiction est cocasse" (*op. cit.*, p. 184.).

[53] Alfred Jeanroy, *La Poésie lyrique des Troubadours*, Toulouse, Privat—Paris, Didier, 1934, t. II, pp. 286-287, note 6.
[54] *Loc. cit.*, note 6.
[55] *Op. cit.* note 3, p. 118.
[56] *Op. cit.* note 50, t. IV, 1920, p. 38, note 3.
[57] Anglade, *op. cit.*, t. I, 1919, p. 36.
[58] Le schème strophico-métrique de la *Porquiera*, inconnu de F.W. Maus (*Peire Cardenals Strophenbau in seinem Verhältniss zu dem anderer Trobadors*, Marbourg, 1884) a été analysé par Audiau, *op. cit.*, p. XXXI, qui le situe dans le prolongement du schème 402 de Maus (*op. cit.*, p. 111). Ce qui est vrai des couplets impairs de la *Porquiera* ne l'est plus des couplets pairs: des schémas mieux approchés sont dans István Franck, *Répertoire métrique de la poésie des troubadours*, t. I, Paris, Champion, 1953, n°s 426a (p. 85) et 731a (p. 158). On corrigera cependant ce dernier en
                    abbccdeedfgfg
(et non, pour les quatre dernières rimes, fggf).
[59] Nous citons le couplet 1626 d'après l'édition de G. Chiarini, Milan-Naples, Ricciardi, 1964, p. 317.

LINKING IN THE *PERLESVAUS*

Norris J. Lacy
Washington University at St. Louis

Thomas Kelly has noted that, in terms of its structural constitution, the *Perlesvaus* stands between Chrétien's *Perceval* and the Prose *Lancelot*: it is more interlaced than the former, less than the latter.[1] It thus marks a distinct stage in the development of *entrelacement*. Yet, in addition to interlacing entire narrative sequences (as the term *entrelacement* most often implies), the *Perlesvaus* makes extensive use of various other techniques to bring a sense of form and organization to a comparatively long and diverse narrative. One such technique is what Nitze identified as "linking."[2] Linking, as he described it (p. 165), "...is the means through which the author integrates his narrative by a constant reference to some leading motif." The result, he concludes, is "an elaborate system of cross-reference."

Nitze illustrated his suggestion by noting the extent to which numerous misfortunes result from a single cause: the hero's failure to ask about the Grail. To this failure, says Nitze, the author links all the misfortunes of the realm: Arthur's loss of ambition, the Fisher King's illness, and the ineffectiveness of the

Round Table. Yet, in its most basic form, linking does not necessarily involve major thematic matters or cause and effect. Although linking that is thematically motivated obviously has the broadest implications for the story, another variety of it is fully as productive of form, that is, fully as effective as an organizing device in the romance. In fact, the most pervasive aspect of form in the *Perlesvaus* is the simple and sometimes almost rhythmic reappearance of (or references to) characters, motifs, or objects throughout large segments of the story, sometimes widely separated, and often lacking the thematic prominence possessed by the Waste Land theme. Once a motif, character, or object is introduced, such reappearances or references will generate a powerful cohesive force within the text and its reader.

Clearly, linking (as I will be using the term here) is closely related to "analogical composition."[3] The relationship of the two methods and, in particular, their common function are obvious, and it may be proper to consider them variants of the same phenomenon and, perhaps, to consider that phenomenon to be a specialized variety of interlace. Analogy and linking are not however identical, since the former consists most commonly of the elaboration of a motif or the reflection of the structure or narrative configuration of a sequence throughout a work, while linking refers simply to a character's or object's recurrence at various points in the text.

I have no desire to make the phenomenon sound more complex than it is; in fact, its effectiveness derives precisely from its simplicity. To an extent, what I am describing as linking occurs, of course, any time an object or person reappears (as witness the lion in Chrétien's *Yvain*, a consistent reminder of Yvain's former failing and newfound resolve). The method is effective nonetheless, especially when applied as insistently as it is in the *Perlesvaus*: the recurrence of an object or character (particularly a secondary one), or even of another object or character that brings an earlier one to mind, will cause the reader to refer back reflexively to a previous episode and thus establish a unifying link between discrete textual segments.

A few examples will enable us to illustrate linking mechanisms in the *Perlesvaus* and to offer some reflections on their function and effect. The next natural step, with important implications for our understanding of medieval narrative structure, would be to consider the complex interplay and complementarity of linking, analogy, and sequential interlace. Although I include some observations on that subject here, a fuller theoretical study must await another time.

Among the *Perlesvaus* characters whose importance appears to be derived from their linking effect as much as from their other functions, we might note in particular a number of *damoiseles*, who appear and reappear throughout the narrative and whose presence serves in no small part as an organizing device. There are a good number of them in the romance, but I wish to concentrate on a series of damsels associated with severed human heads. It is possible, but by no means certain, that two of them are in fact the same person; the others are related analogically (by the human heads they carry), but not otherwise.

The first such damsel to be introduced into the *Perlesvaus* might be considered a simple case if in fact she appears only in the two episodes where her identity cannot be in question. She is the damsel whom Arthur finds, at the beginning of the work, near a chapel, "desoz un arbre, e tenoit les resnes de sa mule en sa main" (267-8). After he defeats a diabolical black knight, she asks for his victim's head. He presents it to her; she then dresses a wound for him and says: "li chiés m'avra molt grant mestier, car uns chastiax m'en iert renduz" (453-4). (Parenthetically, we should note that her dressing a wound and taking away a severed head correspond analogically to a later episode in which a damsel shrouds the decapitated body of Arthur's son Loholt and then leaves with his head, bringing it eventually to Arthur's court.)

Some 250 lines later, Gauvain finds this same damsel beside a shaded spring, again under a tree. Her identity is clearly established by the presence of the head and the general description of the scene—she "seoit desoz l'arbre e tenoit une mule par les resnes, e avoit a l'arçon de sa sele pendu le chief d'un chevalier" (885-7)— as well as by information offered during the ensuing conversation. At her parting with Gauvain she says, "Or me covient aler au chastel du Noir Hermite, e porter le chief qui pent a l'arçon de ma sele; car autrement ne porroie ge passer parmi la forest que mes cors ne fust detenuz or vergoigniez. Ce iert la quitance de mon passage" (966-9).

Thereafter, we hear nothing more of her—or do we? She seems to disappear from the story; but then, almost 8000 lines later, Perlesvaus finds a damsel shrouding the corpse of his uncle. The burial duties completed, as Perlesvaus prepares to leave, the damsel tells him: "Vez ici le chief d'un chevalier, que je port a l'arçon de ma sele pendu en cest riche vaissel d'yvoire" and notes that Arthur and Gauvain have seen her with the head. The analogy with other scenes (both the initial events and particularly the Loholt episode, to which I referred in passing) is clear: a damsel shrouds a body and is in possession of a human head; in several episodes, too, the damsel is seeking vengeance.

The emphasis on the very long quest for Perlesvaus to restore her to her castle, the allusion to knowledge possessed by Arthur and Gauvain, and the travel with a head slung at her saddle bow, all suggest that the damsels of the late and early adventures may be the same character. But the head she bears cannot be the same as that given her by Arthur and seen by Gauvain, for that one belonged to a black knight obviously of demonic origin, and not to Perlesvaus's relative. If this is the same maiden, she obviously came by another head.

Nitze suggests (II, 213), in an attempt to settle this puzzle, that the author became confused, that his memory was bad as to just what adventures his reappearing character had been engaged in. Yet, imputing mysteries to authorial befuddlement is precisely a tendency that has impeded proper understanding of medieval narrative technique. Instead, given the author's usual skill in weaving such threads through the fabric of his text, we are justified in assuming design unless the text will not support such an assumption. If the two damsels are not one and the same, the episodes are nonetheless so constructed that one of them inevitably recalls the other. In that case, we would properly be dealing with an analogical association; if, on the other hand, they are the same person, it is a matter of simple linking. In either case, the reader's response is much the same: he refers to earlier passages and sequences in order to link up events with their antecedents. The technique draws attention to and thus emphasizes the episodes with which the head-carrying damsel was associated. Whether we are dealing with two heads or one (or with two maidens or one), we cannot avoid reference to the earlier scene between Arthur and the damsel, and Perlesvaus's youthful career is recalled as well. Thus, even if Nitze failed to solve the problem in question, his very *perception* of a problem proves the effectiveness of linking.[5]

The most prominent linking character in the work is doubtless the Damsel of the Cart (Damoisele du Char), who stops at Arthur's court at Pennevoiseuse early in the romance to leave the Red Cross Shield. She and the maidens accompanying her are bearing 150 human heads. She is mentioned frequently thereafter and is one of a number of questing damsels with linking functions.

When the Cart Maiden first comes to Pennevoiseuse, we are told (without explanation) that she is bald and that her arm is in a sling. The exposition of this theme is broken into several interlaced segments. We next hear of her when the maiden at the chapel asks whether she still has her arm in a sling (919). The question forms a kind of pivot, linking this scene backward to the one at Pennevoiseuse where the sling first is described and forward to a conversation some 500 lines later (1407-11) in which a character known as the Coward Knight explains her infirmity as the result of her having served Perlesvaus from the Grail with that arm when he failed to ask the Grail question.

Eight hundred lines after that, her baldness is itself explained: we learn that "la chauve damoisele senefie Fortune" (2191). The passage on her *senefiance*, insisting upon her baldness rather than on her useless arm, thereby provides a further link to the initial description of her at Pennevoiseuse (647-54) but also to the much later episode in which her hair is restored (9945 ff.).

Three times over a period of some 4200 lines, the Coward Knight notes that he owes fealty to the Damsel of the Cart (1366, 4242, 5543); yet, curiously, his relationship to her appears not to hold any narrative implications, as though that relationship and the information about it existed merely to keep her before our eyes. The presentation of her story thus involves all three of the methods in question: linking, analogy, and basic interlace. In the exposition of her baldness and her useless arm, segments of her story are interlaced with other events; her situation is mirrored analogically by the presence of other maidens with severed human heads; but the unexplained references to her by the Coward Knight represent the simplest (though no less effective) form of linking.

After the Coward Knight's second assertion that he belongs to the Damsel of the Cart, we hear nothing of her for some time. Then suddenly she appears before Perlesvaus, his mother, and his sister to tell the hero that he is desperately needed to save the Grail Castle and its lands (5413–24). We are not again reminded of her existence until, after much has taken place (during some 2500 lines), we begin to have foreshadowings of her final climactic episode. First Perlesvaus is told that she seeks him (8918), then that she will be at the Black Hermit's castle (8987); and at last she joins him near it (9945). She is no longer bald and her arm is free, changes that she explains. After the fall of the Black Hermit, she conveys to Kamaalot the heads which are restored to her. Her final service (10118–19), accomplished as the romance ends, is to escort Perlesvaus's mother and sister to the Grail Castle. Thus she, probably more than any other character, has been a linking element from beginning to end of the romance, never allowed to escape for any length of time from the reader's memory. Although her own role is usually secondary, she is often connected with events of considerable importance, and in fact, her appearance frequently seems to signal that some event of extraordinary import is about to take place. Her activities are thoroughly interlaced with other events, but the interlace is supported by the linking effect of her appearances (or mere references to her) in episodes in which she often plays a small role, and sometimes no role at all.

In the *Perlesvaus*, objects are almost as important (as linking devices) as are certain characters. Among a multitude of possible examples, we might note in particular the Red Cross Shield, which, near the beginning of the romance, the Damsel of the Cart brings to hang on a pillar in Arthur's castle until such time as the chosen Grail Knight (who will be Perlesvaus) arrives to carry it away. It is described as follows: "...bendé d'argent e d'azur e une croiz vermeille e une bocle d'or, tot plain de riches pierres" (610-11). This description, usually truncated but unmistakably similar, recurs some dozen times in later episodes (spoken often by other characters), thus linking those episodes, technically and psychologically, to the initial one. Furthermore, the linking points both backward and forward, since the passages that recall the shield often include a prediction concerning its eventual fate. These recurrent mentions of the shield in radically different contexts (but qualified by similar descriptions) serve primarily to bind together various portions of the work—and often to establish a firm link among various characters (such as Gauvain, Lancelot, and Perlesvaus) or to imply such a link between the adventures of Perlesvaus and those of other, apparently unrelated, characters. The shield's function, as I implied, is structural or psychological as much as symbolic; it establishes points of reference enabling us to tie together discrete events and sequences. Linking here is closely related to analogy—except that, again, the unit of analogical composition is generally the sequence or pattern, while the linking of the *Perlesvaus* hinges simply on the recurrent appearance of, or reference to, an object or image.

In purely structural terms (though not, of course, in thematic ones) the meaning of the shield is less important than its mere presence. Its function is in a sense "ancillary": although symbolically prominent, it is not (in most episodes) narratively indispensable or even central; it is instead a simple *attribute*, an object that only *accompanies* the knight and identifies him, or serves to impress or confound his enemies.[6] Its linking value is enhanced by the repetition of its description or part of its description: it is presented not as the Red Cross Shield, but rather, primarily, as the shield that was hanging on the column, just as Perlesvaus is presented not *as* Perlesvaus, but as the knight who is destined to bear the shield that hangs on the column. In all this, Perlesvaus becomes almost an agent whose primary function is to bear the shield to its (and therefore his) destiny. This is of course entirely appropriate to this romance, in which knights and other characters appear to be the means by which a pre-ordained plan is realized.

In his discussion of linking, Nitze cited an example of what he called "linking by means of an adverbial epithet" (p. 168): the author makes frequent reference to maidens who are waiting *under a tree*, the phrase serving the same purpose as the description of the shield. Linking by analogy is accomplished by the recurrence of various damsels who serve related functions, but it is reinforced and rendered more effective by their sharing similar locations or attributes. The specific value of linking by attributes or epithets is obvious. If the emphasis is to remain on a single character (Perlesvaus, for example), it would suffice simply to name him; however, various characters can be brought into symbolic and narrative association with one another by reference instead to an object such as the shield (that might be borne by several persons) or to a characteristic (e.g., carrying a head) or location (e.g., under a tree) shared by various people. The result is an extremely economical means of linking them in the reader's mind and, if the author wishes, of attributing to one character the symbolic value earlier ascribed to another.

As examples of linking characters, I have concentrated only on damsels or groups containing damsels. They serve the purpose better than ruling ladies or queens (simply because they are given to movement), but no better than many minor male characters, Meliot, Clamador, the Coward Knight, and Meliant of the Waste Manor, for instance. The technique is moreover versatile enough that the linking can be motivated (i.e., the various scenes linked by the method are somehow related) or unmotivated (simply providing a definite but nonetheless generalized sense of cohesiveness). It can even be enigmatic, making us *wonder* if there is a relationship between linked episodes.

Linking is not only *not* unique to the *Perlesvaus*, but it is a natural effect of narrative and, in fact, an inevitable phenomenon in any extended text. What characterizes the use of linking in the *Perlesvaus* is its ubiquity, as well as the rhythmic effect it imparts to the composition. It creates a thoroughly integrated and articulated text, and it may be argued that for a work as long and narratively complex as this one is, linking may in some instances be more effective than the analogical reflection or duplication of patterns. It creates a strong sense of anticipation, and it requires constant reference to the genesis and antecedents of events.

But if, as I suggested, linking and analogy are variants of interlace, and if they both lead us to link up events with their antecedents (and sometimes to anticipate recurrences), they nonetheless differ in important ways. Analogy is an essentially open method of composing, whereby motifs and repeated patterns resonate throughout a work, implying relationship without establishing explicit connection. Linking, on the other hand, draws tight the thread extending through all the episodes in which a linking character or object appears, and it thus tends to close the work instead of opening it. Of course, as with the case of the maiden who may or may not have appeared in an earlier episode, the text is sometimes poised on the line between the two methods. In any event, the poet's use of both techniques within the same work creates an effective tension between the discursiveness that provides narrative interest and the interconnectedness appropriate to his poetic and ideological vision. More precisely, the two variants of interlace—analogy and linking—counterbalance and complement each other as effective components of the organizing forces at work in this romance.

Notes

[1] Thomas E. Kelly, *Le Haut Livre du Graal: Perlesvaus. A Structural Study* (Geneva: Droz, 1974), p. 50.

[2] *Le Haut Livre du Graal: Perlesvaus*; vol. 1 (Text, Variants, and Glossary) ed. William A. Nitze and T. Atkinson Jenkins; vol. 2 (Commentary and Notes) ed. William A. Nitze and Collaborators (Chicago: University of Chicago Press, 1932, 1937), II, 165-7.

[3] Concerning analogy, see my *The Craft of Chrétien de Troyes* (Leiden: Brill, 1980), chap. IV, esp. pp. 68-71.

[4] Before his death in 1972 J. Neale Carman had made extensive notes for several projected papers or articles on the *Perlesvaus*. One of

them dealt in part with the linking function of the Red Cross Shield. I have incorporated some of his examples and observations into my own study, and it is a pleasure to acknowledge here my debt to his ideas.

[5] I should emphasize that (in spite of my criticism of his approach to the question of the head-bearing maiden) Nitze's esthetic sense is far from deficient, nor is he indifferent to considerations of art; in fact, he specifically expresses admiration for the "conscious artistry" of the *Perlesvaus* author. However, in the example in question, he is looking for logical *coherence* without recognizing that the *cohesiveness* of the work (which is the quality most often sought by the authors of medieval narrative) is not in doubt—and is in fact strengthened by the "problem" he wishes to resolve.

[6] It is however true that the role and power of the shield are augmented to a good extent toward the end of the work. It serves not only to establish its bearer's identity (5741–4, 9403), but also to offer protection (5850–1) and, in one case (9102–7), to incite a destructive frenzy among a group of knights.

L'ARGENT DANS LA FARCE DE *MAITRE PIERRE PATHELIN*

Jean Dufournet

Comme l'a fait remarquer Etienne Fournial, le XVe siècle s'ouvre, au point de vue monétaire, par une crise aiguë (1417-1435) et s'achève par une période de stabilité. Anarchie monétaire d'abord puisque non seulement le roi Charles VI mais aussi Henri V d'Angleterre et le dauphin battent monnaie, et ces monnaies subissent des mutations au cours légal, tandis que les cours commerciaux des espèces jaunes se haussent dans des proportions considérables.

Le traité d'Arras conclu le 21 septembre 1435 a une importance considérable tant au point de vue politique qu'au point de vue monétaire. Réconciliant le roi avec le duc de Bourgogne, il sonnait le glas de la domination anglaise dans le nord de la France. Solennellement publié le 16 janvier 1436, il fut rapidement suivi par l'ordonnance du 28 janvier qui inaugurait le rétablissement de la bonne monnaie. Les conseillers de Charles VII avaient saisi le moment psychologique favorable: la paix était en vue, la cause du "roi de Bourges" triomphait. La confiance renaissait. Le 2 janvier 1436 marque le début d'une longue période de stabilité monétaire...[1]

Charles VII avait réussi à doter la monarchie de ressources importantes en rétablissant les aides (1436), en développant la gabelle et en instituant la taille permanente (1444), si bien qu'il ne fut pas tenté de recourir aux expédients monétaires. Le monnayage fut soumis à un contrôle rigoureux, la mauvaise monnaie décriée. La prospérité revenue vers 1460-1470, la monnaie n'eut plus à traduire par ses mutations les à-coups de la crise.

Parmi les monnaies d'argent frappées, les plus courantes furent le blanc de 10 d.t. et le demi-blanc de 5 d.t. de titre peu élevé pour éviter la thésaurisation. Pour la monnaie d'or, la seule innovation est l'abandon de la frappe de monnaie d'or pur pour éviter le frai[2]. Le rapport argent/or était de l'ordre de 11.

Si l'argent a été au XVe siècle un sujet de préoccupation, il était devenu, depuis longtemps, un motif littéraire, en particulier dans les fabliaux et surtout dans le théâtre où il joue un rôle important dès les premiers textes en français. Dans *le Jeu de saint Nicolas*[3], le roi sarrasin donne de l'or à son dieu pour obtenir la victoire, les malandrins doivent payer le vin qu'ils consomment à la taverne et jouent, en quatre scènes différentes, à divers jeux, tandis que l'intervention de saint Nicolas amène la restitution et la multiplication du trésor royal. Dans *Courtois d'Arras*[4], mise en théâtre de la parabole de l'enfant prodigue, le héros, qui paie les consommations, se fait dépouiller de sa part d'héritage par deux prostituées et un aubergiste peu scrupuleux. Dans *le Jeu de la Feuillée* d'Adam de la Halle[5], le protagoniste cherche à se procurer de l'argent pour quitter Arras et se heurte à l'avarice de son père et des Arrageois, à un moine qui fait commerce d'indulgences, au tavernier qui vole ses clients, et l'un des trois compagnons d'Adam s'appelle Rikier Auri (ce dernier mot pouvant être pris pour le génitif d'*aurum*) ou encore Rikeche, *richesse*.

Il n'est pas indifférent que ce théâtre soit lié à la vie urbaine d'Arras, à un exceptionnel développement économique et financier: à l'ère des grands commercants du XIIe siècle succéda celle des financiers du XIIIe siècle, l'usure se développant et s'infiltrant dans toutes les classes de la société[6]. C'est l'époque où le renouveau des échanges commerciaux et la progression de la bourgeoisie marchande entraînent la naissance d'une idéologie nouvelle qui restitue son prestige à l'argent et tourne le dos au mépris du monde de l'âge roman[7].

D'ailleurs, en poursuivant l'enquête à la suite de Gérald Antoine[8], on découvre l'importance de l'argent dans l'ensemble de la littérature médiévale, à partir de textes comme *le Charroi de Nîmes*[9], *Guillaume d'Angleterre*[10] et *Aucassin et Nicolette*[11]. Bien plus, le texte fondateur de notre littérature, *la Chanson de Roland*[12], s'ouvre sur des scènes où l'argent est prépondérant, celui que Marsile feint de verser comme rançon à Charlemagne, celui que Ganelon reçoit comme prix de sa trahison. Il en est résulté des clichés et des tours formulaires (du type: *por tot l'avoir de Rome*, ou *Tieus hom menace qui ne vaut un denier*[13], *Tuit vo Franceis ne valent pas meaille*[14]), des jeux d'oppositions entre Largesse et Avarice, le généreux et le chiche ou le cupide, des scènes typiques qu'il faudrait recenser: remise d'argent[15], marchandage[16], créancier berné[17], aumônes et dons, dot et héritage...

Enfin, il est indubitable que ce motif connaissait un vif succès au XVe siècle, puisque Villon, dans son *Testament*, qui est strictement contemporain de *Pathelin*, joue avec les monnaies décriées qu'il offre à ses légataires, joue sur les noms des monnaies[18]. Il suffit de prendre deux huitains, parmi d'autres, pour mesurer l'ampleur et suggérer la fréquence du procédé.

Le huitain CXXVIII est consacré à trois pauvres orphelins qui sont en fait des vieillards riches et avares, et dont Villon dit, les envoyant à l'école:

> Ilz sauront, je l'ayme plus chier,
> *Ave salus, tiby decus*,
> Sans plus grans lettres enserchier.
> Tousjours n'ont pas clercs l'au dessus.

L'on découvre un triple sens:
–c'est d'abord la cantique à la Vierge: "je te salue, toi qui es le

salut du monde; à toi l'honneur'';
—ensuite, *salus* évoque le salut d'or[19]: "je te salue, ô monnaie d'or; c'est à toi que revient l'honneur en ce monde", et, comme l'argent appelle l'argent, "c'est à toi que reviennent les écus" (*decus*, qui rime avec *dessus*, pouvant se lire *d'écus*);
—mais ce mot *decus* peut recouvrir le mot grossier *des culs*: c'est à l'argent que revient l'amour, c'est l'argent qui procure l'amour, thème fréquent dans l'œuvre de Villon.

Quant au huitain CXXVI, consacré au jeune Merle, il comporte toute une série de jeux sur les noms de monnaie:

> Item, vueil que le jeune Merle
> Desormais gouverne mon change
> Car de changier envys me mesle
> Pourveu que tousjours baille en change,
> Soit a privé, soit a estrange,
> Pour trois escus six brettes targes,
> Pour deux angelotz ung grant ange,
> Car amans doivent estre larges.[20]

Au départ, il est permis de penser que les mots *écus* et *targes* peuvent avoir une triple signification: militaire, monétaire et grivoise; que les mots *ange* et *angelotz* permettent autant de plaisanteries, l'*angelot* étant à la fois un petit ange, un fromage et une pièce de monnaie. Mais, pour comprendre le sens et le sel de ces facéties qui jouent sur les trois acceptions des termes, il faut surtout connaître la valeur exacte des monnaies en question. Ainsi serons-nous à même de déceler l'intention critique de l'auteur.

L'écu à la couronne, en or, dont la fabrication avait été ordonnée le 12 juillet 1436, était une monnaie forte, équivalent à 25 sous tournois, et par conséquent à 300 deniers.

La *brette targe* désigne le blanc à la targe qui portait au revers l'image d'un bouclier. C'était une monnaie féodale bretonne en argent de moindre valeur, puisque la targe équivalait à dix deniers.

L'angelot était une monnaie anglaise, représentant un ange qui portait les écus, d'un côté, de France, de l'autre, d'Angleterre.

Elle valait les deux tiers du *salut*. Elle avait été retirée de la circulation en 1436, ainsi que le salut, le noble, de demi-noble, le quart de noble.

L'*ange*, enfin, était une monnaie qui n'était ni française ni valable. Elle était même illégale, parce que féodale: elle avait été mise en circulation par Guillaume IV de Hainaut, il y avait plus de soixante ans.

Le huitain décrit l'avarice retorse et dissimulée de Merle à l'égard tant de ses amis et intimes que des gens qui lui sont étrangers.

Merle donnera six targes bretonnes contre trois écus. Ce change peut, au premier abord, sembler une bonne affaire pour le client qui, contre trois unités, pièces de monnaie ou boucliers, en recevra six. Mais, en réalité, il sera outrageusement volé, puisque les trois écus qu'il donnera représentent la somme de 900 deniers, alors que les six targes bretonnes qui lui seront remises ne valent que 60 deniers, et que les targes sont des boucliers anciens, moins robustes et plus petits que les écus.

Il donnera un grand ange contre deux angelots. En apparence, l'affaire ne sera pas mauvaise pour le client: une grosse pièce peut en valoir deux petites, un ange de taille adulte, un saint Michel ou un saint Gabriel, n'est certes pas inférieur à deux angelots. Mais, si l'on considère que le grand ange est une monnaie décriée, illégale, disparue, on s'apercevra vite que le client a conclu un marché de dupes, puisqu'au mieux il ne pourra rien faire de cette pièce. Au contraire, le banquier gagnera sur tous les tableaux. Ou bien les deux angelots sont des fromages, et il les aura payés avec de la monnaie qui n'a plus cours; ou bien ce sont deux pièces d'or, et il semblera rendre un grand service à son client en acceptant une monnaie décriée, mais ce sera pour lui donner en échange une monnaie encore plus mauvaise. Et derrière l'adjectif *grand*, on croit retrouver la voix cauteleuse et trompeuse de ce changeur sans scrupule.[21]

Il n'est donc pas étonnant que l'argent joue un rôle dans *Pathelin*, comme nous en convainc une lecture rapide du texte, dont la versification met en évidence, par des rejets et des enjambements, des mots de ce champ sémantique (ainsi aux vers

198–199[22], 316–317[23], 812, 829...) et qui joue avec certains termes, comme *or* du vers 332–339:

> *Le Drappier*
> Si feray jë. Alez devant,
> et que j'aye or!
> *Pathelin*
> Or? Et quoy doncques?
> Or? Dyable, je n'y failli oncques.
> Non! Or? Qu'il peult estre pendu!
> En dea! il ne m'a pas vendu
> a mon mot, ce a esté au sien,
> mais il sera payé au myen.
> Il lui fault or? on le luy fourre.[24]

I

Une étude plus approfondie nous en révèle l'importance, et tout d'abord un certain nombre de réalités en relation avec l'argent, comme *l'opposition entre les écus d'or et la monnaie*, sur laquelle jouent et Pathelin (vers 198–205[25], 283[26], 298–99[27], 812) et Thibaud l'Agnelet (vers 1125–26[28]). Le paiement en or était plus recherché parce qu'il était moins porté à se dévaluer, et la monnaie médiévale était à la fois un instrument de mesure et une marchandise. On comprend que cette opposition se rencontre souvent, témoin encore *la Vie du Mauvais Riche*, où le Mauvais Riche déclare:

> ...j'ai assez or et monnoye
> pour mon estat entretenir
> ainsi qu'il me vient a plaisir[29].

Selon Gérald Antoine[30], "*monnaie*, terme tantôt appliqué semble-t-il, à l'argent par opposition à l'or, et le plus souvent opposé à l'ensemble or et argent".

Quant au *calcul dont il est question aux vers 277–79*, il faut, pour le comprendre, tenir compte d'un certain nombre d'équivalences.

> *Pathelin*
> Combien monte tout?
> *Le Drappier*
> Nous le sçavons bien:
> a vingt et quatre solz chascune,
> les six, neuf frans.
> *Pathelin* Hen, c'est pour une!
> Ce sont six escus?[31]

D'une manière générale,
> 1 franc ou 1 livre tournois = 20 sous;
> 1 sou = 12 deniers
> 1 denier = 2 mailles = 4 partis.

Mais le sou parisis = 15 deniers tournois; un franc tournois = 16 sous parisis; un écu à la couronne = 24 sous tournois. Aussi obtient-on
> 24 sous parisis x 6 aunes = 144 sous parisis;
> 24 sous parisis x 6 aunes = 9 francs;
> 24 sous parisis x 6 aunes = 6 écus.

Ces termes et d'autres se retrouvent dans des locutions figées.

Vers 226: *et n'eussiez vous ne croix ne pile* "et même si n'aviez pas la moindre pièce de monnaie". C'est une locution courante que l'on a au vers 98 du *Testament* de Villon. La *croix* se trouvait sur le *droit* ou *face* ou *avers* de la pièce; sur le côté opposé, appelé *pile* ou *revers*, étaient empreintes les armes du souverain et la valeur de la pièce. Le nom de *pile* était d'abord celui du coin fixé dans le cépeau (billot); par extension on donna le nom de *pile* au côté d'une monnaie opposé au *droit*[31]. De là aussi l'expression *pile ou face*.

Vers 305: *Que me grevera il? Pas maille*, "En quoi me gênera-t-il? En rien du tout".

Vers 372: *Vous n'aviez denier ne maille!* "Vous n'aviez pas un centime!". Avec la maille, nous avons la plus petite monnaie, puisque le *parti* était une monnaie de compte. Il était impossible matériellement de partager une maille en deux; de là l'expression *avoir maille à partir avec quelqu'un.*

Quant au blanc (vers 252, 774), c'était une pièce d'argent, *le grand blanc* valant 10 sous tournois et *le petit blanc* 5 sous tournois[32].

D'autres habitudes ou usages se profilent derrière certaines affirmations des personnages. Comme *le denier à Dieu*, évoqué en deux passages:

> Dieu sera
> payé des premiers, c'est rayson:
> vecy ung denier, ne faison
> rien qui soit ou Dieu ne se nomme.
> (vers 230-33)

> *Guillemette*
> Mais la maniere de l'avoir
> pour ung denier, et a quel jeu?
> *Pathelin*
> Ce fut pour le denier a Dieu,
> et encore, se j'eusse dit
> "la main sur le pot!", par ce dit
> mon denier me fust demeuré[33].

Il s'agissait d'une menue somme que les clients donnaient pour commencer ou conclure un marché, au bénéfice d'ordres religieux ou d'œuvres de bienfaisance; ensuite, l'expression peut désigner la somme donnée au concierge d'une maison où l'on retient un logement, au domestique que l'on veut engager. Dans notre scène, la remise du denier à Dieu a précédé la formation du contrat.

Ou encore *le retrait des rentes*:

> J'avoye mis appart quatre vings
> escus pour retraire une rente.
> (vers 198-99).

> Hé! Dieu, quel retraieur de rentes
> que ses parens ou ses parentes
> avoyent vendus!....
> (vers 757-59)

Paul Lemercier, dans un article substantiel[34], nous a apporté tous les éclaircissements nécessaires:

> [Que la rente] ait sa source dans un bail à rente ou dans une constitution de rente, c'est-à-dire que le propriétaire d'un fonds ait transféré à titre définitif à un acquéreur la propriété du fonds moyennant le versement d'une rente annuelle ou que le propriétaire sans aliéner son fonds ait vendu, donné ou légué à une autre personne le droit de percevoir chaque année une rente sur ce fonds, la rente est toujours une charge pécuniaire qui pèse sur l'immeuble en quelques mains qu'il passe et qui oblige le débirentier, devenu ou resté propriétaire de la maison, à verser au crédirentier bénéficiaire de la rente une certaine somme d'argent à une certaine époque de l'année... Mais à la suite des revers de la Guerre de Cent Ans et de l'appauvrissement général qui en résulta, la charge des rentes devint trop lourde, d'où une grave crise immobilière dans la première moitié du XVe siècle, comme si de nos jours le service des prêts hypothécaires venait à absorber la quasi-totalité des loyers. Accablés par l'obligation de payer tous les arrérages de rentes successivement établies sur leurs maisons, certains propriétaires les abandonnèrent, d'autres cessèrent de les entretenir. L'état déplorable du patrimoine immobilier provoqua l'intervention du pouvoir royal. Elle se manifesta dans diverses villes du royaume, mais tout particulièrement à Paris. L'ordonnance la plus importante à cet égard fut celle de Charles VII en novembre 1441. Entre autres dispositions, elle permit aux propriétaires de racheter les rentes au denier douze, c'est-à-dire en versant au crédirentier douze fois le montant annuel de la rente.

Ailleurs, il est fait allusion aux *pièces fourrées: Il luy fault or? On le luy fourre* (vers 339), "Il veut de l'or? On le lui prépare", mais il s'agira de pièces truquées, dans lesquelles le faux-monnayeur a fourré un flan de faux aloi que couvre dessus et dessous une feuille de bon or ou d'argent. C'était une des activités du gang des Coquillards qu'avait fréquenté Villon.

Le stratagème de Pathelin est fondé sur la pratique du crédit, à laquelle le drapier se résout difficilement, car il pose en principe qu' "il fait mal d'accroire" (vers 296). De là tout un jeu sur les termes complémentaires de *prester* (vers 404, 425, 431, 434, 604), de *croire* (vers 280) et de *rendre*. Dupé, Guillaume se promettra de ne plus vendre à crédit (vers 832–833). L'emprunteur n'est pas mieux loti, car il se trouve en situation de dépendance (vers 79: *Qui emprunte ne choisist mie*) et s'expose à voir saisir ses biens s'il ne peut rembourser la dette au terme échu:

> Et quant le terme passera;
> on viendra, on nous gaigera,
> quancque avons nous sera osté.
>
> (vers 379–381)

Le paiement faisant difficulté, Guillaume ne recourra cependant pas à cette solution extrême, mais fait deux propositions: ou lui rendre la marchandise:

> j'auray mon drap ains que je fine,
> ou mes neuf francs,   (vers 655–56)

ou bien lui verser une caution:

> Au moins qu'il me baillast ung gage
> ou mon argent, je m'en alasse. (vers 880–81)

Pour désigner cette caution, Guillemette utilise les termes de *couverture* (v. 359), *nisi* (v. 376), *brevet* (v. 377).

A travers l'échange de répliques entre Guillaume et Pathelin, se profile le portrait-charge d'un homme d'argent, du drapier dont le nom même de Guillaume est ambigu, puisqu'il désigne en même temps la ruse et la sottise[35]. Bien qu'il soit apparemment prospère (vers 111), il s'en défend (vers 112–13), il se plaint d'avoir toujours à travailler pour gagner sa vie (vers 116-17) et même d'être plus malheureux que les pauvres (vers 328-29). Menteur et méprisant au dire de Pathelin (vers 326-27), il réalise des profits frauduleux, comme il s'en vante après que Pathelin l'a quitté (vers 347-51). Apre en affaires, *luy qui est ung homs si rebelle* (vers 405), employeur chiche et rude (*il me paioit petitement*, vers 1088), toujours à l'affût d'une bonne affaire (vers 504-05), il ne pense qu'à amasser et à thésauriser (vers 344-45).

II

Une lecture plus approfondie nous révèle que l'argent joue un rôle capital dans la pièce où l'on retrouve l'opposition entre pauvres et riches (vers 326-27), véritable leit-motif de la littérature médiévale. Robert de Clari, dans sa chronique de la Quatrième Croisade, oppose *li haut home, li rike home*, à *le menue gent*, aux *povres kevaliers de l'ost*[36]. Dans *le Dit de l'Herberie* de Rutebeuf, le bonimenteur rappelle qu'il faut "que li povres i puist aussi bien avenir come li riches...car tel a un denier en sa borse qui n'a pas cinq livres" [37].

Tous les personnages sont intéressés par l'argent, sauf peutêtre le juge qui se laisse berner et qui expédie un peu l'audience sans trahir aucun penchant coupable pour l'argent.

Pathelin, avocat désargenté[38], est prêt à tout pour renflouer ses finances, secondé par sa femme Guillemette d'abord réticente, dont les paroles témoignent de son impuissance et qui implore plus qu'elle ne jure. Guillaume Jousseaulme, à la fois marchand drapier et propriétaire d'un troupeau de moutons, manifeste une âpreté toute particulière à se procurer de l'argent et à se faire payer. Actif et avide, il est le représentant d'une classe dont le pouvoir économique est fondé sur le travail:

Pathelin
Enhen, quel mesnaiger vous estes!
Vous n'en ystriez pas de l'orine
du pere; vostre corps ne fine
tousjours, tousjours de besoignier.

Le Drappier
Que voulez vous? Il fault songner,
qui veult vivre, et soustenir paine.[39]

De son nom de *marchand*, on peut conclure à la fois que c'est un marchand qui achète et qui vend, et que c'est un coquin[40]. Quant à Thibaud l'Agnelet, que les autres tutoient et en qui on peut voir pour une part, un représentant de la paysannerie, des faibles et des exclus, une sorte d'homme sauvage, il s'estime mal rémunéré pour son travail—c'est *Peu d'Acquest*, dit le juge (vers 1325)—et vole son maître Guillaume (vers 1139-44). Malgré les apparences, il proclame qu'il a de quoi payer:

> et je vous payeray trés bien
> pourtant se je suis mal vestu
> (vers 1079-80)
> Je ne vous payeray point en solz,
> mais en bel or a la couronne.
> (vers 1125-26)

Sans doute a-t-il lui aussi thésaurisé à sa manière; mais il se peut tout autant qu'il mente pour allécher Pathelin.

L'argent est un enjeu de désir et de pouvoir. Dans la mesure où tous le convoitent, il devient l'objet de désirs antagonistes qui se solderont par le succès des uns et l'échec des autres.

Dès lors, l'argent sera au cœur des trois intrigues qui sous-tendent les trois parties de la pièce[41]; il les lie et les fait rebondir; il est à l'origine des rencontres entre les personnages, il les révèle. C'est le manque d'argent qui lance l'action dès les tout-premiers vers:

> pour quelque paine que je mette
> a cabasser n'a ramasser,
> nous ne pouons rien amasser   (vers 2-4)
> Vous n'avez ne denier ne maille.   (vers 70).

Sans argent, point de nourriture ni de vêtements:

L'ARGENT DANS LA FARCE DE *PATHELIN*

> nous mourons de fine famine;
> noz robbes sont plus qu'estamine
> reses, et ne pouons savoir
> comment nous en peussons avoir.
>
> (vers 29-32)

Pathelin va donc se procurer du drap qu'il extorque à Guillaume à force de flatteries, de marchandages et de ruses; le drapier vient réclamer son argent chez Pathelin qui lui a promis de le festoyer, et s'en retourne sans rien obtenir, doutant même de sa raison. Thibaud demande à Pathelin de plaider sa cause et l'attire par la promesse de beaux honoraires; l'avocat est à son tour berné par son client.

De là des scènes quasi obligatoires autour de l'argent:
– le marchandage entre Pathelin et Guillaume (vers 236-55;
– la demande de crédit par Pathelin (vers 280-81) à Guillaume qui commence par être réticent, à en juger par le jeu de scène des vers 282-83 et par ses propos (vers 284-85), et qui finit par accepter à contrecœur (vers 296-97), après que Pathelin l'a accablé de paroles (vers 286-93);
– la réclamation de son dû par le créancier, et la scène est redoublée, avec Guillaume d'abord (vers 526-731 et 783-984) et Pathelin ensuite (vers 1550-99), et les personnages emploient les mêmes tours:

> Sa, sans plus flageoler,
> mon argent!   (vers 527-28)
>
> Sa, argent!   (vers 1567)

Dans ces scènes, les personnages sont dans un rapport d'opposition et de controverse par rapport à l'argent.

Pathelin et Guillaume s'entendent difficilement sur la valeur réelle de la marchandise: au prix de Guillaume, 24 sous l'aune, Pathelin oppose 20 sous; au *c'est trop* de l'avocat, Guillaume réplique: *il le m'a cousté* (vers 240). Pathelin, après avoir bien joué son rôle de chaland averti, finit par accepter le prix de Guillaume qui se réjouit trop vite de son succès (vers 380-81).

Une fois l'achat conclu—et Pathelin prendra ce mot dans le sens de "terminé"—le paiement est différé. Bien que le ton monte quand Guillaume ou Pathelin réclament leur dû, bien qu'ils utilisent tous les arguments, aucun des créanciers ne verra la couleur de l'argent promis.

Ces scènes qui opposent deux personnages à propos de l'argent se caractérisent par une heureuse diversité: vendeur vs acheteur récalcitrant dans le marchandage; vendeur récalcitrant vs acheteur dans la demande de crédit; créancier qui exige de se faire payer vs débiteur qui feint de ne pas comprendre et l'on appréciera les moyens qu'a employés l'auteur pour renverser les rôles et diversifier les stratagèmes. De surcroît, ces scènes sont servies par un dialogue extrêmement vif.

La parole est mise au service de la tromperie qui, dans chacun des cas, a pour fin de faire payer le plus possible et de ne pas payer l'argent dû. Il est toujours question d'argent, on marchande, on s'accorde, sans qu'il y ait échange monétaire effectif, sauf le pauvre denier à Dieu.

Cette unité profonde est assurée par le retour de termes-clés qui scandent la pièce (*argent*, *payer*...) et qui peuvent s'organiser en séquences plus ou moins longues:
– *or* (vers 333–39);
– *ung denier* (vers 383–400);
– *mon argent*, *neuf francs*...dans la bouche de Guillaume
– *paye-moi* dans la bouche de Pathelin[42];
– six aunes de drap;
– *rendre*...

III

Si l'on joue avec l'argent qu'on n'a pas, on joue aussi avec les mots qui le désignent, et que caractérise une ambiguïté fondamentale, sans parler du vocabulaire tiré vers le vol (*tolir*, *embler*, *emporter*), ni des verbes qui signifient le paiement (*payer*, *bailler*, *donner*, *délivrer*, *rendre*) et qui sont en général employés au futur par le débiteur, à l'impératif et au subjonctif d'ordre par le créancier: il s'agit de promesses ou d'injonctions, jamais de paiement comptant. Dieu lui-même est associé à de frauduleuses opérations. Ainsi, quand il est question du *denier à Dieu* et qu'on sait que Pathelin affirme que Guillaume ne sera pas payé avant le Jugement dernier (vers 85-86), on peut penser que Pathelin, derrière le nom *denier*, veut faire entendre *dénié*, c'est-à-dire le refus pur et simple de payer, et le renvoi du créancier à Dieu et à ses saints, comme le confirment les vers 399-401.

Bien plus, les personnages emploient ce vocabulaire de façon ambiguë, puisque souvent il produit un double sens: il dénote l'argent (dans l'esprit de l'interlocuteur), il connote la tromperie (pour le locuteur et les auditeurs).

Trois personnages participent à ce jeu, volontairement ou non: Pathelin, Guillaume et Thibaud.

Pathelin, d'abord:

– vers 207: *Tout m'en est ung en paiement*. Sens apparent: toute forme de paiement lui est possible et indifférente, "pour moi, tout se vaut quand on paie". Mais déjà on peut comprendre que toute forme de paiement est pour lui équivalente, pour la bonne raison qu'il ne paie rien.

– vers 216-17: *Encor ay je denier et maille / qu'onc ne virent pere ne mere*. On peut comprendre: 1) il s'agit d'argent que j'ai gagné et non pas hérité; 2) ou d'argent qui ne vit ni père ni mère, qui n'est jamais sorti et est resté ignoré de tous, même des plus proches, une épargne secrète; 3) voire de l'argent qui n'a jamais existé.

– vers 280: *Or, sire, les voulés vous croire?* Pathelin demande à Guillaume de lui faire crédit. Mais *croire* a aussi le sens moderne (voir vers 112), par lequel Pathelin transforme déjà son créancier en dupe.

– vers 305: *Que me grevera il? Pas maille*. *Pas maille* est compris d'abord comme une locution figée, et Pathelin assure Guilllaume qu'il ne sera nullement gêné de porter lui-même le drap. Mais, en laissant à *maille* son sens premier de "petite pièce de monnaie", on comprendra que le drap ne lui coûtera pas un sou.

– vers 318: *Feray. Et, par Dieu, non feray*. L'ambiguïté est ici syntaxique, et sans doute y avait-il, dans la bouche de certains acteurs, un jeu d'attente après *non feray*. Ou bien on enchaîne directement sur les vers 319-20, et Pathelin promet et de payer et d'offrir un bon repas: "D'accord. Ou plutôt non, parbleu, tant que vous n'aurez pas mangé à votre aise". Ou bien on s'arrête, fût-ce de manière imperceptible, après *non feray*, et Pathelin annule sa promesse.

– vers 320-21: *et si ne vouldroye pas / avoir sur moy de quoy payer*. Pathelin laisse entendre à Guillaume qu'il a de l'argent, mais le fait de ne pas l'avoir sur lui, lui permet d'inviter Guillaume. En fait, c'est un clin d'œil au spectateur qui sait dans quel dénuement se trouve Pathelin, et qui comprend que celui-ci, même argenté, ne voudrait pas payer.

– vers 464: *J'ay pensé bon appointement*. *Appointement* peut signifier "arrangement", "salaire" et "tour, tromperie".

– vers 840: *Que de l'argent il ne me sone*. Sans doute y a-t-il un jeu de mots, puisque la proposition rappelle l'expression "des espèces sonnantes et trébuchantes".

Si l'auteur place dans la bouche de Guillaume des expressions à double entente, l'effet produit n'est plus l'ironie comme dans le cas de Pathelin qui est conscient de l'ambiguïté des termes qu'il emploie, mais le comique involontaire, car le drapier fait rire à ses dépens en utilisant des termes dont il ne saisit pas lui-même l'ambiguïté.

– vers 296: *il fait mal d'acroire*. Echo au vers 280, *acroire* signifie à la fois "faire crédit" et "croire". Le drapier ne croit pas si bien dire...

– vers 344-45: *Ilz ne verront soleil ne lune / les escus qu'i me baillera*. Le drapier compte bien thésauriser les écus de Pathelin; mais le spectateur, qui sait de quoi il retourne, comprend que cet argent ne verra pas le soleil ni la lune, parce qu'il n'existe pas.

– 503-05: *et le recevray je pecune. / Je happeray la une prune / a tout le moins*. Pour Guillaume, il s'agit d'une aubaine, d'un bon morceau; mais le mot, désignant un objet de peu de valeur, avait fini par signifier "mauvais coup".

– vers 773-74: *Il est, par Dieu, aussi pendable / comme serait ung blanc prenable*. *Blanc*, c'est, bien entendu, l'unité monétaire équivalant à cinq deniers. Toute monnaie est bonne à prendre: on reconnaît là la rapacité du drapier. Mais le blanc, dans l'argot des Coquillards qui est contemporain de la farce—l'enquête de Rabustel est de 1455—désigne le niais qui ne comprend pas le jargon des malfaiteurs. Guillaume se proclame le *blanc*, le dindon

L'ARGENT DANS LA FARCE DE *PATHELIN*   195

de la farce qui n'a que ce qu'il mérite.

– Quand il répète: *il me fault neuf francs, il m'en fault l'argent...*, il est facile de retrouver le sens de *faloir*, "manquer": c'est la dupe qui proclame son malheur.

Avec Thibaud, le comique vient de ce qu'il copie le comportement de Pathelin. Ainsi, quand il affirme aux vers 1079-80:

> et je vous payeray trés bien
> pourtant se je suis mal vestu...

il nous rappelle que Pathelin, qui portait des vêtements usés jusqu'à la corde, promettait à Guillaume de le payer. De même, les vers 1116 (*pour du mien, j'ay assés finance*) et 1125-26:

> Je ne vous payeray point en solz
> mais en bel or a la couronne

sont à mettre en rapport avec le passage où Pathelin affirmait avoir mis de côté quatre-vingts écus.

Il s'agit donc d'un champ sémantique qui n'a pas de signification univoque, mais qui très souvent recoupe le champ de la tromperie, l'équivoque étant voulue, comme l'a écrit Halina Lewicka[43], par "un rusé compère qui se sert sciemment de son ambiguïté". Manière pour le trompeur de ne pas inquiéter sa future victime en lui donnant une réponse satisfaisante, tout en signalant au public sa véritable intention. Ainsi l'argent est-il, grâce à la polysémie du langage, l'objet d'un déguisement par la parole et sert de masque au trompeur.

Bien plus, l'argent devient parole. Dans la farce, si l'or brille par son absence, si l'on ne voit jamais la couleur de l'argent, sinon l'unique denier à Dieu, en revanche on se paie de mots: c'est la seule monnaie qui y a cours. Parce que l'argent se réduit à des paroles en l'air, il signifie la tromperie. De là tout le jeu superbe sur l'expression *a ung mot*, qui apparaît, pour la première fois, dans la bouche de Guillaume au vers 238: *Voulés vous a ung mot?* "Voulez-vous un prix sans marchandage?" et qui rappelle la locution *a un mot* "qui n'a qu'une parole", à mettre en rapport avec la duplicité de Pathelin et de Thibaud qui promettent sans payer. Aux vers 336-38, Pathelin reprend l'expression:

> En dea! il ne m'a pas vendu
> a mon mot, ce a esté au sien,
> mais il sera payé au myen.

Pathelin établit un lien étroit entre la parole et le paiement. Thibaud utilise à son tour l'expression en promettant aux vers 1195-97:

> Mon seigneur, se je ne vous paye
> a vostre mot, ne me croiez
> jamais...

et aux vers 1209-10:

> Dieux, a vostre mot, vrayement,
> mon seigneur, et n'en faictes doubte.

Le berger payera son défenseur au pied de la lettre, avec le mot que celui-ci lui a enseigné, *bée*.

Pathelin suggère à plusieurs reprises que la parole a le même pouvoir d'achat que l'argent, voire le remplace avantageusement, parce qu'elle permet la tromperie:

> et encore, se j'eusse dit
> "la main sur le pot", par ce dit
> mon denier me fust demeuré
> (vers 395-97)

> je l'ay armé et blasonné
> si qu'il le m'a presque donné
> (vers 407-08)

Le mot de *blason* désignait aussi bien la critique que l'éloge: il convient à l'attitude de Pathelin qui, sous couvert de louer Guillaume, le tourne en ridicule. Les vers 433-34 font rimer *bretté* et *presté*. Guillaume accuse Pathelin:

> vous m'avez trompé faulsement
> et emporté furtivement
> mon drap par vostre beau langaige
> (vers 1480-82)

Il en vient même (mais trop tard) à se méfier des paroles dont il ne saurait se suffire:

> Je n'ay point aprins qu'on me serve
> de telz motz en mon drap vendant
> (vers 798-99)

> Hé! quel bailleur de balvernes!
> (vers 810)

Il essayera en vain de transformer ses paroles en argent:

> Je suis certain qu'il viendra braire
> pour avoir argent promptement
> (vers 462-63)

Pathelin éprouvera la même déception en comprenant que la monnaie dont on le paie, c'est la parole, comme l'expriment deux vers parallèles:

> ...N'en auray je aultre monoye?
> (vers 1573)

> ...N'en auray je aultre parolle?
> (vers 1581)

Ainsi toute la farce apparaît-elle comme l'illustration de l'expression, qu'on trouve dans les derniers vers, de *bailleurs de parolles en payement*, autour de deux personnages emblématiques, Martin Garant (vers 95), qui offre à boire à tout venant, et Peu d'Acquest (vers 1375): tout le monde promet, affirme, garantit, et de ces promesses on ne retire rien.[44]

Les metteurs en scène, d'ailleurs, ne s'y sont pas trompés, comme Pierre Orma (1968) qui a fait de la pièce une sorte de fait divers, une escroquerie par chèque sans provision, un drame de l'argent, une satire du monde de l'argent et de la justice, elle-même soumise aux puissances de l'argent, réduisant le côté farcesque et insistant sur le mot *argent* dans la prononciation même des acteurs et par les commentaires chantés. Ou encore Jacques Guimet (1970), qui considère la pièce sous l'angle de la dialectique entre le déterminisme social, tout-puissant, et la liberté, et dont le spectacle commençait par un ballet de marionnettes géantes, dont chacune évoquait la Royauté, l'Eglise, la Misère, le Travail, L'Argent, la Guerre, la Mort, Guillaume devenant une sorte de Shylock, tragique, vêtu d'une grosse bure, le teint gris, l'air inquiet[45].

De ce point de vue aussi, la farce est représentative de la génération de Louis XI, lequel avait compris l'importance en politique de l'argent qu'il faut prodiguer sans rechigner devant la dépense ni les promesses, en recourant le moins possible à la force des armes. Ainsi, nous révèle Commynes, Louis XI sépare-t-il les ducs de Bretagne et de Normandie en 1465, les ducs de Bretagne et de Bourgogne en 1468, le roi d'Angleterre et Charles de Bourgogne en 1475...La libéralité est pour le prince une vertu capitale, non pas à la manière d'Alexandre et des grands féodaux qui vivaient dans une économie de gaspillage, mais c'est la *générosité intéressée* qui paie au prix fort les gens utiles. Pour arriver à ses fins, Louis XI promet sans toujours tenir, il dépense sans compter des sommes colossales: "surtout, dit son mémorialiste, lui a servi sa grande largesse" (I, 68; II, 277), et celui-ci se complaît à préciser et à énumérer les dons dont il couvrit les Anglais. L'or, généreusement répandu, dissocie les coalitions et termine les guerres; il assure des fidélités, divise les ennemis, les prive d'amis, de capitaines, de places fortes, de parents et de familiers; il leur oppose de redoutables ligues, les abat sans qu'on aie à se salir les mains, achète les conseillers qui déterminent la politique de leurs maîtres, calme les rancœurs d'alliés mécontents, satisfait les gens les plus hostiles, endort la méfiance. C'est une arme d'une efficacité exceptionnelle, à laquelle rien ni personne ne résistent dans la guerre comme dans la paix, avec les ennemis comme avec les amis, avec les maîtres comme avec les serviteurs les plus écoutés. C'est un art que Louis XI a particulièrement entendu[46]. A leur maniére, l'auteur de *Pathelin* et Villon nous donne la même leçon[47].

L'ARGENT DANS LA FARCE DE *PATHELIN* 199

Notes

[1] Etienne Fournial, *Histoire monétaire de l'Occident médiéval*, Paris, Nathan, 1970, p. 134.

[2] Frai: diminution de poids des monnaies par l'usure résultant de leur circulation de main en main.

[3] Voir l'édition et la traduction d'Albert Henry, 3e éd., Bruxelles, Palais des Académies, 1981.

[4] Ed. d'Edmond Faral, Paris, Champion, 1967 (C.F.M.A., 3).

[5] Voir notre édition et traduction, Gand, Ed. scientifiques E. Story-Scientia, 1977.

[6] Voir notre *Adam de la Halle à la recherche de lui-même ou le Jeu dramatique de la Feuillée*, Paris, SEDES, 1974, pp. 215-16.

[7] Voir Jean-Charles Payen, *Les Eléments idéologiques dans le Jeu de saint Nicolas*, dans *Romania*, t. 94, 1973, pp. 485-86.

[8] *La Place de l'argent dans la littérature française médiévale*, dans les *Mélanges...Jean Rychner*, Strasbourg, 1978, pp. 17-32 (*Travaux de linguistique et littérature*, XVI, 1).

[9] Guillaume déguise son armée en une caravane de marchands, et les vrais marchands sont dédommagés au moment du dénouement.

[10] "L'argent régne en maître, accompagnant curieusement de bout en bout le merveilleux de l'histoire: dès le début, le roi, sur le conseil de son chapelain, partage tous ses biens; puis, d'étape en étape, surgissent des troupes de marchands, l'une enlevant la reine, l'autre recueillant l'enfant, une troisième embarquant le roi lui-même. Celui-ci, se voit proposer par le bourgeois qui l'emploie de faire fructifier son bien, dans le pays d'abord, puis à l'étranger. A la fin, la reine comble les négociants de dons, le roi leur fait une rente et procure à l'adolescent qui lui avait vendu le cor un riche mariage" (G. Antoine, *art. cité*, pp. 17-18).

[11] Nicolette, achetée par le vicomte aux Sarrasins (III, 10 et IV, 11), donne de l'argent aux pastoureaux pour qu'ils portent son message à Aucassin (XVIII); de même Aucassin, pour qu'ils redisent leur chanson (XXII). Aucassin, de nouveau, donne sa bourse au misérable valet pour qu'il rachète un bœuf (XXIV) et offre vingt livres au faux jongleur pour qu'il l'aide à retrouver Nicolette (XL, 22).

[12] Voir l'édition et traduction de Pierre Jonin, Paris, Gallimard, 1979 (*Folio*).

[13] *Charroi de Nîmes*, vers 714.

[14] *Couronnement de Louis*, 2433.

[15] Pour participer à une guerre, ou comme salaire d'une victoire, d'une défaite, d'une trahison.

[16] Dans *Guillaume d'Angleterre*, le roi négocie l'achat d'un cor à la foire de Bristol (vers 2069-81).

[17] Comme le tavernier dans *les Trois Aveugles de Compiègne*.

[18]Voir l'art. de Robert Harden, *François Villon and his monetary bequests*, dans *Speculum*, t. 33, 1958, pp. 345-50.

[19]Pièce d'or anglaise retirée de la circulation par l'ordonnance royale du 12 juillet 1436, et qui portait un ange saluant la Vierge.

[20]Traduction: "Item, je veux que le jeune Merle gouverne désormais mon office de change, car c'est à contrecœur que je me mêle de changer, pourvu qu'il donne toujours en échange, à un familier comme à un étranger, pour trois écus six targes bretonnes, pour deux angelots un grand ange, car les amants doivent être larges".

[21]Pour des compléments sur ce huitain, voir nos *Recherches sur le Testament de Villon*, Paris, SEDES, 2e éd., t. II, 1973, pp. 421-28.

[22]*J'avoye mis appart quatre vings / escus pour retraire une rente.*

[23]*Je vous pry que vous me baillez / mon argent dez que je y seray.*

[24]Traduction:

Le drapier: C'est entendu. Partez devant, et que j'aie de l'or.
Pathelin: De l'or? Et quoi donc? (*Pathelin s'en va.*) De l'or?
    Diable, je n'en ai jamais manqué. Non mais! De l'or?
    Puisse-t-il être pendu! Que diable! il ne m'a pas vendu son
    drap à mon prix, il l'a vendu au sien, mais il sera payé au
    mien. Il lui faut de l'or? On le lui fabrique.

[25]*Pathelin*:   J'avoye mis appart quatre vings
    escus pour retraire une rente,
    mais vous en aurez vingt ou trente,
    je le voy bien, car la couleur
    m'en plaist trestant que c'est douleur.

Le drappier: Escus, voir? Ce pourroit-il faire
    que ceulx dont vous devez retraire
    ceste rente prinssent monnoye?

[26]*...vous les prendrez / a mon huis, en or ou monnoye.*

[27]*Souffist il se je vous estraine / d'escus d'or, non pas de monnoye?*

[28]*Je ne vous payeray point en solz, / mais en bel or a la couronne.*

[29]*Ancien Théâtre français*, t. III, p. 271.

[30]*Art. cité*, p. 20.

[31]Voir le livre cité d'Etienne Fournial.

[32]Cf. Villon, *Testament*, vers 713: *Et ne leur en chault pas d'ung blanc.*

[33]Vers 392-97.

[34]*Les Eléments juridiques de Pathelin et la localisation de l'œuvre*, dans *Romania*, t. 73, 1952, pp. 200-226.

[35]Voir nos remarques dans *Sur la Farce de Maître Pierre Pathelin*, Paris, Champion, 1986, pp. 42-43.

[36]Voir l'éd. de Ph. Lauer dans *les Classiques français du Moyen Age*, et notre étude, *Les Ecrivains de la Quatrième Croisade, I. Villehardouin et Clari*, Paris, SEDES, 2 vol., t. II, 1973, pp. 341-83.

[37] A lire dans l'édition d'E. Faral et de J. Bastin, *Œuvres Complètes de Rutebeuf*, t. II, Paris, Picard, 1960, pp. 272-80.

[38] Est-il un véritable avocat? On peut en discuter.

[39] Vers 176-79.

[40] Voir notre livre cité, pp. 47-48.

[41] Voir l'étude de Michel Rousse, *Le Rythme d'un spectacle médiéval, Maître Pierre Pathelin et la farce*, dans le livre cité note 35, pp. 87-97.

[42] Du vers 1550 au vers 1572.

[43] *Etudes sur l'ancienne farce française*, pp. 67-72.

[44] On pourrait recourir aussi à Freud pour découvrir dans la pièce les rapports de l'argent avec la nourriture ou avec l'excrément, pour y retrouver les étapes de l' "incorporation", de l'appropriation financière, et de la "rétention", de la thésaurisation, pour déceler en Guillaume un névrosé de l'argent.

[45] Voir, dans le livre cité note 35, *Les Grandes Dates de la fortune de Pathelin*, pp. 121-29.

[46] C'est une belle illustration du pouvoir de l'argent, que proclamait déjà *le Couronnement de Renart* (vers 3242-63):

> Que vos diroie? Au paraler
> Oïst on crier povre gent:
> "Haï! Argent, argent, argent,
> Come tu fais ces huis ouvrir!
> Argens, tu fais tous ciaus finir
> Qui ne te püent mie avoir.
> ....
> Argent, qui bien te conistroit,
> Tu fais çou qu'atres ne puet faire.
> Argent, tu pues bien contrefaire
> Blanches es et rouges brebis.

[47] Pour tout ce qui concerne l'ambiguïté dans la pièce, voir notre livre, *Sur la Farce de Maître Pierre Pathelin* (en collaboration avec Michel Rousse), Paris, Champion, 1986, pp. 35-58.

JEU NARRATIF ET JEU DRAMATIQUE
DANS LA LITTERATURE FRANÇAISE DU MOYEN AGE

Roger Dubuis
Université Lumière / Lyon II

Le regain d'intérêt du grand public pour la littérature et l'histoire médiévales ne pouvait pas ne pas favoriser l'éclosion et l'épanouissement de clichés, de formules toutes faites et d'idées reçues. Parler d'un air entendu de "l'admirable *Chanson de Roland*" ou du "pauvre écolier François Villon", évoquer avec complaisance les "nobles seigneurs et gentes dames", truffer son propos de "moult" généreusement distribués, tout cela ne saurait, certes, suffire à donner le change, mais peut être, dans une certaine mesure, plaisant. Et puis il y a ces bouffées d'humour, fût-il involontaire, qui sont, elles, franchement toniques. Ainsi ce journaliste, évoquant d'une plume épique, un valeureux joueur de rugby qui se précipite, tête baissée, au cœur de la mêlée, "avec l'impétueuse ardeur de Perceval s'élançant à la quête du Graal"[1]. Mais, si l'on y regarde de plus près, on découvre, noyée au milieu de ces références de pure convention, une formule qui a, elle, le mérite de l'authenticité, c'est la traditionnelle attaque de tous les récits: "Oyez, oyez, bonnes gens...". Jamais formule ne fit mieux ressortir la spécificité de la littérature médiévale, de cet ensemble de textes écrits et conçus pour être récités, sans doute aussi mimés et joués, devant un public d'auditeurs. Dire cela n'est certes pas, à l'époque actuelle, faire preuve d'une grande originalité. Depuis longtemps, déjà, on a bien mis en évidence cette donnée sociologique dont les conséquences, sur la nature même de l'œuvre littéraire, sont de première importance. On sait bien que jusqu'au XVe siècle, jusqu'à la multiplication des manuscrits écrits à la hâte sur un méchant papier, venu relayer le noble et coûteux parchemin, et surtout jusqu'à l'apparition du livre, l'auteur voyait sa liberté de création largement bridée par le caractère exigeant et turbulent d'un public souvent un peu fruste. C'est là qu'est la source de cette hantise de l'ennui, plus mortel encore pour les auteurs que pour les auditeurs. C'est de là aussi que viennent les fameux appels au calme, assortis de la traditionnelle captatio benevolentiae et de la non moins traditionnelle promesse de la récompense qui viendra combler d'aise tous ceux qui auront eu la patience d'attendre un peu, pourvu qu'ils restent silencieux et calmes.

> Doulces gens, un peu escoutez
> Pesiblement sans noise faire.
> Mains de paine arez, ne doubtez,
> Que si vous l'un l'autre boutez
> Ou faictes ennuy et contraire.
> Or vous seez et acoutez.[2]

S'il fallait une preuve supplémentaire de l'extrême importance que revêt, pour la création artistique, la dépendance de l'"auteur" par rapport à son public, l'attitude prudente et les précautions oratoires dont usent parfois certains de nos propres contemporains seraient là pour nous rappeler que ce rapport délicat entre le créateur, ou son interprète, et le public, s'il est présent à chaque instant de la création littéraire médiévale, n'est nullement le propre de la littérature médiévale, ni l'apanage du seul Moyen Age. La crainte de décevoir ou, plus simplement, de n'être pas compris reste toujours une des règles de la création artistique, même si elle a cessé d'être la plus importante. Avant de diriger la *Quatrième Symphonie* de Sibelius, à Los Angeles en 1937, le chef d'orchestre Otto Klemperer prit soin de la faire précéder d'un discours explicatif, destiné à prévenir le public du caractère quelque peu insolite de la partition: "Je crois que le caractère inhabituel de cette symphonie justifie cette allocution inhabituelle [...] J'aimerais que vous m'accordiez une demi-heure de concentration. La symphonie de Sibelius ne dure pas beaucoup plus longtemps. Mais cette demi-heure est pleine de la musique d'un compositeur spontané et intransigeant. Je serais comblé si mes paroles pouvaient vous aider à apprécier de plus en plus son œuvre."[3] Lorsque, en décembre 1986, fut donnée en France, pour la première fois, la version intégrale de *Guerre et Paix*, opéra de Serge Prokofiev, d'après l'œuvre de Tolstoï, un livret bilingue était remis à chaque spectateur pour faciliter la compréhension de l'œuvre; entre les scènes chantées était lu un résumé de l'action et, surtout, le chef d'orchestre, Mstislav Rostropovitch, avait, de son pupitre, adressé à la salle une exhortation à la patience et au courage dont les termes mêmes semblent sortis tout droit de la bouche d'un trouvère du Moyen Age: "Patientez jusqu'au premier entracte, qui aura lieu dans deux heures, et surtout revenez après!"[4]

On objectera que ce sont là des cas limites. Certes, mais le grand mérite de ces situations, même si nous avons toutes les raisons de les considérer comme exceptionnelles, est de nous montrer que le passé n'est jamais totalement mort et, par là-même, de nous faire prendre la véritable mesure de ce qui était la réalité de chaque jour pour nos lointains ancêtres. Ne serait-il pas prudent de considérer ces résurgences du passé comme autant d'avertissements ou de clins d'œil adressés à ceux qui voudraient faire entrer la littérature médiévale dans des cadres ou des moules qui ont été conçus pour d'autres temps et d'autres hommes? Il ne saurait être question, ici, de "refaire le monde", notre ambition fût-elle bornée à la littérature et au Moyen Age. Il nous a simplement paru intéressant, limitant notre propos à deux champs d'activité de la littérature médiévale française, le récit et le théâtre—l'histoire racontée et l'histoire jouée—, de voir dans quelle mesure il est judicieux d'affirmer que nous avons affaire ici, pour employer une terminologie qui n'avait nul cours en ces temps, à deux "genres littéraires", partant de tirer de l'analyse des œuvres des conclusions venant s'intégrer dans une plus vaste théorie des genres...

La réponse à la question posée ne peut, bien évidemment, être apportée que par une analyse précise des textes. Qu'il nous soit permis, toutefois, de faire, au préalable, une brève incursion dans le séduisant domaine de la théorie. Les rapports entre les notions de "texte" et de "genre"[5] peuvent être envisagés de deux manières: selon le critère de la chronologie relative, certes, mais aussi selon un autre critère, plus difficile à cerner et sans doute plus important, qui serait déterminé par référence à la finalité, à la raison d'être de chacun d'eux. Si l'on veut établir un lien chronologique entre le texte et le genre, le simple bon sens suggère la solution. Point n'est besoin, en la circonstance, d'une savante spéculation, comme pour savoir qui est premier, de l'œuf ou de la poule. Dans la mesure où la notion de genre présuppose un classement, c'est-à-dire à la fois séparation et regroupement, le texte est nécessairement antérieur au genre. C'est de l'existence même des œuvres, de leur multiplicité et de leur diversité, que naît la notion de genre. D'un autre côté, alors que le texte trouve en lui-même sa propre raison d'exister, le genre n'existe que par le texte. Le texte se situe au stade de la création, le genre, lui, relève de la réflexion. L'appartenance d'un texte à un genre peut être une indication utile pour le lecteur, soucieux d'orienter lui-même son propre choix. Elle constitue l'un des terrains de chasse favoris de la critique littéraire qui use souvent—abuse parfois[6]—de cette possibilité qui lui est donnée de régenter a posteriori. Elle est rarement un élément déterminant pour l'auteur, plus porté à écrire ce qu'il a envie ou besoin d'écrire qu'à se plier aux exigences rigoureuses des théoriciens de l'écriture. Priorité et primauté du texte sur le genre, voilà ce que semble autoriser à affirmer une analyse théorique, avec tout ce qu'elle comporte nécessairement de systématique et d'absolu. Elle peut, néanmoins, constituer une excellente base de départ pour une approche de la réalité littéraire médiévale...

La priorité chronologique du texte sur le genre est l'évidence même au moment où prend naissance la littérature française médiévale. Il ne pouvait en être autrement eu égard aux circonstances. Nous nous trouvons, en effet, devant une situation unique dans notre histoire littéraire, une situation que n'ont, au demeurant, jamais connue d'autres littératures et qui, pour nous, sera nécessairement limitée dans le temps, celle d'une création spontanée, œuvre de poètes qui ont à la fois la chance et le malheur de n'avoir pas de prédécesseurs, pas de modèles qu'il leur serait possible d'imiter, rien qui leur permette de s'affirmer eux-mêmes en étant autres que ceux dont ils prendraient la suite et le relais, comme le feront plus tard les poètes de la Pléiade[7]. L'auteur de la *Chanson de Roland* écrit un texte, il ne cultive pas un genre. A la limite, l'appellation même de "littérature", si elle est commode et passée dans l'usage, est fort impropre. Non seulement les textes que nous a laissés le Moyen Age en ses débuts échappent à toutes les lois inhérentes à la transmission écrite, mais ils ne sont, en aucune façon, concernés par les critères de gratuité et d'esthétisme qui sont si souvent, à nos yeux, inséparables de l'exercice littéraire. La chanson de geste, avant d'être—ce qu'elle allait devenir par la suite—un genre littéraire est, avant tout, l'expression d'un besoin, profondément ressenti par une certaine société: un divertissement, indissolublement lié à l'exaltation d'un certain idéal de vie. La diversification progressive de la littérature médiévale, ou, si l'on préfère, l'apparition et la prise en compte de "genres littéraires", correspondra exactement à la diversification de la société médiévale, à celle de ses désirs et de ses besoins. C'est là un état de fait, dont la réalité est attestée par les usages médiévaux eux-mêmes, tels que les a fixés, à notre intention sans doute, la langue du Moyen Age. Si l'on examine, en effet, les termes dont se servaient les gens du Moyen Age pour désigner les "genres littéraires", on ne peut manquer d'être frappé par leur caractère d'imprécision ou, lorsqu'ils sont précis, par le caractère très particulier de cette précision. Tantôt le terme employé semble n'avoir d'autre raison d'être que de prendre acte d'une réalité dont on se borne à constater l'existence. Combien de temps faudra-t-il attendre pour qu'un "roman" soit autre chose qu'un texte, quel qu'il soit, écrit en langue "romane"? Peut-on imaginer terme plus neutre et plus inexpressif que celui de "dit": un texte fait pour être dit, à une époque où l'immense majorité du public est analphabète et où l'écrit est cantonné dans le seul manuscrit, l'anti-livre par excellence? La plupart du temps, le terme "générique" aura, au début de son emploi du moins, la valeur d'une indication très générale ou de pure forme. On a longuement discuté sur le sens du dernier vers de la *Chanson de Roland*:

> Ci falt la geste que Turoldus declinet.

Dans l'introduction de son excellente édition Gérard Moignet, après avoir relevé les différentes valeurs que l'on a pu attribuer au mot "geste", conclut: "Pour le vers 4002, rien ne permet de décider entre les sens de 'source historique' et de 'poème' "[8]. Quelle que soit l'acception choisie[9], on ne saurait considérer qu'elle permet de proposer une définition du genre, au sens que nous autres modernes donnons à ce terme....Si l'on s'arrête à l'histoire des deux mots-clefs de la littérature narrative brève que sont "fabliau" et "lai", on ne peut que constater que la valeur relativement précise que nous leur donnons est moderne et résulte d'une réflexion sur la somme des œuvres, une fois achevé leur cycle de production. C'est Bédier qui a défini le fabliau comme "un conte à rire en vers" et c'est, dans une large mesure, par une référence plus ou moins implicite au fabliau que le lai est senti, sinon défini, comme un conte d'amour ou un récit merveilleux. Il serait inexact et injuste d'affirmer que cette perception de la spécificité des œuvres concernées est uniquement moderne. Elle était telle au Moyen Age déjà et il est bien évident que ce n'est pas au hasard que Jean Bodel ou Rutebeuf, entre tant d'autres, ont intitulé leurs récits "fabliaux", alors que Marie de France présentait un recueil de "lais". Mais c'est là le résultat d'une évolution progressive que rien, au départ, ne pouvait laisser prévoir. Le "fabliau", c'est une petite histoire qu'on raconte ou une histoire que l'on raconte brièvement, alors que le "lai" évoque une association, plus ou moins profonde, avec la musique. Le terme générique s'est donc retrouvé chargé, après coup, d'une valeur propre, le comique léger ou l'incitation au rêve que rien, dans son étymologie, ne justifiait. Ce qui n'était que simple connotation est progressivement devenu définition....Il y a, dans l'héritage littéraire du Moyen Age, une œuvre précieuse: *Aucassin et Nicolette*. Jean

Dufournet écrit à son propos: "*Aucassin et Nicolette* est le seul échantillon du genre littéraire que l'on désigne par le mot de *chantefable*" avant d'adjouter "s'agit-il d'une œuvre unique dans tous les sens du mot, ou bien les autres se sont-elles perdues sans laisser de trace?"[10]. On peut se demander s'il n'y a pas quelque humour à parler de "genre littéraire" dans de telles circonstances. Ce qui est plus intéressant, c'est de constater que, là encore, la définition de l'œuvre, celle que donne l'auteur lui-même:

> Or a sa joie Aucassins
> et Nicholete autresi:
> no cantefable prent fin[11]

est purement formelle et ne relève que du simple constat: le terme de "cantefable" permet de regrouper sous un vocable unique—qui est, de fait, un néologisme—différents modes d'écriture du récit, "or se cante" "or dient et content et fabloient", modes d'écriture dont Mario Roques a clairement montré qu'ils étaient, en réalité, beaucoup plus complémentaires qu'opposés: "Je ne pense pas que l'accumulation des verbes *dire*, *conter*, *fabloier*, (ou *fabler*), soit une simple redondance, qui serait ici bien singulière et dont surtout le maintien devant les vingt morceaux en prose apparaîtrait comme une bizarre fantaisie: dans cette formule chaque verbe a son sens, *dire* s'opposant à *chanter* et indiquant que le morceau qui suit est parlé, *conter* et *fabloier* s'appliquant aux deux aspects du "parlé", le récit et la conversation."[12] Voilà, en effet, un exemple remarquable de ce que la critique a si improprement appelé le "mélange des genres" et qui n'est, en vérité, que le recours conjoint "aux deux aspects du parlé, le récit et la conversation" ou, si l'on préfère, le narratif et le dramatique. On peut élargir l'analyse de Mario Roques. La chantefable ne mêle pas plusieurs genres, au risque d'aboutir à un ensemble hybride et à une œuvre impossible à classer. Elle unit, dans un équilibre harmonieux, les seuls moyens d'expression dont pouvait disposer une littérature dont la transmission au public était uniquement orale: le chant, le récit et la représentation dramatique. Il importe peu de savoir si la chantefable d'*Aucassin et Nicolette* a été réellement "jouée", comme une pièce de théâtre, l'essentiel est bien que ce soit là une possibilité qui a semblé assez plausible à un certain nombre de critiques pour qu'ils la présentent comme une hypothèse des plus sérieuses[13]. *Aucassin et Nicolette* illustre parfaitement les fâcheuses conséquences auxquelles peut conduire le désir d'appliquer à la littérature médiévale des critères qui n'étaient pas les siens. Au lieu de faciliter l'approche des textes anciens, une telle démarche aboutit souvent à la rendre plus malaisée. Ce n'est pas un hasard si les critiques qui ont tenté de dresser une liste des fabliaux qui fût exhaustive ne sont pas parvenus à un corpus unique, chacun d'eux ayant rencontré dans sa quête un certain nombre de récits auxquels, dans son âme et conscience et eu égard à l'idée qu'il avait du "genre", il ne pouvait pas se résoudre à accorder le label de "fabliau". C'est que, pour les auteurs médiévaux eux-mêmes, ce terme n'avait nullement l'importance qui nous lui attachons, nous. L'auteur des *Braies au Cordelier* présente en ces termes son récit:

> Mettre vueil m'entente et ma cure
> a faire un dit d'une aventure

et il conclut son histoire sur ces mots:

> Atant ai mon flabel finé[14]

Ainsi donc y a-t-il une équivalence parfaite entre les deux termes de "dit" et de "fabliau" auxquels nous aimerions tant pouvoir accoler des valeurs précises et nettement différenciées. Et que faut-il penser de la variante entre les manuscrits A et C du *Frère Denise* de Rutebeuf:

> Por ce m'estuet, ainz que je muire,
> Fere un ditié d'une aventure...
> (Ms A)

> Fere .I. flabel d'une aventure...
> (Ms C)[15]

Il serait facile de mutiplier les citations de textes, d'analyser les variantes, qui prouvent à l'évidence que l'emploi du terme de "fabliau" était infiniment plus souple et plus ouvert chez les poètes du Moyen Age qu'il ne l'est sous la plume des critiques modernes...

Un examen, fût-il rapide, des emplois du terme de "lai" conforte cette conclusion en l'élargissant encore dans la mesure où on a continué à écrire des "lais" bien après que le mot "fabliau", tombé en désuétude, eut cessé de signaler à l'attention du public des œuvres nouvelles. La confusion dans l'emploi des termes génériques est patente. La plaisante mésaventure survenue au malheureux Aristote, succombant malgré sa science aux charmes malins de l'amour, a inspiré à Henri d'Andeli son *lai d'Aristote*. Or cette œuvre a été régulièrement cataloguée comme un fabliau et éditée comme tel. L'usage en est si solidement établi qu'Omer Jodogne, tout en précisant que le récit "n'a pas les caractères d'un fabliau" ne se reconnaît pas le droit de ne pas le faire figurer dans son propre répertoire de fabliaux[16]! Deux versions d'une même histoire, prenant son thème dans le pouvoir merveilleux d'un objet qui permet de sonder les cœurs, se retrouvent curieusement classées dans deux genres différents, selon que ledit objet est un cor ou un manteau[17]. Vérité en-deçà, erreur au-delà. Si l'on relit le lai d'*Equitan* il faut bien reconnaître que c'est par respect pour Marie de France que personne ne songe à refuser au récit de la ridicule mésaventure survenue au "héros" l'appellation de "lai". La structure même du conte, avec le passage du raffinement courtois au réalisme grotesque de la "truffe" finale—c'est la démarche même du *Mantel mautaillié*—n'est pas loin d'évoquer, pour nous du moins, l'esprit du fabliau. Et pourtant c'est un "lai", présenté et reçu comme tel....Le nombre de ces récits qui refusent de se laisser enfermer dans une catégorie rigoureusement définie est trop élevé pour que le hasard ait part en l'affaire. L'identité de la structure narrative du fabliau et du lai—c'est la loi du récit bref—est telle qu'il suffit parfois d'un rien, d'un simple malentendu, pour faire naître la confusion. C'est parce qu'il n'avait pas compris le jeu de mots, grammatical et polisson, qui fait tout le sel du fabliau de *Guillaume au Faucon*[18] que Joseph Bédier, réunissant sous la même bannière *Guillaume au Faucon*, *le Mantel mautaillié* et quelques autres récits de la même veine, n'hésitait pas à parler de la "noble essence" de "ces contes, imprégnés de la plus exquise sentimentalité". Il se montrait, heureusement, beaucoup plus lucide et mieux inspiré quand, quelques lignes plus loin, il ajoutait: "les hommes du moyen âge, aussi empêchés que nous de fixer aux genres des limites précises, les appelaient des fabliaux. Ils sont à mi-route entre les fabliaux et les lais bretons[...] Ils sont comme étrangers dans notre collection, mais non dans la littérature du moyen âge."[19]. On ne saurait faire grief à celui qui a écrit cette phrase d'avoir été la plus illustre victime de l'esprit facétieux du vieux trouvère. Lorsqu'ils composaient leurs œuvres, les "hommes du moyen âge" ne pensaient nullement à faciliter la tâche des critiques qui, un jour, essaieraient de les regrouper en vastes "collections". Les manuscrits composites que nous avons conservés portent témoignage des goûts du public, non des intentions des auteurs. Ce ne sont, au demeurant, que des transcriptions faites par de simples scribes. Certes, les trouvères étaient loin d'ignorer l'existence de certaines formes du récit. Ils pensaient seulement qu'ils allaient être jugés dans l'instant par un public qui ne serait sensible qu'à la qualité intrinsèque de l'œuvre proposée à son attention, au plaisir qu'il prendrait à l'entendre chanter, réciter ou jouer. Fort éclairantes sont, sur ce point, les réflexions que l'auteur du conte *de l'Espervier*,

> une aventure molt petite
> qui n'a mie esté sovent dite[20]

présente en guise de conclusion:

> ceste aventure si fu voire,
> avoir le doit on en memoire.
> Tot ainsi avint, ce dit l'on,
> li lays de l'esprevier a non,
> qui tres bien fet a remembrer.
> Le conte en ai oï conter,
> mes onques n'en oï la note
> en harpe fere ne en rote!"[21]

JEU NARRATIF ET JEU DRAMATIQUE 213

Une première constatation s'impose: il est clair, pour l'auteur, que le terme de "lai" évoque une réalité bien précise. C'est le récit d'une aventure "mis en musique", le "conte" ne va pas sans la "note". Or, s'il connaît bien le "conte", il ignore tout de la "note". Son embarras, qu'exprime bien ici le "mes", est de courte durée. Puisque l'aventure est bonne à raconter, il ne va pas prendre le risque de la laisser se perdre. Il s'empresse donc de la "remembrer", sans autre forme de procès. A aucun moment, en effet, n'apparaît dans son récit son désir de trouver un terme lui permettant de caractériser ce lai qui a perdu sa musique. Pour lui le problème n'est pas là; c'est le contenu qui compte, non pas l'étiquette....

Loin de constituer une exception, l'auteur de *l'Espervier* illustre fort bien la mentalité des trouvères médiévaux. Il est bien certain que l'emploi de termes tels que "fabliau", "lai", "dit"... correspondait pour eux à une vision relativement précise de ce que nous appelons des genres littéraires. Prétendre le contraire serait nier l'évidence. Il n'est pas moins certain que le souci premier des auteurs n'était pas de se conformer à d'autres régles ou d'autres lois que celles qui leur permettraient plus sûrement de parvenir au but qui était le leur: produire des œuvres qui soient bien reçues de leur public. Il y avait, à leurs yeux, une hiérarchie des urgences. C'est là ce que montre bien la terminologie utilisée dans le "genre dramatique". Dans ce domaine, en effet, à côté de certains termes sur la valeur et la portée desquels il est difficile de se méprendre: "miracle", "mystère", "farce"..., il en existe un qui peut être employé dans tous les cas et toutes les circonstances et c'est le mot "jeu". Ses acceptions étaient assez vastes pour laisser place à une certaine ambiguïté qui pouvait être fort précieuse. C'est ainsi que le *Jeu de la Feuillée* peut évoquer un spectacle donné sur une place ombragée aussi bien que des variations sur la folie[22]. Mais il avait surtout le mérite de définir exactement ce qu'attendait le public et que lui proposait l'auteur: un divertissement[23]. C'est bien là le seul point commun que l'on puisse trouver, pour s'en tenir à un exemple, entre le *Jeu de Saint Nicolas* et le *Jeu de Robin et Marion*, mais ce point existe et il est essentiel. On connaît bien, certes, l'importance du jeu dans la mentalité et la vie médiévales, mais on l'apprécie mal si l'on ne se réfère qu'à la conception moderne qui est la nôtre. Le jeu est un fait de société et, dans la société médiévale, il tenait une tout autre place que dans la nôtre, une place plus importante et surtout, par la force des choses, une place différente. Le définir comme une simple activité ludique ne correspond pas à la réalité. Pour les hommes du Moyen Age le jeu était cette activité, mais il ne pouvait être dissocié de tout ce qui l'entourait: le moment et le cadre. Dans ce monde dur à vivre, le jeu, et lui seul, représentait la détente et l'évasion. On se réunissait pour cela et il a fallu attendre la seconde guerre mondiale pour voir disparaître ce dernier vestige de la vie collective ludique qu'était la veillée. Le jeu, au Moyen Age, ne pouvait être que collectif et il ne pouvait se fonder que sur la parole. Entendre chanter, réciter, voir mimer ou "jouer par personnages" était tout un. A la limite, la nature du "jeu", pourvu qu'il ne dispensât pas l'ennui, était moins importante que l'existence même du "jeu". On pourrait dès lors s'étonner de devoir constater que le terme de "jeu" n'a guère été employé que dans le genre "dramatique". Ce serait oublier un peu vite la véritable valeur du nom qu'a créé, à l'origine, la langue pour désigner celui qui chantait, récitait, ou mimait: le *jongleur*. Pour nous, l'équivalence est à peu près totale entre "jongleur", "ménestrel", "troubadour" et "trouvère", mais il n'en était pas de même au Moyen Age où chacun de ces termes avait une valeur spécifique et précise que pourrait parfaitement mettre en évidence une transposition dans la langue moderne. Si, avec "troubadour" et "trouvère", on rend enfin hommage au rôle de créateur de l'artiste, le *poète*, c'est, avec le "ménestrel", la situation sociale de l'individu qui est soulignée. Le ménestrel est celui qui a pour fonction de s'occuper de tout ce qui relève de la bonne organisation des loisirs d'une collectivité, en un mot, le ménestrel est, avant tout, un *fonctionnaire*. Quant au terme le plus anciennement employé et dont le champ d'application est assez vaste pour englober tous les autres, celui de "jongleur", il est tout naturellement déterminé par son étymologie. Le jongleur, c'est le "joculator", celui par qui arrive le *jeu*. Il est, aux yeux de tous, le *meneur de jeu*. Qu'il fasse des tours ou qu'il raconte des histoires, dont on se soucie peu, au demeurant, de savoir s'il en est ou non l'auteur, il est le *jeu*. Point n'était besoin, dès lors, de faire une référence explicite au jeu dans le titre des œuvres, le seul fait qu'elles soient l'affaire du "jongleur" suffisait amplement à les situer pour un public qui n'aspirait qu'à trouver en elles l'occasion de se détendre....

Il reste à voir si le contact direct avec les textes, narratifs et dramatiques, une analyse de l'intérieur en quelque sorte, peut conforter et illustrer cette première approche, tout extérieure....

Une confrontation des sujets et des thèmes dont se sont nourris le genre narratif et le genre dramatique est tout à fait éclairante. Disons-le tout net: il y a, d'un genre à l'autre, une similitude d'inspiration à peu près totale. Si l'on veut absolument établir une distinction, elle n'apparaît évidente que si l'on fait référence au ton général de chaque œuvre. Ici il est plaisant, comique, grivois, là il est sérieux, parfois moralisateur, souvent teinté d'esprit religieux. Mais sous les deux rubriques, on trouve, côte à côte, le récit et le théâtre, l'histoire racontée et l'histoire jouée. Rappelons, par exemple, que l'histoire de Théophile, avant d'être "jouée par personnages" dans l'œuvre de Rutebeuf, a connu une longue tradition narrative. Les vies de saints, les contes pieux, de nombreux exemplums sont de la même veine que le *Jeu de Saint Nicolas* ou le *Miracle de Théophile*....C'est, d'autre part, un jeu d'enfant de montrer que les fabliaux, les nouvelles et les farces proposent à leur public, qu'il soit fait d'auditeurs ou de spectateurs (mais peut-on vraiment, au Moyen Age faire une telle distinction?) les mêmes histoires. Est-ce réellement un hasard si la date à laquelle on est convenu de fixer l'origine de la farce, le milieu du XIVe siècle, est aussi celle à laquelle on voit disparaître le fabliau? Serait-il téméraire de dire, tout simplement, que la farce a pris le relais du fabliau? Nous rencontrerons tout à l'heure, quand nous aborderons la mise en forme des œuvres, des arguments qui appuient singulièrement une telle affirmation. Telle est bien, semble-t-il, l'opinion d'un de nos meilleurs spécialistes de la farce, André Tissier, lorsqu'il écrit: "La farce tirant la plupart de ses sujets de la vie quotidienne des petites gens ou *adaptant des contes de la littérature narrative* à la vie familiale des petites gens..."[24]. Une des plus célèbres farces que nous a laissées le Moyen Age, *la Farce du Cuvier*, ne brille pas particulièrement par sa nouveauté. "L'idée d'un contrat passé entre mari et femme ou entre maître et valet pour l'observation de leurs devoirs respectifs dans la vie quotidienne, ne semble pas avoir été très originale. Plusieurs fabliaux et contes en témoignent."[25] Et qu'est-elle d'autre, en son fond, qu'une plaisante variation sur le thème de l'arroseur arrosé, illustré par tant et tant de fabliaux, de contes et de nouvelles? Pour continuer la démonstration, en empruntant cette fois le chemin inverse, il suffit d'ouvrir le recueil des *Cent Nouvelles nouvelles*. Un nombre important de récits repose sur ce qu'il faut bien appeler une farce. C'est le cas, entre tant d'autres, de la nouvelle 64, l'histoire de "ce maistre curé, qui estoit grand farseur et fin homme" et qui paya, très cher, le bon tour qu'il avait voulu jouer à un fort brave homme, un arracheur de dents qui, par malheur, était aussi un habile hongreur[26].

En vérité, cette unité d'inspiration n'a rien qui puisse surprendre. C'est le contraire qui serait étonnant. Ce que demandait, en effet, le public médiéval (et ce que demandent toujours les enfants), c'était le récit d'une histoire qui fût à la fois garantie comme tout à fait réelle ("Il *était* une fois...") et qui sortît aussi de l'ordinaire. La langue médiévale disposait d'un terme pour dire tout cela: l' "aventure". L'aventure est au cœur des romans et des lais, elle est aussi, même si sa coloration est alors bien différente, au centre des fabliaux. Mais un miracle est-il autre chose qu'une "aventure"? Rien ne saurait être plus vrai et rien ne saurait être plus extraordinaire. Dès le prologue du *Jeu de Saint Nicolas* l'accent est mis sur ce double aspect:

> Nous volommes parler anuit
> De saint Nicolai le confés,
> Qui tant biaus miracles a fais.
> Che nous content li voir disant...[27]

S'adressant à la foule, l'évêque de Rutebeuf recourt à une formule frappante:

> Oiez, por Dieu le Filz Marie,
> Bone gent, si orrez la vie
> De Theophile

Qui anemis servi de guile.
Ausi voir comme est Evangile
Est ceste chose.[28]

à laquelle répond, en un écho malicieux, l'auteur des *Cent Nouvelles nouvelles*: "Il est vray comme l'Evangile que trois bons marchans de Savoye se mirent a chemin avecques leurs trois femmes pour aller en pelerinage"[29].

Si l'on veut pouvoir trouver, de l'histoire racontée à l'histoire jouée, une différence assez grande pour que l'on soit en droit d'évoquer l'existence de deux genres littéraires distincts, ce n'est pas l'étude des sujets et des thèmes traités qui peut fournir le moindre argument. Peut-être, dans la manière de mettre en forme la matière choisie, verra-t-on apparaître une différence, sinon une divergence...

L'existence de deux "genres", distincts et spécifiques, ayant été considérée comme un fait acquis, indiscutable ("vray comme l'Evangile"), les recherches des critiques se sont elles-mêmes diversifiées et, en quelque sorte, spécialisées. D'un côté, l'accent a été mis sur l'aspect proprement littéraire des œuvres: on a étudié les thèmes, la technique narrative, les problèmes de structure. De l'autre côté, on a privilégié les problèmes de mise en scène, on s'est interrogé sur la forme du théâtre, le rôle et le jeu des acteurs....Il ne saurait bien évidemment être question de contester en quoi que ce soit l'intérêt et la valeur de telles recherches. Sans doute a-t-on oublié un peu vite, cependant, que toutes ces œuvres, qu'elles aient été récitées ou jouées, avaient les mêmes auteurs, s'adressaient aux mêmes gens et surtout que, pour atteindre le public, elles empruntaient le même canal: la voix et les gestes des jongleurs. On a cent fois raison de rappeler que le théâtre—et cela ne s'entend pas que du théâtre médiéval—n'est pas fait pour être lu et étudié comme une œuvre littéraire. On a tort de ne pas se rappeler que la "littérature" narrative ne connaissait pas pendant les premiers siècles médiévaux, à de rares exceptions près, un autre traitement que le théâtre.

Les très nombreuses études qu'a suscitées le genre narratif médiéval ont permis de mettre en évidence l'importance extrême que revêtait, pour les auteurs, le respect de la *brièveté*. Ils vivaient tous—leurs déclarations, convergentes et répétées, en font foi—dans la hantise d'indisposer leur public s'il venait à se voir proposer un récit "grief et pesant". Quel que fût le thème choisi, quel que fût l'esprit dans lequel il était traité, il fallait, à tout prix, éviter de faire naître la lassitude ou l'ennui qui apparaissaient inévitablement dès qu'était atteinte une certaine longueur ou, plus exactement, dès qu'était dépassé le seuil de réceptivité du public. Quant aux œuvres traditionnellement classées sous la rubrique "longues", telles que le "roman", il suffit de les examiner d'un peu près pour constater que leur apparente longueur résulte de la combinaison, plus ou moins heureuse au demeurant, d'éléments brefs. C'est ce qu'un orfèvre en la matière, Chrétien de Troyes lui-même, a appelé une "conjointure". Tout naturellement donc est apparue, a été cultivée et souvent maîtrisée, une technique de la brièveté qui est essentiellement fondée sur le recours à la surprise, au choc, à tout ce qui permet de donner au récit l'intensité narrative qui fera qu'un jour la nouvelle s'imposera comme un genre autonome, face au roman qui pourra bénéficier sans retenue des délices de la longueur. C'est bien là qu'on retrouve, par delà les différences d'inspiration, la véritable unité du "genre narratif" au Moyen Age[30]...

Peut-on espérer, avec le théâtre, retrouver, d'une pièce à l'autre, une unité de conception? Et, le cas échéant, peut-on voir là, sinon une technique profondément différente de celle du récit, du moins un moyen de situer un "genre" par rapport à un autre? A défaut de pouvoir passer en revue toute la production théâtrale du Moyen Age une analyse de quelques pièces, suffisamment différentes dans leur esprit même pour que l'échantillon ait une valeur exemplaire, permettra, sans doute, d'esquisser une conclusion. Il n'est cependant pas inutile de faire d'abord une remarque qui, si elle peut paraître relever de la simple statistique, n'en a pas moins un intérêt réel. On sait que la longueur moyenne des récits brefs, tous genres confondus, œuvres autonomes ou épisodes de "romans" dont l'autonomie narrative est évidente, est de 700 à 1000 vers[31]. C'est aussi l'ordre de longueur des pièces de théâtre. Le *Miracle de Théophile* a 663 vers, le *Jeu de Robin et Marion* 780, le *Jeu de la Feuillée* 1099, le *Jeu de Saint Nicolas* 1533 et la *Farce de Maître Pathelin* 1599. Et ce n'est pas un hasard si, avec ses 420 vers et ses 700 lignes de prose, l'inclassable *Aucassin et Nicolette* rejoint, sur ce plan du moins, fabliaux, lais, miracles et farces. Mais ce ne sont là que des considérations externes qui, pour prometteuses qu'elles soient, ne sauraient se substituer à l'analyse envisagée....

Personne ne peut mettre en doute les intentions édifiantes de Jehan Bodel lorsque, dans le droit fil de certaines chansons de geste, il évoque, dans le *Jeu de Saint Nicolas*, les païens qui, convaincus de la grandeur et de l'efficacité du Dieu des chrétiens, se convertissent en foule:

> *Li Roys:* Preudons, or serons baptisiet,
> Si tost que nous porromes plus;
> De Dieu servir me vœil vanter.
> *Li Preudom:* A Dieu dont devons nous canter
> Hui mais: *Te Deum laudamus*.[32]

Cette volonté d'édification n'a nullement empêché, au demeurant, Jehan Bodel d'écrire parallèlement une des plus truculentes scènes de beuverie que l'on connaisse, faisant la preuve par là d'une bien fâcheuse propension à mélanger les genres. Ce qui, à nos yeux, est le plus important, c'est la structure du Jeu. Force est bien de constater qu'elle est absolument identique à celle des récits traditionnels, fabliaux, contes ou lais: une action brève, conduite par rebondissements successifs jusqu'à l'apothéose finale, chaque rebondissement créant l'indispensable effet de choc ou de surprise caractéristique du "genre". Peu importe que le prologue soit ou non de Jehan Bodel lui-même. Il répond de toute évidence à une préoccupation constante chez tous les auteurs médiévaux: préparer le lecteur ou le spectateur à suivre l'action dans les meilleures conditions en la lui dévoilant d'emblée dans ses grandes lignes. La première phase du Jeu est tout entière à l'avantage des païens. Fort de l'appui des émirs, leur roi remporte une victoire écrasante: "Or tuent Li Sarrasin tous les Crestïens"[33]. C'est là que se place le premier rebondissement qui va relancer l'action dans une toute nouvelle direction. Un homme, en effet, a, par miracle, échappé au massacre, un homme seul, mais quel homme!

> Sont tout gas fors de che caitif.
> Ves chi un grant vilain kenu,
> S'aoure un mahommet cornu.[34]

C'est lui qui, désormais, va être au cœur de l'action par la gageure qu'il soutient: prouver à lui tout seul, face à toute une armée victorieuse et à un ramassis de fieffés coquins, la toute puissance du christianisme, certes, mais aussi de la simple foi et de la spiritualité. Bien entendu il va droit à l'échec, aussi cuisant qu'inéluctable, lorsque survient le deuxième rebondissement qui va, lui aussi, renverser l'ordre des choses qui semblait devoir s'établir. Au moment même où le brutal et sanguinaire bourreau Durant s'apprête avec délectation à le pendre, car il a perdu son pari insensé, il lance un dernier appel à saint Nicolas qui bondit alors dans la taverne, au milieu des voleurs éberlués:

> Maufaiteour, Dieu anemi,
> Or sus! Trop i avés dormi.
> Pendu estes sans nul restor![35]

Il ne reste plus aux spectateurs qu'à trépigner de joie, aux voleurs à se repentir, aux Sarrasins à se convertir et à Jehan Bodel à conclure sur le traditionnel Te Deum...

La seule véritable différence entre le *Jeu de Saint Nicolas* et une œuvre narrative se trouve, en vérité, dans la part respective du récit et du discours et cette différence est beaucoup moins grande qu'on ne pourrait le penser. Si le *Jeu de Saint Nicolas*, en effet, en tant que jeu interprété par des acteurs, ne comporte, exception faite du prologue, que des répliques dialoguées, les œuvres narratives, loin de se limiter à un récit, conduit par l'auteur, font la part belle aux propos qu'échangent entre eux les personnages. La répétition, presque systématique, de la référence à l'intervenant:

> Jehans li respondi: "Diva, bele suer..." (...)
> —Oïl;, biaus frere (...) — Dehez ait, fet Jehans (...)
> — Sire ne vous esmaiez mie, fet Yfame (...) — Va donc, fet Jehans, bele douce suer (...) — Alez tantost, fet Jehans...[36]

répétition que l'on relève constamment, jusque dans le recueil des *Cent Nouvelles nouvelles*, n'est gênante que pour celui qui lit le texte, en particulier le lecteur moderne. Pour le trouvère médiéval, qui jouait le récit en même temps qu'il le récitait, ces chapelets de "fet il", "fet ele", à une époque où la ponctuation d'un texte était chose inconnue, n'avaient d'autre valeur que les indications scéniques fournies par les auteurs des jeux dramatiques. Une étude reste à faire, qui serait d'un intérêt incontestable, sur l'importance, la place et le rôle des dialogues dans le récit médiéval[37]. Une preuve supplémentaire de l'impossibilité de distinguer réellement un "genre narratif" et un "genre dramatique" à cette époque nous est apportée par le *Miracle de Théophile*. L'œuvre de Rutebeuf, la seule pièce de théâtre qu'il ait jamais écrite et dont on a d'ailleurs contesté qu'elle ait été représentée, s'inscrit à la suite d'une longue tradition narrative et il est très important de noter, comme l'a fait Grace Frank, qu' "il n'y a jamais en scène plus de deux personnes parlant à la fois. Trois longs monologues de Théophile constituent plus d'un tiers de la pièce (242 vers sur 663), et les indications scéniques, rédigées en français et souvent d'une forme pleinement narrative, indiquent non seulement les personnages qui parlent, les gestes qu'ils doivent exécuter et les lieux où l'action se passe, mais aussi ce que les personnages ont coutume de faire, ce qu'ils pensent."[38] Là encore, il est aisé de constater que la structure du miracle est la même que celle du *Jeu de Saint Nicolas* et de tant d'œuvres authentiquement narratives. Les temps forts du miracle, qui sont aussi, pour les deux derniers, les points de rupture de l'action, sont précisément le fait des monologues de Théophile. La première phase, la trahison de Théophile, est préparée par le monologue introductif; la promptitude de son repentir, qui vient rompre brusquement la séquence d'allégeance à Satan, et la rapidité avec laquelle la Vierge, contre toute attente, décide de sauver Théophile en allant elle-même arracher des mains du diable la funeste charte ressortissent non pas à la réalité psychologique des personnages[39], mais à une structure de la brièveté, celle-là même qu'illustre le "genre narratif".

Pour terminer cette rapide revue, tournons-nous vers une œuvre nettement plus tardive et d'un esprit tout à fait différent: la

Farce de Pathelin. Là encore, les thèmes et l'écriture sont ceux-là mêmes que l'on retrouve si souvent, du fabliau à la nouvelle, en passant par l'inévitable *Roman de Renart*. Le sujet de cette farce est, en fait, constitué de deux histoires distinctes, indépendantes l'une de l'autre au départ, que l'auteur a fort habilement "contaminées". D'une part, un homme, ruiné malgré la qualité de son "engin", parvient à reconstituer aux moindres frais la garde-robe familiale en dupant de la belle maniére un riche marchand de drap. C'est le premier thème, le très classique "barat", terrain de prédilection des femmes, des clercs et du goupil. D'autre part un avocat va permettre à un berger qui préférait manger les moutons dont il avait la garde que les surveiller d'échapper à un châtiment cent fois mérité en lui suggérant, en guise de défense, un autre "barat", aussi efficace que simple. L'affaire rebondit alors, au moment où le berger parvient à prendre l'avocat au piège qu'il lui avait lui-même suggéré contre un autre. A trompeur, trompeur et demi: c'est le thème archiconnu de l'arroseur-arrosé, du piégeur piégé. L'originalité de l'auteur est d'avoir fait de l'avocat le héros de la première séquence alors que rien n'imposait un tel choix. De là découle ce jeu de rebondissements et de surprises, cette source supplémentaire de comique, qui font de la *Farce de Pathelin* notre "première comédie", comme l'a écrit Michel Rousse. Il n'en reste pas moins que, dépouillé de tout ce qui est variations et fioritures, sans que ces termes aient, bien entendu, la moindre connotation péjorative, la *Farce de Pathelin* a une structure en tout point analogue à celle des autres jeux dramatiques et de tant et tant de récits.

Le moment est venu de proposer une conclusion, selon l'usage, sur un témoignage d'autosatisfaction atténué d'un zeste d'autocritique. On n'a guère de raisons de penser, en effet, qu'une étude plus détaillée, plus ouverte et plus approfondie de la production "littéraire" médiévale puisse conduire à modifier sensiblement notre opinion. Pour les gens du Moyen Age, les diverses formules du jeu narratif n'étaient pas suffisamment marquées pour que l'on puisse aller jusqu'à parler de "genre" différents. Un tel classement n'apparaît évident qu'à des yeux de lecteurs modernes, à ceux, en particulier, qui prennent sur eux de l'introduire eux-mêmes. On sait bien, depuis Pascal, qu'on ne cherche bien que ce que l'on a déjà trouvé, ou cru trouver. La seule notion que retiennent les auteurs médiévaux et, avant eux, on ne le répètera jamais assez, le public au service duquel ils sont, c'est la notion de *jeu*. Cela dit, il faut bien reconnaître que, si ces conclusions ont une vaste portée, elles ne sont pas pour autant absolues. En premier lieu, elles ne valent pas pour tout le Moyen Age. Disons, pour simplifier les choses sans les déformer fondamentalement, qu'elles s'appliquent parfaitement (ou presque) aux XIIe et XIIIe siècles, mais que leur évidence est déjà atténuée avec le XIVe et surtout le XVe siècles. L'évolution des conditions de vie et des mentalités, les exigences de plus en plus grandes du public—ou plutôt des publics—, le développement de la lecture et de l'écriture, l'apparition du livre, enfin, sont autant de données nouvelles, très dépendantes, au demeurant, les unes des autres, et qui vont, peu à peu, bouleverser le paysage littéraire. Il n'y a plus de commune mesure entre les grands mystères de la Passion et les miracles d'antan, entre les romans dont les auteurs semblent n'avoir d'autre ambition que de fuir la brièveté et leurs ancêtres. Les œuvres brèves continuent, certes, à vivre, et à bien vivre, mais la palette s'est ouverte et il y a désormais place pour une diversité de goûts dans le public, pour une diversité d'inspiration thématique et de technique d'écriture chez les auteurs qui rend dès lors inéluctable l'apparition et le développement de genres littéraires. Un retour sur les siècles précédents permet alors d'y déceler la présence de quelques œuvres qui avaient quelque mal à s'insérer dans le moule commun. C'est le cas de certains fabliaux ou de certains lais qui ne racontent pas vraiment des "aventures". C'est le cas aussi, surtout peut-être, de l'œuvre dramatique d'Adam le Bossu, créateur de ce genre, moderne entre tous, qu'est la "revue". Pas plus dans le *Jeu de Robin et Marion* que dans le *Jeu de la Feuillée* on ne découvre une action digne d'être, à elle seule, un centre d'intérêt. Elle est avant tout un prétexte, le motif sur lequel se greffent les variations qui, très vite, offrent plus d'intérêt que le motif initial. Mais cette forme de théâtre est-elle si éloignée, dans son esprit comme dans ses effets, de la forme narrative que cultivent Jean Renart avec son *Guillaume de Dole* ou Gerbert de Montreuil avec son *Roman de la Violette*? Là aussi l'action est ténue, tout juste à la mesure d'une nouvelle, mais le recours aux chansons, intégrées avec plus ou moins de bonheur à l'intrigue, confère à ces œuvres une tout autre ampleur. On peut voir dans tout cela comme un frémissement, une suite de promesses qui ne peuvent être tenues ni dans le présent, ni dans un futur proche, mais un jour viendra où les fruits passeront la promesse des fleurs...

La nécessité de rester bref jouant, pour une fois, contre le critique, ne nous permet pas de multiplier les analyses et les références qui, seules, nous autoriseraient à formuler une conclusion aussi nuancée que pouvait l'être la réalité "littéraire" médiévale. Constater la présence d'une certaine continuité, même si son cheminement est parfois souterrain et sa progression discontinue, ne saurait être considéré comme un désaveu, moins encore comme un constat d'échec. Cela permet de mettre en évidence, ce que tout médiéviste sait fort bien, qu'il n'y a pas plusieurs Moyen Age, distincts sinon antagonistes, mais que l'unité du Moyen Age, sa spécificité aussi, se définissent précisément par ce concept d'évolution. Il en va des œuvres littéraires comme des mœurs, des mentalités et de la langue: elles se forment en se transformant. Dans ce que l'on appelle le second âge féodal, la courtoisie ne remplace pas la prouesse, elle s'ajoute à elle et le héros dans lequel s'incarne un idéal se définit comme preu-et-courtois. Le jeu, au XVe siècle, est un élément aussi important dans la vie des gens qu'il l'était au XIIe ou au XIIIe siècles. La seule différence, c'est que l'on ne joue plus nécessairement avec les mêmes règles du jeu, car le jeu est devenu plus riche, plus complexe aussi. Mais on continue à jouer et c'est bien là qu'est l'essentiel...

Notes

[1] Citation tirée d'un article publié dans le dernier journal où ait trouvé refuge, en plein XXe siècle, l'esprit de la chanson de geste, le journal sportif *L'Equipe*.

[2] *Mystère de la Nativité, Passion de Sainte Geneviève*, vv. 10 sq. On n'a que l'embarras du choix pour citer des textes de cet ordre que l'on

peut emprunter indifféremment à l'épopée, aux récits proprement dits ou au théâtre.

[3] Otto Klemperer, *Ecrits et entretiens*, Hachette, coll. Pluriel, Paris, 1985, pp. 284-85.

[4] Cité dans le journal *Télérama*, n° 1927 du 17 décembre 1986.

[5] Dans le cadre de la littérature médiévale le mot "texte" est impropre, dans la mesure où la transmission est essentiellement orale. Il est, toutefois, d'un usage commode.

[6] C'est le cas de certains critiques qui se sont cru autorisés à remettre en cause, voire à nier, l'appartenance revendiquée par un auteur médiéval, pour ses propres œuvres, à tel ou tel genre littéraire...

[7] Encore qu'il faille nuancer ce jugement, la permanence de l'influence médiévale est beaucoup plus importante qu'on ne l'écrit couramment. Mais cela est une autre histoire.

[8] *La Chanson de Roland*, texte établi, commenté et traduit par Gérard Moignet, Bibliothèque Bordas, 3ème édition, Paris, 1972, pp. 15-16.

[9] G. Moignet traduit ainsi ce vers : "Ici s'arrête l'histoire que Turold achève".

[10] *Aucassin et Nicolette*, édition critique et traduction par Jean Dufournet, Garnier-Flammarion, 2ème édition, Paris, 1984, Préface p. 8.

[11] *Ibid.*, XLI, 22-24.

[12] *Aucassin et Nicolette,* chantefable du XIIIe siècle, éditée par Mario Roques, Champion, Classiques Français du Moyen Age, 2ème édition, Paris, 1983, note 4 des pages VI-VII.

[13] "Une dernière hypothèse est possible, mais indémontrable: la pièce serait un jeu de marionnettes" M. Roques, *op.cit.* note 1 de la page VI.

[14] Montaiglon-Raynaud, *Recueil (...) des fabliaux*, T. III, pp. 275-87, vv. 1-2 et v. 360. On peut noter que Jean de Condé qui, sous le titre "*Des braies le priestre*" raconte à peu près la même histoire, n'emploie que le seul terme de "conte" (Montaiglon-Raynaud, T. VI, pp. 257-60).

[15] *Œuvres complètes de Rutebeuf*, publiées par E. Faral et J. Bastin, Picard, Paris, 1969, T. II, p. 283. Il s'agit des vers 16 et 17 du fabliau.

[16] Omer Jodogne, *Répertoire des fabliaux*, Louvain, 1966, T. II, p. 140.

[17] Paul Richter, *Versuch einer Dialekbestimmung des "Lai du Corn" und des fabliau du "Mantel mautaillié"*, Marburg, 1885.

[18] "Ce fu bien diz, deus moz a un / que il en avroit deus por un". *Deus moz a un*: voilà bien indiqué le calembour. *Fau-con*, car *faus* est le cas-sujet du mot *faucon* (falco) et *con* désigne grossièrement autre chose" Omer Jodogne, *Répertoire*, T. I, p. 5.

[19] Joseph Bédier, *Les fabliaux*, Champion, 6ème édition, Paris, 1964, pp. 364-65.
[20] *De l'espervier*, Montaiglon-Raynaud, T.V, pp. 43-51, vv. 1-2.
[21] *Ibid.*, vv. 225-32.
[22] En picard le mot-titre est ambigu: "Explicit li jeus de le fuellie", "feuillée" et/ou "folie".
[23] L'usage veut que l'on parle du *Jeu* de saint Nicolas et du *Miracle* de Théophile. On devrait, dans un cas comme dans l'autre, dire "le jeu du miracle de..."
[24] André Tissier, *Farces du Moyen Age*, Garnier-Flammarion, Paris, 1984, p. 8. C'est nous qui soulignons.
[25] *Ibid.*, p. 21.
[26] *Les Cent Nouvelles nouvelles*, édition F.P. Sweetser, Droz, Textes Littéraires Français, Genève, 1966, pp. 402-06.
[27] *Le Jeu de Saint Nicolas*, édition A. Henry, Droz, Textes Littéraires Français, Genéve, 1981, p. 67, vv. 4-7.
[28] *Le Miracle de Théophile*, édition G. Frank, Champion, Classiques Français du Moyen Age, 2ème édition, Paris, 1967, vv. 632-37. On notera ici l'emploi du mot "guile", traditionnel dans les fabliaux et le *Roman de Renart*.
[29] *Cent Nouvelles nouvelles*, nouvelle 30, *op.cit.* p 201.
[30] Cf. R. Dubuis, *Les Cent Nouvelles nouvelles et la tradition de la nouvelle, en France, au Moyen Age*, P.U.G., Grenoble, 1974.
[31] Il y a des textes nettement plus courts ou plus longs, mais, d'une part, le nombre des textes de cette longueur est très important et, d'autre part, si l'on fait la moyenne de l'ensemble des textes, c'est un chiffre de cet ordre que l'on obtient.
[32] Ed. A. Henry, *op.cit.* vv. 1529-33.
[33] *Ibid.* p. 85.
[34] *Ibid.* vv. 456-58.
[35] *Ibid.* vv. 1274-76.
[36] *D'Estormi*, in *Fabliaux français du Moyen Age*, édition critique par Ph. Ménard, Droz, Textes Littéraires Français, T. I, Genève, 1979, pp. 29 sq.
[37] Cette étude a été esquissée par Hans-Dieter Merl, *Untersuchungen zur Struktur, Stilistik und Syntax in den Fabliaux Jean Bodels*, Herbert Lang/Peter Lang, Bern/Frankfurt, 1972. Bien que cette étude soit limitée à J. Bodel et que la stylistique n'y ait pas la plus belle part, elle apporte des vues fort intéressantes. On apprend, par exemple, que J.B. consacre plus de 30% des fabliaux au discours direct.
[38] Edition du miracle, *op.cit.* p. X.
[39] Cela ne signifie nullement qu'un personnage comme Théophile soit dépourvu de toute réalité psychologique. Mais cette psychologie n'est jamais développée pour elle-même. Elle est suggérée, d'une présence réelle, mais discrète.

*"SubStance . . . gives us a sense
of what is coming in the future."*
Philip Lewis, Cornell University

Issue 57 Contains:
N. Katherine Hayles on Serres
Brian Macaskill on Beckett
Jacques Jouet on
    la Méthode S+7
Elisa New on Deconstruction
    and Midrash
Gilbert D. Chaitin on Lacan

Subscriptions (3 issues)
19.00/year individuals
62.00/year institutions
Single issue 6.95
Double issue 10.00
Foreign surface mail 8.00/year
Foreign air mail 20.00/year

Order from:
SubStance
Journal Division
University of Wisconsin Press
114 North Murray Street
Madison, WI 53715

Founded 1971
Co-Editors: Sydney Lévy,
Michel Pierssens

SUB
STANCE

A REVIEW OF THEORY AND LITERARY CRITICISM

MEDIEVAL AND RENAISSANCE MONOGRAPH SERIES

RECENT TITLES
in Medieval and Renaissance Studies

HROTSVIT OF GANDERSHEIM
RARA AVIS IN SAXONIA?
A collection of Essays compiled and edited by Katherina M. Wilson
The University of Georgia

Special price for the 1989 meeting of the Medieval Institute, Kalamazoo: $10.00 (Price available from January 1, 1989 to September 1, 1989). This price is net and postage free except for Europe. The postage charge for Europe is $9.00 for air mail and $5.00 for surface mail.

DECADENCE IN THIRTEENTH CENTURY PROVENCAL AND HEBREW POETRY
by
Anne Myra Goodman Benjamin

PRICE: $5.00 net. No charge for postage within the USA and Canada. For Europe add $9.00 for air mail or $5.00 for surface mail.

SYNOPSIS: A Monograph of Book Reviews on books on the Middle Ages and the Renaissance. It is Volume IX of the MRMS. 1988 issue: $5.00 net. No charge for postage in the USA, Canada or Europe. We welcome books for review and volunteers for reviewing books. Please write to: MARC PUBLISHING CO., 2211 Vinewood Blvd., Ann Arbor, Michigan 48109. Tel.: (313) 763-2066.

FORTHCOMING TITLES IN MRMS:

Professor Glenda McLeod
ESSAYS ON CHRISTINE DE PIZAN

Professor Thomas E. Vesce
MEDIEVAL TRIPTYCH: PANELS FROM THE CLOISTER, CITY & CASTLE

THE MEDIEVAL AND RENAISSANCE MONOGRAPH SERIES are anxious to receive your manuscripts. Immediately upon receipt you will receive a *production cost estimate* and your book *will be published* after review within six months of submission.

If you are interested please write to: MARC PUBLISHING CO., 22111 Vinewood Blvd., Ann Arbor, Michigan 48109, USA Telephone: (313) 763-2066

FRENCH FORUM MONOGRAPHS

Kari Lokke. *GÉRARD DE NERVAL. THE POET AS SOCIAL VISIONARY.* 1987. A timely and strikingly original reading, emphasizing the political and social implications of Nerval's texts.

Virginia A. La Charité. *THE DYNAMICS OF SPACE. MALLARMÉ'S UN COUP DE DÉS JAMAIS N'ABOLIRA LE HASARD.* 1987. Highlights Mallarmé's esthetics of space and undertakes the reading of blanks and intervals. A major study of Mallarmé's poetic act of construction and assembly.

Anthony Pugh. *THE BIRTH OF A LA RECHERCHE DU TEMPS PERDU.* 1987. A thorough examination of the documents pertaining to the genesis of Proust's masterpiece. Meticulous research and detective work. Spellbinding.

Alain Toumayan. *LA LITTERATURE ET LA HANTISE DU MAL. LECTURES DE BARBEY D'AUREVILLY, HUYSMANS ET BAUDELAIRE.* 1987. A perceptive and suggestive analysis of the dynamics of Evil from Baudelaire to Bataille.

Robert Griffin. *RAPE OF THE LOCK. FLAUBERT'S MYTHIC REALISM.* 1988. A major event in Flaubert scholarship. A magnificent and seminal analysis of the role of mythology in the whole of Flaubert's work. The only book of its kind on Flaubert.

Michel Dassonville, ed. *RONSARD ET MONTAIGNE. ÉCRIVAINS ENGAGÉS?* 1989. Essays on poetics and politics by Jean Céard, François Rigolot, Marcel Tetel, Michel Simonin, Elaine Limbrick, and Robert Aulotte.

Lawrence D. Kritzman, ed. *LE SIGNE ET LE TEXTE.* Essays on rhetoric, the writerly process, and the production of meaning in Renaissance literature by leading scholars in the field.

THE EDWARD C. ARMSTRONG MONOGRAPHS ON MEDIEVAL LITERATURE

Mary B. Speer, ed. *LE ROMAN DES SEPT SAGES DE ROME.* 1989. Casts new light on the debate about medieval clerkliness and on the problematics of the oral vs. the written in medieval writing. A model critical edition.

FRENCH FORUM, PUBLISHERS, INC.
P.O. Box 5108, Lexington, Kentucky 40505

Fifteenth-Century Studies

Edelgard E. DuBruck
Marygrove College
Modern Languages Dept.
Detroit, Michigan 48221
ph. 313-862-8000 x 284

William C. McDonald
University of Virginia
Germanic Languages Dept.
Charlottesville, VA 22903
ph. 804-924-3530

Fifteenth-Century Studies is a journal devoted to the civilization, language, literature and art of the fifteenth century in any area of Europe, Africa, and Asia. It is interdisciplinary and is published annually. Many articles are revised studies presented at the annual Fifteenth-Century Symposium at the International Congress for Medieval Studies, Western Michigan University, but the Editors and the Advisory Board naturally welcome the submission of papers at large.

Contributors should use the Manual of Style, 12th edition (University of Chicago Press). Two copies should be submitted; only one copy will be returned, as a rule within one month. Unless a manuscript is accompanied by a stamped, self-addressed envelope, it cannot be returned to the author. All papers are refereed by specialists.

Reviews of recent publications of fifteenth-century research are also encouraged.

All submissions and correspondence should be sent to one of the Editors (see addresses above).

Fifteenth-Century Studies is listed in the MLA International Bibliography and Periodical Index.

ADVISORY BOARD

Jean-Claude Aubailly	Université de Perpignan
Kurt Baldinger	Ruprecht-Karl-Universität Heidelberg
Jonathan Beck	University of Arizona
Christine Bornstein	The Ohio State University
Karl Heinz Göller	Universität Regensburg
Ann Tukey Harrison	Michigan State University
Hans-Erich Keller	The Ohio State University
William W. Kibler	The University of Texas at Austin
Stephan Kohl	Ruhr-Universität Bochum
Valerie Lagorio	The University of Iowa
Guy R. Mermier	The University of Michigan
Ulrich Müller	Universität Salzburg
Margaret Pigott	Oakland University
Jean Subrenat	Université de Provence
Edward Wolff	University of Detroit

INTERNATIONAL CONGRESS
CALL FOR PAPERS

SYMPOSIUM — The Fifteenth Century / Le Quinzième Siècle / Das Fünfzehnte Jahrhundert

PERPIGNAN

The University of Perpignan (Professor Jean-Claude Aubailly) has agreed to host our next international congress, July 2-7, 1990.

The following themes have been suggested as session topics:
1) Art (including East-European)
2) Schools and Universities (curricula, etc.)
3) Oral and Written Literature; reception
4) The Self and the Individual (art, literature, philosophy, theology, etc.)
5) Daily Life
6) Court and Culture
7) The Seven Deadly Sins in Art and Literature
8) Feasts, festivals and the Theater
9) Voyages and Discoveries
10) Animals in Science, Art, and Literature
11) Open for all topics.

Presentation time is strictly limited to 20 minutes. If you plan to use A-V materials, please add your request to the abstract.

Abstracts in one of the three conference languages (English, French, German)—one page only, double-spaced—should be submitted in duplicate by July 1, 1989 to:

Edelgard E. DuBruck
Modern Languages
Marygrove College
Detroit, Michigan 48221
(ph. 313-862-8000 x 284). USA

Name, institutional affiliation or current private mailing address of the author must appear at the top of the page. Early submission is encouraged.

Acceptance letters will go out by September 1, 1989.

Applications for ACLS Travel Grants will be due March 1, 1990.

After presentation at the congress the finished papers (complete, proofread) may be submitted for consideration in view of publication in Fifteenth-Century Studies.

di^spositio

Revista Hispánica de Semiótica Literaria

Vol. XII, 1987   Guest Editor: Lia Schwartz Lerner
SEMIOTIC/PHILOLOGICAL PERSPECTIVES

EDITOR'S INTRODUCTION: Lia Schwartz de Lerner; **CONVERGENCES: LINGUISTICS AND PHILOLOGY/PHILOLOGY AND SEMIOTICS:** *Value Aspects in Jurij Lotman's Semiotics of Culture/Semiotics of Text,* Renate Lachmann; *The Saussurean Axes Subverted,* Irmengard Rauch; *Una encrucijada entre filología, lingüística y semiótica: el corpus,* Enrique Ballón Aguirre; *Virginity: Toward a Feminist Philology,* Mieke Bal; *Simpraxis o el lado 'oscuro' de la comunicación estética,* Susana Reisz de Rivarola; *Structuration and Destructuration in the "Romances",* Cesare Segre; **TEXTUAL CRITICISM BETWEEN SEMIOTICS AND TEXTUAL GENETICS:** *The New "Ulysses" Between Philology, Semiotics and Textual Genetics,* Paola Pugliatti; *Sistema y diasistemas: sobre la* varia lectio *de "El Conde Lucanor," I, 39,* Aldo Ruffinatto; *Una variante de Góngora:* Dehesas azules/campos de zafiro *(Apuntes para una tería de la escritura barroca),* Maurice Molho; *El texto auténtico del* Buscón*: nuevo examen de la cuestión a la luz de la genética textual,* Edmond Cros; **ON THE BOUNDARIES OF THE FIELD:** *Lingüística de textos e historia de la literatura,* Klaus Heger; *Neorretórica y retórica general,* José María Pozuelo Yvancos; *Hacia una re-introducción de la dimensión diacrónica en el análisis del texto,* Antonio Gómez Moriana; **NEW MODELS/NEW READINGS:** *Acts of Abduction: A Note on Lexical Innovation in the "Romancero" Tradition,* Louise Mirrer; *Intertexto y Contexto: "Le gare dell'amore e dell'amicizia" frente a "Duelo de amor y amistad",* Maria Grazia Profeti; *El texto poético como parodia del discurso crítico: los últimos poemas de Susana Thénon,* Ana María Barrenechea; *Two Black Plays on White Power. Some Observations on the Semiotics of Ideology,* André Lefevere; *Notas sobre las explanaciones bíblicas de Fray Luis de Leon,* Mercedes Etreros

Vol. XIII, 1988   Guest Editor: Mario Rojas
SEMIOTICA DEL TEATRO

PRESENTACION: Mario A. Rojas; **SEMIOTICA TEATRAL: TEORIA:** *Hacia una comprensión del teatro. Algunas perspectivas de la semiótica del teatro,* Erika Fischer-Lichte; *Del texto a la puesta en escena: la travesía histórica,* Patrice Pavis; *Hacia una gramática teatral: Signos primarios. Signos naturales, significado,* Jean Alter; *El discurso cómico y la referencia,* Michael Issacharoff; *El texto semiótico: el ojo, la voz, la escena,* André Helbo; *Semiótica y recepción: teoría y práctica de la recepción teatral,* Fernando de Toro; *El actor italiano: elementos para un modelo,* Marco de Marinis; *El paso del tiempo (Variaciones sobre una teoría del orden teatral),* Antonio Tordera; *Historia del teatro hispanoamericano, tipos de discursos críticos y discursos teatrales,* Juan Villegas; **SEMIOTICA TEATRAL: PRACTICA:** *Los Mundos ficticios en* Anjo negro *de Nelson Rodrigues,* Fred Clark; *La semiótica de los gemelos en Calderón: mujer, llora y vencerás,* Sharon G. Dahlgren; *La oposición [caballero vs Pastor] y la estructura narrativa del teatro primitivo: Lucas Fernández,* Alfredo Hermenegildo; *El caballero de Elmedo: y la intertextualidad paródica,* Francisco Jarque Andrés; *Un problema de la pragmática del texto teatral: el nivel del acotador en* Bajo un manto de estrellas, Gabriela Mora; *Signos lingüísticos y no-lingüísticos en* Corona de luz *de R. Usigli,* Liliana E. Solhaune; *Aproximación semiótica al auto sacramental de Miguel Hernández,* Marcela Sosa de Valle; *Semiótica y proceso de producción teatral,* Gustavo Geirola.

Subscription, Manuscripts and Information:
Dispositio
Department of Romance Languages
University of Michigan
Ann Arbor, Michigan 48109-1275

New from M.A.R.C.

MEDIEVAL AND RENAISSANCE MONOGRAPH SERIES

Volume X

A Medieval Triptych:

Panels from the Cloister, City, and Castle

By Thomas E. Vesce
Mercy College

French Texts with English Translations

For information regarding ordering, write to:

Guy Mermier
MARC Office
3405 MLB
University of Michigan
Ann Arbor, MI 48109-1275